CONTEÚDO DIGITAL PARA ALUNOS

Cadastre-se e transforme seus estudos em uma experiência única de aprendizado:

1 Escaneie o QR Code para acessar a página de cadastro.

2 Complete-a com seus dados pessoais e as informações de sua escola.

3 Adicione ao cadastro o código do aluno, que garante a exclusividade de acesso.

7520842A2084568

Agora, acesse:
www.editoradobrasil.com.br/leb
e aprenda de forma inovadora e diferente! :D

Lembre-se de que esse código, pessoal e intransferível, é válido por um ano. Guarde-o com cuidado, pois é a única maneira de você utilizar os conteúdos da plataforma.

Editora do Brasil

TeMpo De Português

CÉLIA FAGUNDES ROVAI
- Licenciada em Letras pela Pontifícia Universidade Católica de São Paulo (PUC-SP)
- Professora e coordenadora de Língua Portuguesa

MARA SCORSAFAVA
- Licenciada em Letras pela Pontifícia Universidade Católica de São Paulo (PUC-SP)
- Professora e coordenadora de Língua Portuguesa

ROSANA CORRÊA
- Licenciada em Letras pela Pontifícia Universidade Católica de São Paulo (PUC-SP)
- Especialista em Tecnologias Interativas Aplicadas à Educação pela Pontifícia Universidade Católica de São Paulo (PUC-SP)
- Professora de Língua Portuguesa e formadora de professores

COLEÇÃO
TEMPO
LÍNGUA PORTUGUESA
9

4ª edição
São Paulo, 2019.

Dados Internacionais de Catalogação na Publicação (CIP)
(Câmara Brasileira do Livro, SP, Brasil)

Rovai, Célia Fagundes
  Tempo de português 9 / Célia Fagundes Rovai, Mara Scorsafava, Rosana Corrêa. – 4. ed. – São Paulo: Editora do Brasil, 2019. – (Coleção tempo)

  ISBN 978-85-10-07584-8 (aluno)
  ISBN 978-85-10-07585-5 (professor)

  1. Português (Ensino fundamental) I. Scorsafava, Mara. II. Corrêa, Rosana. III. Título. IV. Série.

19-27116　　　　　　　　　　　　　　　CDD-372.6

Índices para catálogo sistemático:
1. Português: Ensino fundamental 372.6
Maria Paula C. Riyuzo - Bibliotecária - CRB-8/7639

© Editora do Brasil S.A., 2018
Todos os direitos reservados

Direção-geral: Vicente Tortamano Avanso

Direção editorial: Felipe Ramos Poletti
Gerência editorial: Erika Caldin
Supervisão de arte e editoração: Cida Alves
Supervisão de revisão: Dora Helena Feres
Supervisão de iconografia: Léo Burgos
Supervisão de digital: Ethel Shuña Queiroz
Supervisão de controle de processos editoriais: Roseli Said
Supervisão de direitos autorais: Marilisa Bertolone Mendes

Supervisão editorial: Selma Corrêa
Coordenação pedagógica: Maria Cecília Mendes de Almeida
Edição: Simone D'Alevedo
Assistência editorial: Camila Grande, Jamila Nascimento e Gabriel Madeira
Apoio editorial: Patrícia Ruiz
Copidesque: Flávia Gonçalves, Gisélia Gonçalves, Ricardo Liberal e Sylmara Beletti
Revisão: Alexandra Resende, Andréia Andrade, Elaine Silva, Elis Beletti, Martin Gonçalves e Rosani Andreani
Pesquisa iconográfica: Elena Molinari, Maria Magalhães e Marcia Sato
Assistência de arte: Carla Del Matto
Design gráfico: Andrea Melo
Capa: Megalo Design
Imagem de capa: Tatiana Lubarino
Ilustrações: Bruna Ishihara, Ricardo Ventura, Rodrigo Arraya, Ronaldo Barata, Simone Matias e Simone Ziasch
Produção cartográfica: DAE (Departamento de Arte e Editoração) e Sonia Vaz
Coordenação de editoração eletrônica: Abdonildo José de Lima Santos
Editoração eletrônica: Select Editoração
Licenciamentos de textos: Cinthya Utiyama, Jennifer Xavier, Paula Harue Tozaki e Renata Garbellini
Controle de processos editoriais: Bruna Alves, Carlos Nunes, Rafael Machado e Stephanie Paparella

4ª edição, 1ª impressão, 2019
Impresso na Gráfica Santa Marta Ltda.

Rua Conselheiro Nébias, 887
São Paulo, SP – CEP 01203-001
Fone: +55 11 3226-0211
www.editoradobrasil.com.br

Caro aluno,

Você está convidado a participar de nosso trabalho. É o convidado especial, com quem contamos para que nossa jornada seja completa.

Foi pensando em você que dedicamos nosso tempo, nossas experiências, nossos estudos e nossos ideais para preparar um itinerário – ao mesmo tempo desafiador e prazeroso – nesta busca do conhecimento.

Aqui esperam por você bons momentos de leitura, de reflexão e de experiência como produtor de texto para fazê-lo avançar na aprendizagem da Língua Portuguesa e também para ampliar sua capacidade, como ser humano, de expressar sua forma única de ver e sentir o mundo.

Conte com nosso apoio.

Abraços das autoras e de toda a equipe

SUMÁRIO

UNIDADE 1
Pequenas grandes histórias: o conto.............................. 8

CAPÍTULO 1.. 10
ANTES DE LER.. 10
LEITURA
O peru de Natal, de Mário de Andrade (conto).......................... 10
ESTUDO DO TEXTO.. 16
ENTRELAÇANDO LINGUAGENS 19
ESTUDO DA LÍNGUA
Predicativo do sujeito 20
CURIOSO É...
Ações solidárias 22
ATIVIDADES 23
AQUI TEM MAIS
O poder dos contos 25

CAPÍTULO 2 26
LEITURA
A doida, de Carlos Drummond de Andrade (conto)............................ 26
ESTUDO DO TEXTO.. 29
O QUE APRENDEMOS COM O ESTUDO DE
Conto.. 32
DIÁLOGO
Respeito 32
ESCRITA EM FOCO
Sufixos **-ês/-esa**, **-ez/-eza** e **-izar**.................... 33
ATIVIDADES 34
PRODUÇÃO ESCRITA
Conto.. 35

UNIDADE 2
Um passo à frente 38

CAPÍTULO 1...40
ANTES DE LER.. 40
LEITURA
Luzes que ainda não chegaram, de Fernando Roig (artigo de divulgação científica) 41
CURIOSO É...
Comprimentos de onda 42
ESTUDO DO TEXTO.. 43
ENTRELAÇANDO LINGUAGENS 46
AQUI TEM MAIS
Impressionismo e Pós-Impressionismo....... 46
ESTUDO DA LÍNGUA
Conjunções: elementos coesivos do texto 48
ATIVIDADES 50

CAPÍTULO 2 53
LEITURA
Uma chance para o futuro, de Jennifer Ann Thomas (artigo de divulgação científica).................. 54
ESTUDO DO TEXTO.. 55
O QUE APRENDEMOS COM O ESTUDO DE
Artigo de divulgação científica 56
DIÁLOGO
Mortes provocadas pela caça........................ 57
AQUI TEM MAIS
Tomando notas 58
ESCRITA EM FOCO
Uso de **a fim de** e **afim** 59
Uso de **se não** e **senão** 59
ATIVIDADES 60
DICAS 60
ORALIDADE
Debate público regrado.................................. 61

UNIDADE 3
Argumentar é preciso 64

CAPÍTULO 1.....................................66
ANTES DE LER.......................................66
LEITURA
(In)Civilidade no trânsito, de Ilona
Szabó de Carvalho (artigo de opinião) 68
ESTUDO DO TEXTO.............................70
ENTRELAÇANDO LINGUAGENS 72
AQUI TEM MAIS
Artigo de opinião...74
ESTUDO DA LÍNGUA
Período composto por subordinação............76
Orações subordinadas substantivas 76
ATIVIDADES 80
ORALIDADE
Podcast 84

CAPÍTULO 2 87
LEITURA
O deus das pequenas coisas,
de Leandro Karnal (artigo de opinião).......87
ESTUDO DO TEXTO.............................89
O QUE APRENDEMOS COM O ESTUDO DE
Artigo de opinião...92
AQUI TEM MAIS
Como escrever um bom artigo.....................93
ESCRITA EM FOCO
Pronomes demonstrativos 94
Os pronomes demonstrativos
em relação ao espaço...................................94
Os pronomes demonstrativos
em relação ao tempo.....................................94
Os pronomes demonstrativos
e a coesão textual 95
ATIVIDADES 95
PRODUÇÃO ESCRITA
Artigo de opinião...97
DICAS 100
CONSTRUIR UM MUNDO MELHOR
A voz da comunidade......................................101
DIÁLOGO
Os brasileiros nas redes sociais 105

UNIDADE 4
Viva a cultura!
Viva a diversidade! 106

CAPÍTULO 1.....................................108
ANTES DE LER.......................................108
LEITURA
*Livro conta a história de africana e seu
envolvimento com ingleses*
de Teresa Mello (resenha)............................109
ESTUDO DO TEXTO.............................111
ESTUDO DA LÍNGUA
Função coesiva do pronome,
tipos de pronomes relativos........................113
ATIVIDADES 114
AQUI TEM MAIS
Entrevista com Chris Cleave............................116
CURIOSO É...
Deslocamentos ao redor do mundo.............117
ORALIDADE
Resumo...118

CAPÍTULO 2 119
LEITURA
"Alpha Beat Cancer": o premiado game
brasileiro que ensina sobre a doença,
de Juliana Malacarne (resenha) 119
ESTUDO DO TEXTO.............................121
O QUE APRENDEMOS COM O ESTUDO DE
Resenha..122
AQUI TEM MAIS
Ações solidárias a crianças com câncer 123
ESTUDO DA LÍNGUA
Orações subordinadas adjetivas 124
Classificação das orações
subordinadas adjetivas 125
ATIVIDADES 126
PRODUÇÃO ESCRITA
Resenha 129
DICAS 133

UNIDADE 5

Além do céu e da Terra..... 134

CAPÍTULO 1..................................... **136**

ANTES DE LER.................................... **136**

LEITURA

2001: Uma odisseia no espaço, de Arthur C. Clarke (narrativas de ficção científica) 137

ESTUDO DO TEXTO............................ **142**

CURIOSO É...

Sobre *2001: Uma odisseia no espaço*........147

AQUI TEM MAIS

Robôs inteligentes 148

DIÁLOGO

Inteligência artificial e os seres humanos ...150

ENTRELAÇANDO LINGUAGENS **151**

ESTUDO DA LÍNGUA

Período composto por subordinação – orações subordinadas adverbiais 152

ATIVIDADES **154**

CAPÍTULO 2 .... **156**

LEITURA

2001: Uma odisseia no espaço, de Arthur C. Clarke (narrativas de ficção científica) 157

ESTUDO DO TEXTO............................ **159**

O QUE APRENDEMOS COM O ESTUDO DE

Narrativas de ficção científica.......................161

DICAS **161**

PRODUÇÃO ESCRITA

Fanzine 162

AQUI TEM MAIS

Robô ajuda autor a escrever diálogo de ficção científica...165

UNIDADE 6

Editorial: um ponto de vista 166

CAPÍTULO 1..................................... **168**

ANTES DE LER.................................... **168**

LEITURA

O perigo do WhatsApp, publicado no *O Estado de S. Paulo* (editorial)...........169

ESTUDO DO TEXTO............................ **171**

ESTUDO DA LÍNGUA

Regência verbal e nominal 175

ATIVIDADES **179**

CAPÍTULO 2 .... **181**

LEITURA

O avanço da aids entre os jovens, publicado na *Folha de Londrina* (editorial) 181

ESTUDO DO TEXTO............................ **182**

O QUE APRENDEMOS COM O ESTUDO DE

Editorial...184

PRODUÇÃO ESCRITA

Editorial...185

ESCRITA EM FOCO

Pontuação entre as orações do período composto por subordinação – substantivas e adverbiais 187

ATIVIDADES **188**

DICAS **189**

UNIDADE 7

A poesia indignada 190

CAPÍTULO 1 192

ANTES DE LER 192

LEITURA

A canção do africano,
de Castro Alves (poema) 192

ESTUDO DO TEXTO 194

DIÁLOGO

Dia da Consciência Negra 196

AQUI TEM MAIS

Poema "Vozes-mulheres" 197

CAPÍTULO 2 199

LEITURA

Eu, etiqueta, de Carlos Drummond
de Andrade (poema) 199

ESTUDO DO TEXTO 201

ENTRELAÇANDO LINGUAGENS 205

ORALIDADE

Playlist 208

ESCRITA EM FOCO

Usos de **por que**, **por quê**,
porque e **porquê** 209

ATIVIDADES 210

DICAS 211

UNIDADE 8

Manifesto: uma declaração pública 212

CAPÍTULO 1 214

ANTES DE LER 214

LEITURA

*A vida e a morte da ciência e da memória
nacionais*, de SBPC (manifesto) 215

ESTUDO DO TEXTO 218

AQUI TEM MAIS

A preservação do patrimônio
natural e cultural 220

ESTUDO DA LÍNGUA

O emprego da crase 221

ATIVIDADES 223

CAPÍTULO 2 224

LEITURA

*Manifesto contra publicidade infantil
convoca o público*, publicado pelo
Instituto Akatu (manifesto) 224

ESTUDO DO TEXTO 225

O QUE APRENDEMOS COM O ESTUDO DE

Manifesto 227

DIÁLOGO

Manifestações 228

ESTUDO DA LÍNGUA

Colocação pronominal 229

ATIVIDADES 231

PRODUÇÃO ESCRITA

Manifesto 233

CONSTRUIR UM MUNDO MELHOR

Equidade e igualdade 236

REFERÊNCIAS 239

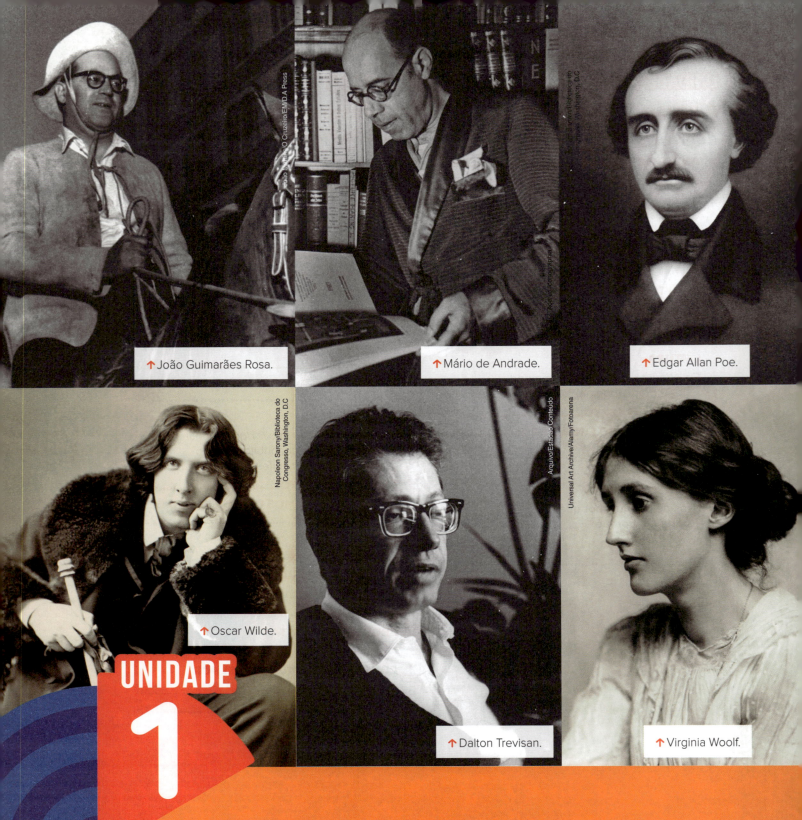

↑ João Guimarães Rosa.
↑ Mário de Andrade.
↑ Edgar Allan Poe.
↑ Oscar Wilde.
↑ Dalton Trevisan.
↑ Virginia Woolf.

UNIDADE 1
Pequenas grandes histórias: o conto

↑ Julio Cortázar.

↑ Lygia Fagundes Telles.

NESTA UNIDADE
VOCÊ VAI:

- ler contos;
- refletir sobre o gênero conto e aplicar os conhecimentos adquiridos desse gênero narrativo;
- revisar os verbos de ligação e o predicativo do sujeito;
- compreender o emprego dos sufixos -ês/-esa, -ez/-eza, -izar;
- produzir um conto que será convertido em *podcast*.

↑ Anton Tchekhov.

↑ Clarice Lispector.

↑ Machado de Assis.

1. Você conhece algumas das pessoas retratadas nas fotografias destas páginas? Quais?
2. Sabe em que atividade elas se destacaram? Leu alguma obra escrita por elas?
3. Você já leu ou costuma ler contos? Quais? Lembra-se do nome dos autores?

CAPÍTULO 1

Neste capítulo, você terá a oportunidade de ler um conto de um dos grandes nomes do Modernismo brasileiro, Mário de Andrade. Refletirá sobre valores sociais contraditórios e personagens de alta densidade psicológica e afetiva. No **Estudo da língua**, revisará a função sintática do predicativo do sujeito e dos verbos de ligação para ampliar seu conhecimento sobre esse conteúdo gramatical.

Para iniciar o estudo do gênero textual conto, selecionamos o texto "O peru de Natal", que integra a obra *Contos novos*, do escritor modernista Mário de Andrade.

Antes da leitura do conto, vamos refletir sobre o título: O que ele pode sugerir e antecipar ao leitor? Anote suas hipóteses e as dos colegas para verificá-las ao final.

Reflita, também, sobre as questões a seguir.

1. É possível estabelecer o tempo em que acontecem as ações da narrativa?
2. O que é celebrado nessa época?
3. Qual é o provável espaço da narrativa?
4. Quem podem ser os personagens?
5. Que sentimentos podem ser encontrados na narrativa?

Desde sua publicação, em 1947 – dois anos após a morte de Mário de Andrade –, "O peru de Natal" tem agradado leitores jovens e adultos, não só pela qualidade literária, mas também pela linguagem espontânea e bem brasileira.

O peru de Natal

O nosso primeiro Natal de família, depois da morte de meu pai acontecida cinco meses antes, foi de consequências decisivas para a felicidade familiar. Nós sempre fôramos familiarmente felizes, nesse sentido muito abstrato da felicidade: gente honesta, sem crimes, lar sem brigas internas nem graves dificuldades econômicas. Mas, devido principalmente à natureza cinzenta de meu pai, ser desprovido de qualquer lirismo, duma exemplaridade incapaz, acolchoado no medíocre, sempre nos faltara aquele aproveitamento da vida, aquele gosto pelas felicidades materiais, um vinho bom, uma estação de águas, aquisição de geladeira, coisas assim. Meu pai fora de um bom errado, quase dramático, o puro-sangue dos desmancha-prazeres.

Morreu meu pai, sentimos muito, etc. Quando chegamos nas proximidades do Natal, eu já estava que não podia mais pra afastar aquela memória obstruente do morto, que parecia ter sistematizado pra sempre a obrigação de uma lembrança dolorosa em cada almoço, em cada gesto mínimo da família. Uma vez que eu sugerira a mamãe a ideia dela ir ver uma fita no cinema, o que resultou foram lágrimas. Onde se viu ir ao cinema, de luto pesado! A dor já estava sendo cultivada pelas aparências, e eu, que sempre gostara apenas regularmente de meu pai, mais por instinto de filho que por espontaneidade de amor, me via a ponto de aborrecer o bom do morto.

Foi decerto por isto que me nasceu, esta sim, espontaneamente, a ideia de fazer uma das minhas chamadas "loucuras". Essa fora aliás, e desde muito cedo, a minha esplêndida conquista contra o ambiente familiar. Desde cedinho, desde os tempos de ginásio, em que arranjava regularmente uma reprovação todos os anos; desde o beijo às escondidas, numa prima, aos dez anos, descoberto por tia Velha, uma detestável de tia; e principalmente desde as lições que dei ou recebi, não sei, duma criada de parentes: eu consegui no reformatório do lar e na vasta parentagem, a fama conciliatória de "louco". "É doido, coitado!" falavam. Meus pais falavam com certa tristeza condescendente, o resto da parentagem buscando exemplo para os filhos e provavelmente com aquele prazer dos que se convencem de alguma superioridade. Não tinham doidos entre os filhos. Pois foi o que me salvou, essa fama. Fiz tudo o que a vida me apresentou e o meu ser exigia para se realizar com integridade. E me deixaram fazer tudo, porque eu era doido, coitado. Resultou disso uma existência sem complexos, de que não posso me queixar um nada.

Era costume sempre, na família, a ceia de Natal. Ceia reles, já se imagina: ceia tipo meu pai, castanhas, figos, passas, depois da Missa do Galo. Empanturrados de amêndoas e nozes (quanto discutimos os três manos por causa do quebra-nozes...) empanturrados de castanhas e monotonias, a gente se abraçava e ia pra cama. Foi lembrando isso que arrebentei com uma das minhas "loucuras":

— Bom, no Natal, quero comer peru.

Houve um desses espantos que ninguém não imagina. Logo minha tia solteirona e santa, que morava conosco, advertiu que não podíamos convidar ninguém por causa do luto.

— Mas quem falou de convidar ninguém! essa mania... Quando é que a gente já comeu peru em nossa vida! Peru aqui em casa é prato de festa, vem toda essa parentada do diabo...

— Meu filho, não fale assim...

— Pois falo, pronto!

E descarreguei minha gelada indiferença pela nossa parentagem infinita, diz-que vinda de bandeirante, que bem me importa! Era mesmo o momento pra desenvolver minha teoria de doido, coitado, não perdi a ocasião. Me deu de supetão uma ternura imensa por mamãe e titia, minhas duas mães, três com minha irmã, as três mães que sempre me divinizaram a vida. Era sempre aquilo: vinha aniversário de alguém e só então faziam peru naquela casa. Peru era prato de festa: uma imundície de parentes já preparados pela tradição, invadiam a casa por causa do peru, das empadinhas e dos doces. Minhas três mães, três dias antes já não sabiam da vida senão trabalhar, trabalhar no preparo de doces e frios finíssimos de bem-feitos, a parentagem devorava tudo e inda levava embrulhinhos pros que não tinham podido vir. As minhas três mães mal podiam de exaustas. Do peru, só no enterro dos ossos, no dia seguinte, é que mamãe com titia inda provavam num naco de perna, vago, escuro, perdido no arroz alvo. E isso mesmo era mamãe quem servia, catava tudo pro velho e pros filhos. Na verdade ninguém sabia de fato o que era peru em nossa casa, peru resto de festa.

Não, não se convidava ninguém, era um peru pra nós, cinco pessoas. E havia de ser com duas farofas, a gorda com os miúdos, e a seca, douradinha, com bastante manteiga. Queria o papo recheado só com a farofa gorda, em que havíamos de ajuntar ameixa-preta, nozes e um cálice de xerez, como aprendera na casa da Rose, muito minha companheira. Está claro que omiti onde aprendera a receita, mas todos desconfiaram. E ficaram logo naquele ar de incenso assoprado, se não seria tentação do Dianho aproveitar receita tão gostosa. [...]

Quando acabei meus projetos, notei bem, todos estavam felicíssimos, num desejo danado de fazer aquela loucura em que eu estourara. Bem que sabiam, era loucura sim, mas todos se faziam imaginar que eu sozinho é que estava desejando muito aquilo e havia jeito fácil de empurrarem pra cima de mim a... culpa de seus desejos enormes. Sorriam se entreolhando, tímidos como pombas desgarradas, até que minha irmã resolveu o consentimento geral:

– É louco mesmo!...

Comprou-se o peru, fez-se o peru, etc. E depois de uma Missa do Galo bem mal rezada, se deu o nosso mais maravilhoso Natal. Fora engraçado: assim que me lembrara de que finalmente ia fazer mamãe comer peru, não fizera outra coisa aqueles dias que pensar nela, sentir ternura por ela, amar minha velhinha adorada. E meus manos também, estavam no mesmo ritmo violento de amor, todos dominados pela felicidade nova que o peru vinha imprimindo na família. De modos que, ainda disfarçando as coisas, deixei muito sossegado que mamãe cortasse todo o peito do peru. Um momento aliás, ela parou, feito fatias um dos lados do peito da ave, não resistindo àquelas leis de economia que sempre a tinham entorpecido numa quase pobreza sem razão.

– Não senhora, corte inteiro! só eu como tudo isso!

Era mentira. O amor familiar estava por tal forma incandescente em mim, que até era capaz de comer pouco, só pra que os outros quatro comessem demais. E o diapasão dos outros era o mesmo. Aquele peru comido a sós redescobrira em cada um o que a cotidianidade abafara por completo, amor, paixão de mãe, paixão de filhos. Deus me perdoe mas estou pensando em Jesus... Naquela casa de burgueses bem modestos, estava se realizando um milagre de amor digno do Natal de um Deus. O peito do peru ficou inteiramente reduzido a fatias amplas.

– Eu que sirvo!

"É louco, mesmo!" pois por que havia de servir, se sempre mamãe servira naquela casa! Entre risos, os grandes pratos cheios foram passados pra mim e principiei uma distribuição heroica [...]. Tomei conta logo dum pedaço admirável da "casca", cheio de gordura e pus no prato. E depois vastas fatias brancas. A voz severizada de mamãe cortou o espaço angustiado com que todos aspiravam pela sua parte no peru:

– Se lembre de seus manos, Juca!

Quando que ela havia de imaginar, a pobre! que aquele era o prato dela, da Mãe, da minha amiga maltratada, que sabia da Rose, que sabia meus crimes, a que eu só lembrava de comunicar o que fazia sofrer! O prato ficou sublime.

– Mamãe, este é o da senhora! Não! não passe não!

Foi quando ela não pôde mais com tanta comoção e principiou chorando. Minha tia também, logo percebendo que o novo prato sublime seria o dela, entrou no refrão das lágrimas. E minha irmã, que jamais viu lágrima sem abrir a torneirinha também, se esparramou no choro. Então principiei dizendo muitos desaforos para não chorar também, tinha dezenove anos... Diabo de família besta que via peru e chorava! coisas assim. Todos se esforçavam por sorrir, mas agora é que a alegria se tornara impossível. É que o pranto evocara por associação a imagem indesejável de meu pai morto. Meu pai, com sua figura cinzenta, vinha pra sempre estragar nosso Natal, fiquei danado.

Bom, principiou-se a comer em silêncio, lutuosos, e o peru estava perfeito. A carne mansa, de um tecido muito tênue, boiava fagueira entre os sabores das farofas e do presunto, de vez em quando ferida, inquietada e redesejada, pela intervenção mais violenta da ameixa-preta e o estorvo petulante dos pedacinhos de noz. Mas papai sentado ali, gigantesco, incompleto, uma censura, uma chaga, uma incapacidade. E o peru, estava tão gostoso, mamãe por fim sabendo que peru era manjar mesmo digno do Jesusinho nascido.

Principiou uma luta baixa entre o peru e o vulto de papai. Imaginei que gabar o peru era fortalecê-lo na luta, e, está claro, eu tomara decididamente o partido do peru. Mas os defuntos têm meios visguentos, muito hipócritas de vencer: nem bem gabei o peru que a imagem de papai cresceu vitoriosa, insuportavelmente obstruidora.

– Só falta seu pai...

Eu nem comia, nem podia mais gostar daquele peru perfeito, tanto que me interessava aquela luta entre os dois mortos. Cheguei a odiar papai. E nem sei que inspiração genial de repente me tornou hipócrita e político. Naquele instante que hoje me parece decisivo da nossa família, tomei aparentemente o partido de meu pai. Fingi, triste:

– É mesmo... Mas papai, que queria tanto bem a gente, que morreu de tanto trabalhar pra nós, papai lá no céu há-de estar contente... (hesitei, mas resolvi não mencionar mais o peru) contente de ver nós todos reunidos em família.

E todos principiaram muito calmos, falando de papai. A imagem dele foi diminuindo, diminuindo e virou uma estrelinha brilhante do céu. Agora todos comiam o peru com sensualidade, porque papai fora muito bom, sempre se sacrificara tanto por nós, fora um santo que "vocês, meus filhos, nunca poderão pagar o que devem a seu pai", um santo. Papai virara santo, uma contemplação agradável, uma inestorvável estrelinha do céu. Não prejudicava mais ninguém, puro objeto de contemplação suave. O único morto ali era o peru, dominador, completamente vitorioso.

Minha mãe, minha tia, nós, todos alagados de felicidade. Ia escrever "felicidade gustativa", mas não era só isso não. Era uma felicidade maiúscula, um amor de todos, um esquecimento de outros parentescos distraidores do grande amor familial. E foi, sei que foi aquele primeiro peru comido no recesso da família, o início de um amor novo, reacomodado, mais completo, mais rico e inventivo, mais complacente e cuidadoso de si. Nasceu de então uma felicidade familiar pra nós que, não sou exclusivista, alguns a terão assim grande, porém mais intensa que a nossa me é impossível conceber.

Mamãe comeu tanto peru que um momento imaginei, aquilo podia lhe fazer mal. Mas logo pensei: ah, que faça! mesmo que ela morra, mas pelo menos que uma vez na vida coma peru de verdade!

A tamanha falta de egoísmo me transportara o nosso infinito amor... Depois vieram umas uvas leves e uns doces, que lá na minha terra levam o nome de "bem-casados". Mas nem mesmo este nome perigoso se associou à lembrança de meu pai, que o peru já convertera em dignidade, em coisa certa, em culto puro de contemplação.

GLOSSÁRIO

Comoção: emoção forte, abalo emocional.
Complacente: desejoso de agradar o outro, gentil, indulgente.
Dianho: sinônimo de diabo.
Diapasão: ritmo, padrão (em linguagem figurada).
Estorvo: que causa aborrecimento, obstáculo.
Fagueira: suave, prazerosa.
Incandescente: em brasa, ardente.
Inestorvável: que não estorva, não atrapalha.
Hipócrita: fingido, falso.
Lutuoso: que vive o luto, a perda de um ente querido.
Obstruidor: que obstrui, que cria obstáculo.
Petulante: atrevido, insolente, ousado.
Recesso: local remoto, lugar íntimo.
Reles: grosseiro, sem refinamento, insignificante.
Xerez: vinho branco do sul da Espanha.

Levantamos. Eram quase duas horas [...]. Todos iam deitar, dormir ou mexer na cama, pouco importa, porque é bom uma insônia feliz. O diabo é que a Rose, católica antes de ser Rose, prometera me esperar com uma champanha. Pra poder sair, menti, falei que ia a uma festa de amigo, beijei mamãe e pisquei pra ela, modo de contar onde que ia e fazê-la sofrer seu bocado. As outras duas mulheres beijei sem piscar. E agora, Rose!...

Mário de Andrade. O peru de Natal. In: *Contos novos*. Belo Horizonte: Itatiaia, 1983. p. 75 a 79.

Mário Raul de Morais Andrade nasceu na cidade de São Paulo, no dia 9 de outubro de 1893.

Poeta, contista, romancista, crítico, ensaísta, musicólogo, folclorista e fotógrafo, foi uma das figuras centrais e mais ativas da primeira fase do Modernismo brasileiro.

Participou da Semana da Arte Moderna e ao lado de Oswald de Andrade, Tarsila do Amaral, Anita Malfatti e Menotti del Picchia, o *Grupo dos Cinco*, está entre os principais impulsionadores do Modernismo no Brasil.

Seu estilo literário foi inovador, sobretudo pela valorização da identidade e da cultura brasileira.

É também o autor de *Macunaíma* e de *Pauliceia desvairada*, obras-primas da nossa literatura.

Morreu aos 51 anos, no dia 25 de fevereiro de 1945, na mesma cidade em que nasceu.

Fontes: Dilva Frazão. Mário de Andrade. eBiografias, 21 nov. 2018. Disponível em: <www.ebiografia.com/mario_andrade>; Luiz Prado. Relançamento de obras de Mário de Andrade mostra sua atualidade. *Jornal da USP*, 7 jun. 2017. Disponível em: <https://jornal.usp.br/cultura/relancamento-de-obras-de-mario-de-andrade-mostra-sua-atualidade>. Acessos em: 2 maio 2019.

Apreciação

1. O que mais chamou sua atenção no conto?

2. Em sua opinião, em qual dos elementos narrativos (narrador, tempo, espaço, ação e personagens) está concentrado o conto? Justifique sua resposta.

3. Você faria alguma crítica ao comportamento de um dos personagens: à mãe, ao pai, a Juca, aos irmãos? Justifique seu ponto de vista.

4. Nesse conto, há uma crítica social. Qual é ela? Justifique a resposta.

5. No conto, há dois tipos de espaço: um exterior, o da intimidade da família, e o espaço interior, da memória do narrador-personagem.

    a) Em sua opinião, em qual desses espaços ocorre a maioria das ações da história?

    b) O que a predominância desse espaço proporciona ao leitor?

6. Qual é o tempo da narrativa? Há alguma relação entre o tempo da narrativa e o espaço predominante nela?

Interpretação

1. Além do narrador, quem são os outros personagens mencionados no conto?

2. Desses personagens, qual mais se destaca? Por quê?

3. Releia o primeiro parágrafo do texto e faça o que se pede.

    a) Copie no caderno as alternativas corretas. No primeiro parágrafo, o narrador destaca:
    - uma ceia natalina marcante.
    - a dor pela ausência do pai.
    - a personalidade do pai.
    - a infelicidade familiar.

    b) Pode-se afirmar que o narrador divide a felicidade de sua família em dois momentos.
    - Quais são eles?
    - O que o narrador toma como referência para essa separação?
    - O que essa referência pode indicar?

    c) Identifique, no texto, as explicações que o narrador dá para "sentido muito abstrato de felicidade".

    d) Segundo o narrador, o pai tinha uma "natureza cinzenta". Que palavras e/ou expressões retomam essa qualificação?

    e) Tendo em vista as respostas anteriores, explique a última frase do primeiro parágrafo.

4. No segundo parágrafo, evidencia-se que, apesar da morte do pai, a família continua submissa a ele, cultivando as aparências. Que comportamentos da família justificam essa afirmação?

5. Releia o terceiro parágrafo, no qual Juca narra sua fama de "louco".

> Foi decerto por isto que me nasceu, esta sim, espontaneamente, a ideia de fazer uma das minhas chamadas "loucuras". Essa fora aliás, e desde muito cedo, a minha esplêndida conquista contra o ambiente familiar. [...] "É doido, coitado!" falavam. Meus pais falavam com certa tristeza condescendente, o resto da parentagem buscando exemplo para os filhos e provavelmente com aquele prazer dos que se convencem de alguma superioridade. Não tinham doidos entre os filhos. Pois foi o que me salvou, essa fama. Fiz tudo o que a vida me apresentou e o meu ser exigia para se realizar com integridade. E me deixaram fazer tudo, porque eu era doido, coitado. Resultou disso uma existência sem complexos, de que não posso me queixar um nada.

- Copie no caderno as alternativas corretas.

a) Juca sente-se diminuído por ser chamado de "louco, coitado".

b) Juca sofria, de fato, de problemas mentais.

c) Juca é conhecido no seu círculo familiar por comportar-se de modo diferente do da família, de uma forma considerada ousada.

d) A fama de louco possibilitou a Juca comportar-se como queria e, mesmo assim, conviver em paz com a família.

6. A ideia dada por Juca, de comer peru na ceia de Natal – e sem convidar a "parentada" – é recebida, por sua família, com indignação. Por quê?

7. Que recurso Juca utiliza para ter sua ideia aceita? O que esse recurso lhe permite?

8. Ao descarregar sua "gelada indiferença" por seus parentes, Juca é invadido por uma "ternura imensa" pelas mulheres da casa. O que o comove?

9. Releia este trecho do conto.

> Quando acabei meus projetos, notei bem, todos estavam felicíssimos, num desejo danado de fazer aquela loucura em que eu estourara. Bem que sabiam, era loucura sim, mas todos se faziam imaginar que eu sozinho é que estava desejando muito aquilo e havia jeito fácil de empurrarem pra cima de mim a... culpa de seus desejos enormes. Sorriam se entreolhando, tímidos como pombas desgarradas, até que minha irmã resolveu o consentimento geral:
> – É louco mesmo!...

a) O que a "loucura" de Juca desperta na família?

b) Os familiares de Juca assumem seus sentimentos? Justifique sua resposta.

c) Como Juca e a família resolvem a questão? Quem a encerra?

10. A perspectiva de comer peru na ceia de Natal confere um novo ritmo à relação familiar. Que ritmo é esse?

11. Na ceia, esse ritmo intensifica-se, transformando a ocasião em um "milagre de amor". Relacione os fragmentos a seguir aos sentimentos que explicariam esse milagre.

> espiritualidade   altruísmo   generosidade
> fraternidade   ternura   união

a) "O amor familiar estava por tal forma incandescente em mim, que até era capaz de comer pouco, só pra que os outros quatro comessem demais."

b) "Aquele peru comido a sós redescobrira em cada um o que a cotidianidade abafara por completo, amor, paixão de mãe, paixão de filhos."

c) "Deus me perdoe mas estou pensando em Jesus... Naquela casa de burgueses bem modestos, estava se realizando um milagre de amor digno do Natal de um Deus."

12. Esse momento de extrema felicidade ameaça romper-se.

a) A que se deve a ameaça de rompimento?

b) O que Juca pretendia? O que acaba ocorrendo?

13. A lembrança do morto leva a narrativa ao clímax, isto é, ao momento de maior tensão.

a) Qual é o impasse que se estabelece?

b) Localize, no texto, a frase que revela esse impasse.

14. Juca toma partido do peru e, para acabar com a tristeza instalada, passa a elogiar o prato, mas essa estratégia não traz bom resultado. Por quê?

15. Ao perceber o erro de estratégia, de que recurso se vale o narrador-personagem?

16. Essa estratégia deu certo? Justifique sua resposta.

Linguagem

1. Releia o fragmento a seguir e observe a seleção das palavras e os efeitos de sentido que elas causam.

> [...] Era uma felicidade maiúscula, um amor de todos, um esquecimento de outros parentescos distraidores do grande amor familiar. E foi, sei que foi aquele primeiro peru comido no recesso da família, o início de um amor novo, reacomodado, mais completo, mais rico e inventivo, mais complacente e cuidadoso de si. [...]

a) Localize, no trecho, expressões que contenham adjetivos e/ou locuções adjetivas que espelhem o clima de amor familiar nunca antes experimentado.

b) Explique o efeito de sentido das palavras repetidas neste fragmento: "E foi, sei que foi [...]".

2. No trecho "Morreu meu pai, sentimos muito etc.", que efeitos de sentido são causados por um período construído com orações coordenadas assindéticas seguidas da palavra **etc.**?

a) Narrar apenas os fatos essenciais para a articulação da narrativa.

b) Poupar o leitor da narrativa de fatos previsíveis, padronizados pelas normas sociais.

c) Expressar a falta de amor do narrador pelo pai.

d) Concluir rapidamente um assunto que incomoda o narrador.

ENTRELAÇANDO LINGUAGENS

1. Em sua opinião, o que é ilustração?

2. As ilustrações de um texto costumam influenciar suas escolhas de leitura? Explique.

3. Leia a opinião de Sophie van der Linden (1973-), crítica literária francesa, sobre o livro ilustrado.

> Ler um livro ilustrado não se resume a ler texto e imagem. É isso e mais. Ler um livro ilustrado é também apreciar o uso de um formato, de enquadramento, da relação entre capa e seu conteúdo; é também associar representações por uma ordem de leitura e espaço na página, afinar a poesia do texto com a poesia da imagem, apreciar o silêncio de uma relação à outra.

Sophie van der Linden. *Para ler o livro ilustrado*. Trad. Dorothée de Bruchard. São Paulo: Cosac Naify, 2011.

- Você concorda com as afirmações da autora do texto?

4. Observe a ilustração que o premiado ilustrador Nelson Cruz fez, em 2002, para a capa do livro *Conto de escola*, de Machado de Assis, publicado originalmente em 1896.

a) Qual é o espaço da história?

b) Qual é o momento flagrado?

c) Observe a distribuição das imagens no espaço, o jogo da iluminação, o claro e o escuro.

- Quem são os personagens principais?
- O que a cena ao fundo sugere?
- Que hipóteses você levantaria sobre o que vai acontecer em seguida? Anote-as no caderno.

No *link* <https://acervodigital.unesp.br/bitstream/123456789/18/3/Texto%20-%20Conto%20de%20Escola%20-%20Machado%20de%20Assis.pdf> (acesso em: 10 out. 2018), você pode ler, na íntegra, o conto "Conto de escola", que também dá nome ao livro. Procure lê-lo e confirme ou descarte suas hipóteses.

ESTUDO DA LÍNGUA

Predicativo do sujeito

Neste capítulo, vamos rever a função sintática do predicativo do sujeito e refletir sobre a importância desse termo na descrição de personagens.

No conto "O peru de Natal", o leitor toma conhecimento das características que Juca, o narrador-personagem, atribui ao pai e daquelas que a família atribui a Juca.

1. Releia estes trechos extraídos do conto de Mário de Andrade.

> [...] Meu pai fora **de um bom errado, quase dramático, o puro-sangue dos desmancha-prazeres**.

> É **louco, mesmo!**...

a) As expressões destacadas se referem a que termo da oração?
b) Em que parte da oração (no sujeito ou no predicado) encontram-se as características atribuídas ao pai e ao narrador, respectivamente?
c) Nas orações, que verbo relaciona o sujeito a seu atributo?

2. Releia mais estes dois trechos do conto e observe as orações destacadas.

> Bom, principiou-se a comer em silêncio, lutuosos, e **o peru estava perfeito**. A carne mansa, de um tecido muito tênue boiava fagueira entre os sabores das farofas e do presunto, de vez em quando ferida, inquietada e redesejada, pela intervenção mais violenta da ameixa preta e o estorvo petulante dos pedacinhos de noz.

> **Papai virara santo, uma contemplação agradável, uma inestorvável estrelinha do céu**. Não prejudicava mais ninguém, puro objeto de contemplação suave. **O único morto ali era o peru, dominador, completamente vitorioso**.

a) Nas orações destacadas, que atributos do predicado estão relacionados a cada sujeito?
b) Que verbos estabelecem a relação entre o sujeito e seu atributo nessas orações?

> O termo do predicado que expressa um atributo do sujeito é denominado **predicativo do sujeito**.

3. Nas orações que você estudou até aqui, os verbos são significativos ou de ligação?

4. Observe os verbos de ligação nas orações a seguir e comente a diferença de sentido que eles expressam.

> Juca **era** louco.
> Juca **ficou** danado.

> Verbos que normalmente desempenham a função de ligação: **ser, estar, permanecer, andar, ficar, continuar, parecer, virar, tornar-se**.

A estrutura do predicado **verbo de ligação** + **predicativo do sujeito** é bastante empregada para descrever personagens e espaços. O predicativo do sujeito pode ser expresso também em uma oração e, ainda, com verbos significativos.

Observe:

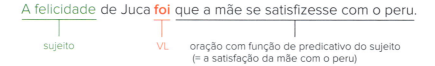

Nesse período composto, a segunda oração desempenha a função de predicativo do sujeito ("que a mãe se satisfizesse com o peru" equivale a "a satisfação da mãe com o peru").

5. No trecho a seguir, extraído do conto "O peru de Natal", o narrador descreve o momento da ceia de Natal em que a mãe relembra a ausência do pai.

> [...] Principiou uma luta baixa entre o peru e o vulto de papai. Imaginei que gabar o peru era fortalecê-lo na luta, e, está claro, eu tomara decididamente o partido do peru. Mas os defuntos têm meios visguentos, muito hipócritas de vencer: nem bem gabei o peru que **a imagem de papai cresceu vitoriosa, insuportavelmente obstruidora.**

a) Qual é o sujeito da oração destacada?
b) Que termos do predicado descrevem a impressão do narrador a respeito da memória do pai?
c) Que verbo estabelece a relação com o sujeito?
d) Esse verbo é de ligação ou significativo?
e) Que efeito de sentido os termos **vitoriosa** e **obstruidora** constroem no texto?

Assim como nas orações com verbo de ligação, em orações com verbo significativo também pode haver **predicativo do sujeito**.

Leia mais um exemplo retirado do conto, no momento em que a estratégia do narrador de apagar a imagem do pai da ceia de Natal é bem-sucedida.

Geralmente, o núcleo do predicativo do sujeito é um **adjetivo**, um **substantivo** ou um **pronome**. Observe os exemplos.

O peru estava perfeito.	Peru era prato de festa.	Este prato é seu.
núcleo do predicativo: **perfeito** (adjetivo)	núcleo do predicativo: **prato** (substantivo)	núcleo do predicativo: **seu** (pronome)

O predicativo do sujeito pode ser um termo da oração ou uma oração propriamente dita. Ele pode estar relacionado ao sujeito por meio de um verbo de ligação ou de um verbo significativo. Observe, a seguir, as diferentes posições do predicativo do sujeito na oração.

- Após o verbo (posição mais comum). Exemplo:

> O peru estava **sublime**.

- Outras posições (quando a intenção do autor do texto é destacá-lo). Exemplos:

> **Satisfeita**, a mãe saboreava o peru.
> A mãe, **satisfeita**, saboreava o peru.

6. Que sinal de pontuação marca, nas duas orações anteriores, a mudança da posição usual do predicativo do sujeito?

Embora esse **Estudo da língua** tenha se dedicado especialmente ao emprego do predicativo do sujeito para expressar caracterização, estado ou condição de personagem, esse termo da oração também é usado na construção de espaços, situações, entre outros.

Ações solidárias

A época do Natal tem inspirado diferentes ações solidárias que impactam positivamente a vida das pessoas beneficiadas e também a quem doa.

A mais conhecida em todo o país é a de responsabilidade dos Correios, **Adote uma cartinha**. Crianças carentes escrevem cartas com pedidos de Natal que são distribuídas pelo *site* dos Correios ou nas agências físicas para os interessados em atendê-los.

Em Brasília, a ONG Casa de Paternidade organiza a campanha **Natal Boas Novas**, que beneficia 200 famílias com cestas de Natal e ainda patrocina uma semana de atividades culturais e esportivas para as crianças.

Amigos do Bem é uma instituição voluntária que apoia crianças do sertão de Alagoas, Pernambuco e Ceará. O grupo faz o levantamento das famílias carentes que serão atendidas, identifica os problemas e, na época do Natal, os participantes entregam pessoalmente os presentes às crianças.

Em São Paulo, o projeto **Amigos do Nariz Vermelho,** que conta com a participação de atores, improvisadores e palhaços, arrecada brinquedos para o Natal de crianças internadas no Hospital das Clínicas.

Fonte: Rodrigo Andrade. 5 ações sociais incríveis na época de Natal. *GoHUrb*, 23 dez. 2018.
Disponível em: <www.hotelurbano.com/viajantehu/5-acoes-sociais-incriveis-na-epoca-do-natal>. Acesso em: 2 maio 2019.

ATIVIDADES

1. Leia o miniconto "A melhor opção", de Carlos Drummond de Andrade.

Todos começaram a dizer que o ouro é a melhor opção de investimento. Fernão Soropita deixou-se convencer e, não tendo recursos bastantes para investir na Bolsa de Zurique, mandou fazer uma dentadura de ouro maciço.

Substituir sua dentadura convencional por outra, preciosa e ridícula, valeu-lhe aborrecimentos. O protético não queria aceitar a encomenda; mesmo se esforçando para executá-la com perfeição, o resultado foi insatisfatório. O aparelho não aderia à boca. Seu peso era demasiado. A cada correção diminuía o valor em ouro. E o ouro subindo de cotação no mercado internacional.

O pior é que Fernão passou a ter medo de todos que se aproximavam dele. O receio de ser assaltado não o abandonava. Deixou de sorrir e até de abrir a boca.

Na calçada a moça lhe perguntou onde fica a Rua Gonçalves Dias. Respondeu inadvertidamente, e a moça ficou fascinada pelo brilho do ouro ao sol. Daí resultou uma relação amorosa, mas Fernão não foi feliz. A jovem apaixonara-se pela dentadura e não por ele. Mal se tornaram íntimos, arrancou-lhe a dentadura enquanto ele dormia, e desapareceu com ela.

Carlos Drummond de Andrade. *O sorvete e outras histórias*. 3. ed. São Paulo: Ática, 1996. p. 19.

a) Que fato desencadeia o enredo do conto?
b) Qual foi a opção de investimento de Fernão?
c) Durante a narrativa, que palavras substituem a opção de investimento de Fernão?
d) Indique os obstáculos que ele enfrentou para concretizar sua opção.
e) Uma vez concretizada a opção de investimento, que outros problemas se apresentaram a Fernão?
f) Qual foi o clímax do conto?

23

g) Copie a alternativa correta no caderno.

No trecho "Respondeu inadvertidamente, e a moça ficou fascinada pelo brilho do ouro ao sol", o advérbio **inadvertidamente** dá uma pista ao leitor sobre o desfecho do conto, pois sugere que:

- Fernão se descuidou ao abrir a boca na rua para uma desconhecida.
- Fernão viu na desconhecida uma chance de ter uma relação amorosa.
- Fernão estava em perigo, pois encontrou uma moça gananciosa.

2. O conto inicia com um comentário ouvido por Fernão a respeito da melhor opção de investimento.

a) Transcreva no caderno a oração que expressa esse comentário.

b) Qual é o sujeito dessa oração?

c) Que parte do predicado caracteriza esse sujeito?

d) Como se classifica esse termo do predicado?

3. No segundo parágrafo, o predicativo do sujeito indica a avaliação do protético sobre seu serviço e o motivo de Fernão não ficar a contento. Transcreva os predicativos que correspondem às situações citadas.

4. Que oração descreve a reação da moça quando Fernão abre a boca para responder à pergunta que ela lhe faz?

- Que palavra dessa oração desempenha a função de núcleo do predicativo do sujeito?

5. As duas orações a seguir, que pertencem ao desfecho da narrativa, têm predicativos do sujeito:

> "[...] mas Fernão não foi feliz";
> "Mal se tornaram íntimos [...]".

a) Nessas orações, o predicativo relaciona-se ao sujeito por meio de verbos de ligação?

b) O verbo de ligação da segunda oração tem sentido de permanência ou mudança de estado do sujeito?

c) O verbo de ligação **ser** geralmente estabelece uma relação de permanência entre o sujeito e o predicativo do sujeito. No contexto do conto, a primeira oração confirma essa relação? Explique.

d) Levando em conta o contexto, que outro verbo de ligação poderia substituir **foi** na primeira oração com o objetivo de deixar mais claro o estado do sujeito Fernão?

6. Escolha um dos predicativos do sujeito dos parênteses e complete coerentemente as orações a seguir. Escreva as respostas no caderno.

a) A menina caminhava ▲ pelas ruas escuras na noite sombria. (satisfeita, impaciente, sobressaltada)

b) O médico olhou ▲ para o senhor que abrira abruptamente a porta do consultório. (surpreso, arrependido, abatido)

c) O motorista dirigia ▲; não era imprudente. (bêbado, insone, sóbrio)

d) O nadador saiu da piscina ▲, depois de perder a competição. (cabisbaixo, exultante, indefeso)

 **AQUI TEM MAIS**

O poder dos contos

Quando tratamos do gênero conto, Sherazade há de ser lembrada: a protagonista de *As mil e uma noites* é conhecida por encarnar a força das narrativas. Essa princesa do Oriente, consciente do poder das histórias, curou o vingativo e sanguinário sultão Shariar.

As mil e uma noites remonta à cultura persa do século IX. O ponto de partida dessa obra imortal é a traição da primeira esposa do sultão. Ferido no mais íntimo de sua alma, ele jura vingança; passa a assassinar cada nova esposa, apenas consumado o casamento. Assim ele procede, aterrorizando as jovens do reino e suas famílias.

Eis então que a bela, sagaz e corajosa Sherazade, filha do vizir (primeiro-ministro) do rei, se oferece para desposar o príncipe. O pai, horrorizado, faz de tudo para demovê-la da ideia, mas a filha o tranquiliza. Ela conhecia bem todo o poder de entreter e de ensinar dos livros e sabia que isso salvaria sua vida.

Deu-se o casamento. Terminada a cerimônia e a grande festa, aproximava-se a hora terrível em que sua vida seria ceifada. Sherazade, então, pede ao marido que lhe conceda um momento para narrar-lhe um conto, como costumava fazer à irmã mais jovem. O pedido é concedido.

A cada palavra proferida pela princesa, Shariar vai deixando-se seduzir. As horas vão passando, sem que o marido se aproxime do punhal com que a mataria, tão entretido estava no enredo da história. O dia irrompe, justamente no momento mais tenso do conto: Sherazade interrompe a história e fecha o livro. Com a curiosidade aguçada, o sultão decide poupá-la para que continue a história na noite seguinte.

Assim, noite após noite, Sherazade emprega a mesma tática, adiando a própria morte. Ao completarem-se mil e uma noites, o sultão toma consciência da loucura e da perversidade de seu desejo de vingança. A beleza, a emoção e a verdade das palavras o haviam curado.

Evidencia-se, assim, o caráter redentor da ficção, ao transmitir, de forma lúdica e artística, o conhecimento do eu e do mundo.

Fontes: Heloísa Prieto. *Quer ouvir uma história?*. São Paulo: Bamboo Editorial, 2014. Uma história do conto. *Folha de S.Paulo*, 30 dez. 2001. Disponível em: <www1.folha.uol.com.br/fsp/mais/fs3012200107.htm>. Acesso em: 19 nov. 2018.

↑ Sherazade representada em ilustração feita entre 1920 e 1930.

> "[...] As Mil e Uma Noites" têm mil e um autores, e a esperta princesa Sherazade é um autor coletivo que conta com voz de mulher. São, em todo caso, contos de encanto, e até seu título em árabe é encantador, encantatório: "Alf Layla wa Layla". Dessa vasta coleção de contos rastreou-se a origem até o século 9º d.C. Sua última forma é do século 16. Isso quer dizer que, com seu feitiço oriental, o livro cobre quase toda a Idade Média cristã – embora diga, no início de cada conto: "... mas Allah é mais poderoso". [...]

Uma história do conto. *Folha de S.Paulo*, 30 dez. 2001. Disponível em: <www1.folha.uol.com.br/fsp/mais/fs3012200107.htm>. Acesso em: 19 nov. 2018.

CAPÍTULO 2

Neste capítulo, você vai ler mais um conto e aprofundar seus estudos sobre esse gênero literário. Estudará também o emprego dos sufixos **-ês/-esa**, **-ez/-eza** e **-izar**. Finalmente, redigirá em dupla um conto de ficção e o converterá em áudio para que possa ser ouvido por pessoas com diferentes dificuldades de leitura.

Certos momentos podem marcar a vida de uma pessoa, pois possibilitam conhecer o outro e, ao mesmo tempo, descobrir a si própria. É o que ocorre com o personagem do conto "A doida", do escritor brasileiro Carlos Drummond de Andrade.

1. Você já leu alguns textos desse autor? Está lembrado de algum?
2. Que características uma personagem que é chamada de "a doida" poderia ter?
3. O que é ser normal para você?
4. Como a sociedade atual costuma tratar as pessoas que sofrem de alguma doença mental?

A doida

A doida habitava um chalé no centro do jardim maltratado. E a rua descia para o córrego, onde os meninos costumavam banhar-se. Era só aquele chalezinho, à esquerda, entre o barranco e um chão abandonado; à direita, o muro de um grande quintal. E na rua, tornada maior pelo silêncio, o burro pastava. Rua cheia de capim, pedras soltas, num declive áspero. Onde estava o fiscal, que não mandava capiná-la?

Os três garotos desceram de manhã cedo, para o banho e a pega de passarinho. Só com essa intenção. Mas era bom passar pela casa da doida e provocá-la. As mães diziam o contrário: que era horroroso, poucos pecados seriam maiores. Dos doidos devemos ter piedade, porque eles não gozam dos benefícios com que nós, os sãos, fomos aquinhoados. Não explicavam bem quais fossem esses benefícios, ou explicavam demais [...] E isso não comovia ninguém. A loucura parecia antes erro do que miséria. E os três sentiam-se inclinados a lapidar a doida, isolada e agreste no seu jardim.

Como era mesmo a cara da doida, poucos poderiam dizê-lo. Não aparecia de frente e de corpo inteiro, como as outras pessoas, conversando na calma. Só o busto, recortado, numa das janelas da frente, as mãos magras, ameaçando. Os cabelos, brancos e desgrenhados. E a boca inflamada, soltando xingamentos, pragas, numa voz rouca. [...]

Sabia-se confusamente que a doida tinha sido moça igual às outras no seu tempo remoto (contava mais de sessenta anos, e loucura e idade, juntas, lhe lavraram o corpo). Corria, com variantes, a história de que fora noiva de um fazendeiro, e o casamento, em festa estrondosa; mas na própria noite de núpcias o homem a repudiara, Deus sabe por que razão. [...] Os dois nunca mais se viram. Já outros contavam que o pai, e não o marido, a expulsara [...]. De qualquer modo, as pessoas grandes não contavam a história direito, e os meninos deformavam o conto. Repudiada por todos, ela se fechou naquele chalé do caminho do córrego, e acabou perdendo o juízo. Perdera antes todas as relações. Ninguém tinha ânimo de visitá-la. O padeiro mal jogava o pão na caixa de madeira, à entrada, e eclipsava-se. Diziam que nessa caixa uns primos generosos mandavam pôr, à noite, provisões e roupas, embora oficialmente a ruptura com a família se mantivesse inalterável. [...] Ir viver com a doida, pedir a bênção à doida, jantar em casa da doida, passou a ser, na cidade, expressões de castigo e símbolos de irrisão.

Vinte anos de tal existência, e a legenda está feita. Quarenta, e não há mudá-la. O sentimento de que a doida carregava uma culpa, que sua própria doidice era uma falta grave, uma coisa aberrante, instalou-se no espírito das crianças. E assim, gerações sucessivas de moleques passavam pela porta, fixavam cuidadosamente a vidraça e lascavam uma pedra. A princípio, como justa penalidade. Depois, por prazer. Finalmente, e já havia muito tempo, por hábito. Como a doida respondesse sempre furiosa, criara-se na mente infantil a ideia de um equilíbrio por compensação, que afogava o remorso.

Em vão os pais censuravam tal procedimento. Quando meninos, os pais daqueles três tinham feito o mesmo, com relação à mesma doida ou a outras. Pessoas sensíveis lamentavam o fato, sugeriam que se desse um jeito para internar a doida. Mas como? O hospício era longe, os parentes não se interessavam. E daí – explicava-se ao forasteiro que por ventura estranhasse a situação –, toda cidade tem seus doidos; quase que toda família os tem. Quando se tornam ferozes, são trancados no sótão; fora disto, circulam pacificamente pelas ruas, se querem fazê-lo, ou não, se preferem ficar em casa. [...] Não há remédio para loucura; nunca nenhum doido se curou, que a cidade soubesse; e a cidade sabe bastante, ao passo que livros mentem.

Os três verificaram que quase não dava mais gosto apedrejar a casa. As vidraças partidas não se recompunham mais. A pedra batia no caixilho ou ia aninhar-se lá dentro, para voltar com palavras iradas. Ainda haveria louça por destruir, espelho, vaso intato? Em todo caso, o mais velho comandou, e os outros obedeceram na forma do sagrado costume. Pegaram calhaus lisos, de ferro, tomaram posição. Cada um jogaria por sua vez, com intervalos para observar o resultado. O chefe reservou-se um objetivo ambicioso: a chaminé. O projétil bateu no canudo de folha de flandres enegrecido – blem – e veio espatifar uma telha, com estrondo. [...] A doida, porém, parecia não ter percebido a agressão, a casa não reagia. Então o do meio vibrou um golpe na primeira janela. Bam! Tinha atingido uma lata, e a onda de som propagou-se lá dentro; o menino sentiu-se recompensado. Esperaram um pouco, para ouvir os gritos. As paredes descascadas, sob as trepadeiras e a hera da grade, as janelas abertas e vazias, o jardim de cravo e mato, era tudo a mesma paz.

Aí o terceiro do grupo, em seus 11 anos, sentiu-se cheio de coragem e resolveu invadir o jardim. Não só podia atirar mais de perto na outra janela, como até praticar outras e maiores façanhas. Os companheiros, desapontados com a falta do espetáculo cotidiano, não queriam segui-lo. E o chefe, fazendo valer sua autoridade, tinha pressa em chegar ao campo.

O garoto empurrou o portão: abriu-se. Então, não vivia trancado? ... E ninguém ainda fizera a experiência. Era o primeiro a penetrar no jardim, e pisava firme, posto que cauteloso. Os amigos chamavam-no, impacientes. Mas entrar em terreno proibido é tão excitante que o apelo perdia toda a significação. Pisar um chão pela primeira vez; e chão inimigo. Curioso como o jardim se parecia com qualquer um; apenas era mais selvagem, e o melão-de-são-caetano se enredava entre as violetas, as roseiras pediam poda, o canteiro de cravinas afogava-se em erva. [...]

[...] Tinha a pedra na mão, mas já não era necessária; jogou-a fora. Tudo era tão fácil, que até ia perdendo o senso da precaução. Recuou um pouco e olhou para a rua: os companheiros tinham sumido. Ou estavam mesmo com muita pressa, ou queriam ver até onde ia a coragem dele, sozinho em casa da doida. Tomar café com a doida. Jantar em casa da doida. Mas onde estaria a doida?

A princípio não distinguiu bem, debruçado à janela, a matéria confusa do interior. Os olhos estavam cheios de claridade, mas afinal se acomodaram, e viu a sala, completamente vazia e esburacada, com um corredorzinho no fundo, e no fundo do corredorzinho uma caçarola no chão, e a pedra que o companheiro jogara.

[...] No outro cômodo a penumbra era mais espessa, parecia muito povoada. Difícil identificar imediatamente as formas que ali se acumulavam. [...]

O menino foi abrindo caminho entre pernas e braços de móveis, contorna aqui, esbarra mais adiante. O quarto era pequeno e cabia tanta coisa.

Atrás da massa do piano, encurralada a um canto, estava a cama. E nela, busto soerguido, a doida esticava o rosto para a frente, na investigação do rumor insólito.

Não adiantava ao menino querer fugir ou esconder-se. E ele estava determinado a conhecer tudo daquela casa. De resto, a doida não deu nenhum sinal de guerra. Apenas levantou as mãos à altura dos olhos, como para protegê-los de uma pedrada.

Ele encarava-a, com interesse. Era simplesmente uma velha, jogada num catre preto de solteiro, atrás de uma barricada de móveis. E que pequenininha! O corpo sob a coberta formava uma elevação minúscula. Miúda, escura, desse sujo que o tempo deposita na pele, manchando-a. E parecia ter medo.

Mas os dedos desceram um pouco, e os pequenos olhos amarelados encararam por sua vez o intruso com atenção voraz, desceram às suas mãos vazias, tornaram a subir ao rosto infantil. A criança sorriu, de desapontamento, sem saber o que fizesse.

Então a doida ergueu-se um pouco mais, firmando-se nos cotovelos. A boca remexeu, deixou passar um som vago e tímido. Como a criança não se movesse, o som indistinto se esboçou outra vez.

Ele teve a impressão de que não era xingamento, parecia antes um chamado.

Sentiu-se atraído para a doida, e todo desejo de maltratá-la se dissipou. Era um apelo, sim, e os dedos, movendo-se canhestramente, o confirmavam.

Alexandre Camanho

O menino aproximou-se, e o mesmo jeito da boca insistia em soltar a mesma palavra curta, que entretanto não tomava forma. Ou seria um bater automático de queixo, produzindo um som sem qualquer significação?

Talvez pedisse água. A moringa estava no criado-mudo, entre vidros e papéis. Ele encheu o copo pela metade, estendeu-o. A doida parecia aprovar com a cabeça, e suas mãos queriam segurar sozinhas, mas foi preciso que o menino a ajudasse a beber.

Fazia tudo naturalmente, e nem se lembrava mais por que entrara ali, nem conservava qualquer espécie de aversão pela doida. A própria ideia de doida desaparecera. Havia no quarto uma velha com sede, e que talvez estivesse morrendo.

[...] Um sentimento de responsabilidade apoderou-se dele. Desajeitadamente, procurou fazer com que a cabeça repousasse sobre o travesseiro. Os músculos rígidos da mulher não o ajudavam. Teve que abraçar-lhe os ombros – com repugnância – e conseguiu, afinal, deitá-la em posição suave.

Mas a boca deixava passar ainda o mesmo ruído obscuro, que fazia crescer as veias do pescoço, inutilmente. Água não podia ser, talvez remédio...

Passou-lhe um a um, diante dos olhos, os frasquinhos do criado-mudo. Sem receber qualquer sinal de aquiescência. Ficou perplexo, irresoluto. Seria caso talvez de chamar alguém, avisar o farmacêutico mais próximo, ou ir à procura do médico, que morava longe. Mas hesitava em deixar a mulher sozinha na casa aberta e exposta a pedradas. E tinha medo de que ela morresse em completo abandono, como ninguém no mundo deve morrer, e isso ele sabia não apenas porque sua mãe o repetisse sempre, senão também porque muitas vezes, acordando no escuro, ficara gelado por não sentir o calor do corpo do irmão e seu bafo protetor.

Foi tropeçando nos móveis, arrastou com esforço o pesado armário da janela, desembaraçou a cortina, e a luz invadiu o depósito onde a mulher morria. Com o ar fino veio uma decisão. Não deixaria a mulher para chamar ninguém. Sabia que não poderia fazer nada para ajudá-la, a não ser sentar-se à beira da cama, pegar-lhe nas mãos e esperar o que ia acontecer.

Carlos Drummond de Andrade. *Contos de aprendiz*. Rio de Janeiro: Record, 1987.
© Graña Drummond. www.carlosdrummond.com.br

GLOSSÁRIO

Agreste: selvagem, rude.
Aquiescência: consentimento, aprovação.
Calhau: fragmento de rocha, seixo.
Canhestramente: sem habilidade, desajeitadamente.
Catre: cama rústica e pobre.
Eclipsar: ocultar.
Folha-de-flandres: laminado de ferro estanhado para evitar ferrugem.
Hera: espécie de planta trepadeira.
Insólito: que não é habitual, incomum.
Intato: que não foi tocado, mexido, alterado.
Irrisão: zombaria, ato de rir.
Irresoluto: indeciso.
Lapidar: atacar com pedras.
Aquinhoado: favorecido, contemplado.

Apreciação

1. É possível afirmar que os adultos, de certa forma, contribuíam para o comportamento agressivo das crianças em relação à doida?

2. O que você achou do final do conto? O desfecho da história provocou-lhe algum tipo de sentimento ou reflexão?

3. Em sua opinião, a frase "uma mentira repetida inúmeras vezes passa a ser verdade" é adequada ao conto? Por quê?

4. Para você, a doida era realmente alguém sem consciência de seus atos? Por quê?

Interpretação

1. Por ser condensado, o conto apresenta poucos personagens, poucas **ações**, **tempo** e **espaço reduzidos**.

   a) Quem são os personagens mencionados no conto? O narrador revela como se chamam? De que forma ele se refere aos personagens?

   b) Em sua opinião, por que o narrador opta por não nomear os personagens?

2. Qual é a ação central do conto?

3. Observe, no primeiro parágrafo, a descrição inicial do lugar onde mora a doida.

   a) De qual perspectiva o lugar é descrito?   b) O que se descreve?

4. O garoto invade o jardim da casa da doida e faz descobertas.

   a) Qual é a primeira surpresa do garoto ao tentar invadir o jardim da doida?

   b) Em relação à aparência do jardim, o que ele descobre?

5. Leia novamente o trecho a seguir.

> [...] E os três sentiam-se inclinados a lapidar a doida, isolada e agreste no seu jardim.
> Como era mesmo a cara da doida, poucos poderiam dizê-lo. Não aparecia de frente e de corpo inteiro, como as outras pessoas, conversando na calma. Só o busto, recortado, numa das janelas da frente, as mãos magras, ameaçando. Os cabelos, brancos e desgrenhados. E a boca inflamada, soltando xingamentos, pragas, numa voz rouca.

   - A imagem que os garotos têm da doida do lado de fora é toda fragmentada. Que partes físicas da doida são observadas pela janela?

6. A mudança do espaço altera a expectativa do menino.

   a) O que proporcionou essa alteração?

   b) Qual imagem o menino tem da doida dentro da casa?

7. Segundo os moradores do lugar, a que se devia o comportamento da doida?

8. Identifique a alternativa que corresponde à ideia do fragmento a seguir. Copie-a no caderno.

> Vinte anos de tal existência, e a legenda está feita. Quarenta, e não há mudá-la.

   a) É impossível mudar fatos que o tempo já comprovou serem verdadeiros.

   b) Uma história tantas vezes repetida no tempo, mesmo que fantasiosa, ganha força e poder.

   c) Há sempre um fundo de verdade nas histórias contadas pelo povo.

9. Releia o trecho a seguir e copie no caderno a alternativa que o explica melhor.

> [...] E tinha medo que ela morresse em completo abandono, como ninguém devia morrer, e isso ele sabia não apenas porque sua mãe o repetisse sempre, senão porque muitas vezes, acordando no escuro, ficara gelado por não sentir o calor do corpo do irmão e seu bafo protetor.

a) O menino havia aprendido com a mãe a ser caridoso.

b) O menino reconhece-se na doida.

c) O menino tinha medo de que o irmão o abandonasse.

10. Qual é o momento de intensa significância nesse conto?

11. A que se pode atribuir a transformação do sentimento do garoto em relação à doida?

Linguagem

1. Releia essa **sequência descritiva** do conto.

> Era só aquele chalezinho, à esquerda, entre o barranco e um chão abandonado; à direita, o muro de um grande quintal. E na rua, tornada maior pelo silêncio, o burro pastava. Rua cheia de capim, pedras soltas, num declive áspero.

a) Identifique, no fragmento, os adjetivos que caracterizam os elementos descritos e/ou expressões que imprimem circunstâncias.

b) Que sentidos os adjetivos e as expressões de circunstância constroem no trecho?

2. Observe, a seguir, palavras e expressões empregadas pelo narrador.

invadir o jardim   chegar ao **campo**   o **chão inimigo**

a) Em que contexto essas palavras são geralmente empregadas?

b) Em sua opinião, por que o narrador opta por essas palavras nesse momento?

3. O tempo verbal predominante na narrativa é o pretérito imperfeito do indicativo.

a) No caderno, transcreva dois trechos em que esse tempo verbal predomina.

b) A que podemos atribuir a predominância desse tempo verbal no conto?

4. Releia o trecho a seguir, que revela o primeiro contato do menino com a doida no interior da casa.

> Ele encarava-a, com interesse. Era simplesmente uma velha, jogada num catre preto de solteiro, atrás de uma barricada de móveis. E que pequenininha! O corpo sob a coberta formava uma elevação minúscula. Miúda, escura, desse sujo que o tempo deposita na pele, manchando-a. E parecia ter medo.

a) Identifique no fragmento transcrito o discurso indireto livre.

b) Em sua opinião, qual é a importância desse tipo de discurso no trecho?

5. Releia este trecho do conto.

> Sabia-se confusamente que a doida tinha sido moça igual às outras no seu tempo remoto (contava mais de sessenta anos, e loucura e idade, juntas, lhe **lavraram** o corpo).

a) Leia o verbete a seguir do *Dicionário Eletrônico Houaiss*, que define o verbo **lavrar**.

31

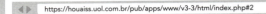

    1   *t.d.* revolver e sulcar (terra) com instrumento agrícola; amanhar, cultivar
    2   *(sXIII) t.d.* fazer lavor(es) em; bordar
    3   *t.d.* fazer lavrados ou ornatos em; cinzelar, lavorar ‹l. um metal› ‹l. o couro›
    3.1 *(sXIV) t.d.* cunhar (moedas)
    4   *(sXIV) t.d.; p.us.* trabalhar (a pedra); construir, erigir com trabalho de cantaria
    5   *t.d.; p.us.* preparar (madeira) com plaina
    6   *t.d.; fig.* fazer sulco em; gastar, corroer ‹a ação dos ventos e da água havia lavrado os rochedos›
    7   *t.d.; fig.* explorar (terreno de mineração)
    8   *t.d.; fig.* imprimir profundamente; inscrever, gravar ‹os seus sofrimentos, ela os lavrou nas fundas rugas de sua fronte›

Disponível em: <https://houaiss.uol.com.br/pub/apps/www/v3-3/html/index.php#2>. Acesso em: 10 out. 2018.

b) Algumas das acepções do verbete vêm acompanhadas de abonações, isto é, uma frase de um texto que exemplifica o emprego da palavra pesquisada.

- Quais acepções do verbete apresentam abonações?

c) O que indica a abreviatura *fig.* presente em algumas acepções?

d) Podemos afirmar que o verbo **lavraram**, no texto, foi empregado no sentido figurado?

e) Ler a abonação ajudou-o a encontrar o sentido adequado do verbo no contexto?

O QUE APRENDEMOS COM O ESTUDO DE CONTO

- O conto é uma narrativa curta, com um único conflito e poucos personagens.
- O conflito estruturador do enredo geralmente apresenta situação inicial, complicação, clímax e desfecho. Há contos em que o conflito ocorre no interior do personagem.
- As sequências são predominantemente narrativas e descritivas, também entremeadas de sequências dialogais.

Respeito

Os moradores da cidade onde se passa o conto rejeitam a personagem denominada "doida".

1. Como você avalia o comportamento dos moradores da cidade?

2. Você concorda com a atitude dos meninos, de geração em geração, em relação à doida?

3. Podemos dizer que os moradores da cidade praticam *bullying* em relação à doida?

4. A que você atribui atitudes como essa?

Sufixos -ês/-esa, -ez/-eza e -izar

1. Leia os títulos de notícias e responda às perguntas.

> **Fernando de Noronha terá tecnologia japonesa para dessalinizar a água do mar**
>
> Disponível em: <http://blogs.ne10.uol.com.br/mundobit/2014/11/23/fernando-de-noronha-tera-tecnologia-japonesa-para-dessalinizar-agua-mar/>. Acesso em: 10 out. 2018.

> **Neymar reage à lesão e deixa certeza aos fãs**
>
> Disponível em: <www.noticiasaominuto.com/desporto/1122355/neymar-reage-a-lesao-e-deixa-certeza-aos-fas>. Acesso em: 21 nov. 2019

> **Bombeiros alertam para os cuidados ao utilizar escadas rolantes**
>
> Disponível em: <https://tvjornal.ne10.uol.com.br/noticia/ultimas/2018/10/26/bombeiros-alertam-para-os-cuidados-ao-utilizar-escadas-rolantes-49827.php>. Acesso em: 27 out. 2018.

a) Que palavra identifica a origem da tecnologia mencionada no título da notícia?

> Os sufixos **-ês/-esa** são anexados aos substantivos para criar:
> - **adjetivos gentílicos**, isto é, aqueles que identificam um povo ou nação ou, ainda, indicam origem ou procedência. Exemplos: **francês/francesa**, **montanhês/montanhesa**;
> - **adjetivos que indicam títulos de nobreza**. Exemplos: **marquês/marquesa**; **barão/baronesa**.

b) De acordo com o título, o que Neymar deixa ao fãs?

> O sufixo **-ez(a)** foi anexado ao adjetivo **certo**, originando o substantivo abstrato **certeza**.
>
> O sufixo **-ez(a)**, anexado a adjetivos, forma substantivos abstratos que nomeiam qualidades, estado ou condição. Exemplos: **honradez (honrado)**; **clareza (claro)**; **tristeza (triste)**.

c) Nesse título, os bombeiros alertam para cuidados em que situação?

> A forma verbal **utilizar** é constituída dos seguintes morfemas: **util** + **izar**.
>
> Alguns verbos são formados pelo acréscimo do sufixo **-izar** a substantivos ou adjetivos que não apresentem **-s** no radical. Exemplos: **agonizar**, **idealizar**, **cicatrizar**, **enraizar**.

ATIVIDADES

1. Retome as informações sobre o sufixo **-izar**. Depois, reescreva, no caderno, os títulos de notícia a seguir, substituindo o símbolo ▲ por **s** ou **z**.

a) **Supermercados de SP terão de padroni▲ar sacolas a partir de fevereiro**

b) **Novos processos de industriali▲ação do guaraná serão apresentados pela Embrapa**

c) **A pedido do governo, IBGE irá anali▲ar dados sobre miséria no país**

d) **Turista russo viaja sem avi▲ar amigos e vira caso de polícia em Cuiabá**

2. Leia este fragmento do conto "Corinthians (2) vs. Palestra (1)", de Antônio de Alcântara Machado.

> O entusiasmo invadiu o campo e levantou o Biagio nos braços.
> – Solt'o rojão! Fiu! Rebent'a bomba! Pum! CORINTHIANS!
> O ruído dos automóveis festejava a vitória. O campo foi-se esvaziando como um tanque.
> Miquelina murchou dentro de sua tristeza.

Antônio de Alcântara Machado. *Brás, Bexiga e Barra Funda*. Domínio Público. Disponível em: <www.dominiopublico.gov.br/download/texto/bi000005.pdf>. Acesso em: 8 ago. 2018.

a) De acordo com o texto, que time ganhou o jogo?
b) Como estava a torcida do Corinthians ao final do jogo?
c) Como Miquelina estava ao final da partida? Por quê?
d) Qual palavra expressa o estado de Miquelina? A que classe gramatical ela pertence?
e) Cite outras palavras com a mesma classificação gramatical que tenham o sufixo **-eza**.

Conto

Neste capítulo, você leu o conto "A doida". Certamente essa narrativa despertou-lhe sensações diferentes da anterior, "O peru de Natal".

Em "A doida", a ênfase está no indivíduo, por isso as sequências descritivas, que caracterizam psicologicamente os personagens, desempenham um papel importante para o leitor entrar no clima da narrativa.

Agora é sua vez de redigir, em dupla, um conto cuja ênfase pode se apoiar no fazer dos personagens, como no conto do Capítulo 1, ou em características psicológicas mais complexas, como no conto deste capítulo. Depois de revisado, esse conto será convertido em áudio. Vocês terão, dessa forma, duas etapas de trabalho.

Para começar

1. Observe a cena a seguir, retratada pela artista brasileira Barbara Rochlitz.

↑ Barbara Rochlitz. *Dia de domingo*, 2007. 40 cm × 50 cm.

- Que histórias a cena pode nos contar?

A obra *Dia de domingo* servirá de ponto de partida para a criação do conto de vocês.

Planejar

Façam um esboço com o planejamento do que constará no conto e somente depois comecem a escrevê-lo.

Desenvolver

1. Descrevam o lugar.

> Dependendo da história a ser contada, não há necessidade de muitas descrições do lugar em que ela ocorrerá.

2. Descrevam os personagens. Lembrem-se de que o predicativo do sujeito é um recurso para caracterizar personagens e espaços.

> O conto envolve poucos personagens.

3. Pensem em qual será o enredo, o conflito que vai gerar tensão.

> No conto, o enredo se desenvolve em torno de um único conflito.

4. Decidam que sensações vocês querem despertar nos leitores (espanto, compaixão, encantamento, alegria etc.).

5. Definam como o enredo será desenvolvido.

> Geralmente, a narrativa é linear, mas é possível utilizar o recurso do *flashback*.

6. Como será o narrador?

> O narrador pode ser em 1ª ou 3ª pessoa.

7. Fiquem atentos à linguagem. A escolha de palavras deve ser cuidadosa, envolvendo o leitor.

> Empreguem a linguagem figurada.

8. Tipos de discurso

Façam uso do discurso indireto livre para revelar ao leitor o que se passa no íntimo do personagem.

Por ser uma narrativa breve, o conto apresenta poucos personagens, poucas ações, tempo e espaço reduzidos. Há um único conflito, que gera situação de tensão, a qual permanece durante boa parte da narrativa, até o desfecho.

9. Criem um título que combine com o tema escolhido.

Rever

1. Depois de concluir o texto, reúnam-se com outra dupla e, juntos, façam a revisão. Observem, por exemplo, se:

   a) o conto tem um conflito;

   b) as descrições contribuem para a caracterização do personagem e/ou do espaço em que se passam as ações;

   c) a resolução da complicação surpreende o leitor;

   d) há clímax;

   e) a linguagem figurada, por vezes, é empregada;

   f) há discurso indireto livre revelando o interior do personagem;

   g) o texto atende às normas de ortografia.

2. Comentem os pontos positivos do conto da outra dupla e o que pode ser melhorado.

3. Avaliem as sugestões da outra dupla para o conto de vocês e façam as alterações necessárias.

Gravar

1. Escolham, orientados pelo professor, qual será a plataforma utilizada para postar o áudio de seu conto.

2. Preparem a leitura. Primeiramente, leiam várias vezes o texto em voz alta, destacando com entonação adequada os discursos diretos – se houver. Fiquem atentos às pausas para enfatizar alguns momentos importantes do enredo.

3. Após o ensaio, gravem o áudio e, em seguida, escutem-no. Se necessário, façam nova gravação.

Compartilhar

1. Com ajuda do professor, pesquisem associações de pessoas com deficiência visual e lugares em que haja idosos com algum tipo de dificuldade de leitura.

2. Divulguem por *e-mail* o *link* dos áudios gravados para que possam ser acessados por aqueles que têm deficiência visual ou outra dificuldade de leitura.

3. Ao escreverem o *e-mail*, descrevam o trabalho realizado e a intenção de propiciar momentos de prazer àqueles que escutarem os contos gravados.

Avaliar

Com os colegas e o professor, avaliem seu processo de trabalho na produção do conto e na gravação do áudio, tomando como base os conteúdos estudados na unidade.

Qual foi seu maior desafio nesse trabalho?

UNIDADE 2

Um passo à frente

Estação Espacial Internacional orbita a Terra. Imagem gerada por computador.

NESTA UNIDADE
VOCÊ VAI:

- estudar o gênero textual artigo de divulgação científica;
- analisar a importante função coesiva das conjunções e locuções subordinativas;
- fazer pesquisa e tomar nota sobre um assunto a ser apresentado aos colegas;
- organizar um debate público regrado.

1. Em sua opinião, o que a imagem de abertura desta unidade representa para a humanidade?
2. Que reflexões a respeito de nosso planeta você pode fazer diante da possibilidade de haver outras formas de vida fora da Terra?
3. Para você, as pesquisas dos astronautas no espaço têm algum impacto em nosso cotidiano? Qual?
4. Você imagina quanto tempo leva uma pesquisa no espaço? Sabe como são planejadas essas pesquisas e quais são as dificuldades enfrentadas para trazer os astronautas de volta?

CAPÍTULO 1

Neste capítulo, você vai conhecer importantes conceitos da Física por meio da leitura da resposta de um astrônomo à dúvida de um leitor. No texto, você identificará alguns elementos responsáveis pela coesão textual e pela progressão das ideias: as conjunções subordinativas.

ANTES DE LER

1. Observe os títulos e as ilustrações dos textos a seguir e indique aqueles que pertencem ao gênero artigo de divulgação científica.

a)
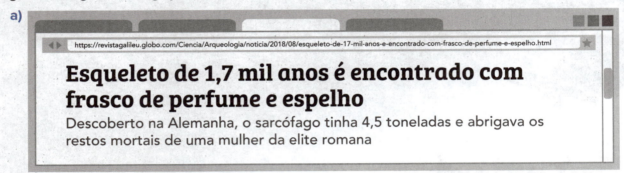

Esqueleto de 1,7 mil anos é encontrado com frasco de perfume e espelho
Descoberto na Alemanha, o sarcófago tinha 4,5 toneladas e abrigava os restos mortais de uma mulher da elite romana

Galileu, 1º ago. 2018. Disponível em: <https://revistagalileu.globo.com/Ciencia/Arqueologia/noticia/2018/08/esqueleto-de-17-mil-anos-e-encontrado-com-frasco-de-perfume-e-espelho.html>. Acesso em: 13 out. 2018.

b)

O Pensador (1904), Auguste Rodin
"O Pensador" é uma das obras mais representativas de Rodin. Originalmente chamada de "O Poeta", a escultura representa Dante Alighieri, autor de *A Divina Comédia*, em frente aos portões do inferno. A escultura original está localizada no Museu Rodin, em Paris. No entanto, mais de vinte cópias estão distribuídas em diferentes museus mundo afora. No Brasil, uma versão ampliada pode ser conferida pelo público no Instituto Ricardo Brennand, no Recife.

Jessica Chiareli. *Bula Revista*. Disponível em: <www.revistabula.com/12033-as-10-obras-de-arte-mais-famosas-da-historia/> Acesso em: 13 out. 2018.

c)
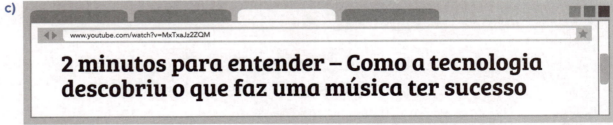

2 minutos para entender – Como a tecnologia descobriu o que faz uma música ter sucesso

Disponível em: <www.youtube.com/watch?v=MxTxaJz2ZQM>. Acesso em: 5 ago. 2018.

2. Observando os textos acima e as fontes de onde foram extraídos, levante hipóteses sobre onde podemos encontrar artigos de divulgação científica.

O texto a seguir é a resposta à pergunta de um leitor da revista.

Leitor da *Ciência Hoje* pergunta: "Se há tantas estrelas, por que o céu é escuro à noite?". Quem responde é o astrônomo Fernando Roig, coordenador do Observatório Nacional. O texto foi publicado em 27/11/2014.

Luzes que ainda não chegaram

Pergunta enviada por William Benedito, por correio eletrônico.

Essa é uma questão que já intrigou a ciência. Ela foi abordada pelo astrônomo alemão H. W. Olbers, no século 19, e ficou conhecida como paradoxo de Olbers. O paradoxo acontece ao presumir que o Universo é infinito, eterno e estático, com infinitas estrelas distribuídas de forma uniforme, homogênea e isotrópica (igual em todas as direções).

Então, em qualquer direção para a qual olharmos haveria pelo menos uma estrela, mesmo que muito distante ou de luz muito fraca, emitindo um fluxo luminoso de fótons por unidade de área que independe da distância. Ao somar a contribuição de todas as áreas do céu, concluímos que o céu deveria ter um brilho uniforme, comparável ao Sol. Logo, a noite não poderia ser escura.

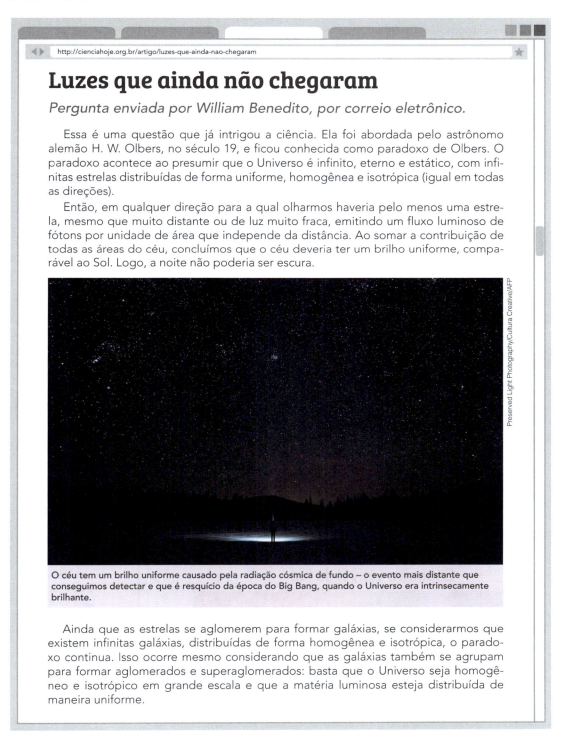

O céu tem um brilho uniforme causado pela radiação cósmica de fundo – o evento mais distante que conseguimos detectar e que é resquício da época do Big Bang, quando o Universo era intrinsecamente brilhante.

Ainda que as estrelas se aglomerem para formar galáxias, se considerarmos que existem infinitas galáxias, distribuídas de forma homogênea e isotrópica, o paradoxo continua. Isso ocorre mesmo considerando que as galáxias também se agrupam para formar aglomerados e superaglomerados: basta que o Universo seja homogêneo e isotrópico em grande escala e que a matéria luminosa esteja distribuída de maneira uniforme.

http://cienciahoje.org.br/artigo/luzes-que-ainda-nao-chegaram

O paradoxo só foi resolvido com a teoria do Big Bang. Neste caso, o Universo não é nem eterno nem estático. Como tem uma idade finita, existem regiões que estão além do nosso horizonte de eventos, ou seja, tão afastadas que a luz ainda não teve tempo (desde a origem do Universo) de chegar até nós, pois sua velocidade é finita. Assim, mesmo que existam infinitas estrelas ou galáxias distribuídas de modo uniforme, não conseguimos enxergar todas ao mesmo tempo – e por isso a noite é escura.

Essa teoria também diz que o Universo está se expandindo. Logo, pela lei de Hubble, objetos mais distantes se afastam de nós mais rapidamente e esse movimento faz com que a luz deles chegue até nós "deslocada" para os comprimentos de onda mais longos. Como esses comprimentos de onda estão fora do intervalo visível, a luz desses objetos se torna "invisível" aos nossos olhos. Assim, mesmo que em nosso horizonte de eventos haja suficiente matéria luminosa para tornar o céu brilhante à noite, esse brilho estaria espalhado por diversos comprimentos de onda, dos quais enxergamos só um pequeno intervalo.

A rigor, o céu tem um brilho uniforme causado pela radiação cósmica de fundo, que é detectada apenas em comprimentos de micro-ondas. Essa radiação cósmica de fundo é o evento mais distante que conseguimos detectar, é um resquício da época do Big Bang, quando o Universo estava totalmente permeado de fótons e era intrinsecamente brilhante. Portanto, se os nossos olhos fossem capazes de enxergar todos os comprimentos de onda possíveis, a noite certamente não seria escura.

> Mesmo que existam infinitas estrelas ou galáxias distribuídas de modo uniforme, não conseguimos enxergar todas ao mesmo tempo, por isso a noite é escura.

Fernando Roig. Luzes que ainda não chegaram. *Ciência Hoje*, nov. 2014. Disponível em: <http://cienciahoje.org.br/artigo/luzes-que-ainda-nao-chegaram/>. Acesso em: nov. 2018.

CURIOSO É...

Comprimentos de onda

Nossos olhos não são capazes de enxergar todos os comprimentos de onda. Vemos apenas um intervalo, como é possível conferir na ilustração. Esse intervalo é a gama de cores que podemos enxergar. Se pudéssemos ver todos os comprimentos de onda, veríamos o céu sempre iluminado.

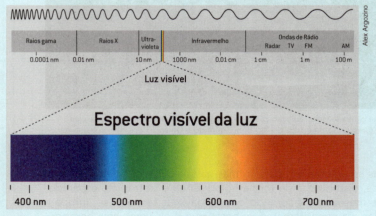

↑ Representação gráfica da distribuição dos comprimentos de ondas eletromagnéticas, em uma escala que vai de 0,0001 nm (nm é a abreviatura de nanômetro) até 100 m.

GLOSSÁRIO

Fóton: partícula eletromagnética que compõe a luz.
Galáxia: aglomerado, em forma de espiral, de estrelas, meteoroides, planetas e diversos outros corpos espaciais.
Homogêneo: característica do que tem estrutura, função e distribuição semelhantes a outra coisa.
Intrínseco: inseparável, inerente, característica própria de algo.
Radiação cósmica: pode ser considerada um feixe de partículas de energia com enorme velocidade que é utilizado pelos físicos para estudar o universo das partículas elementares (o microcosmo) e para obter informações sobre o Universo onde vivemos (o macrocosmo).

ESTUDO DO TEXTO

Apreciação

1. Em sua opinião, o astrônomo Fernando Roig é um profissional capacitado para responder à pergunta do leitor?

2. Você achou interessante conhecer esse assunto científico?

3. A leitura do texto lhe propiciou algum aprendizado? Qual?

4. A resposta do astrônomo ficou clara para você? O que você gostaria de perguntar a ele?

Interpretação

1. A questão enviada pelo internauta é uma dúvida que já intrigou o mundo científico.

    a) Que cientista estudou essa questão e como foi nomeado o estudo que ele fez?

2. Para a Física e a Matemática, "paradoxo" significa uma contradição. Copie o quadro a seguir no caderno e complete-o para explicar em que consiste o paradoxo de Olbers.

Como é o céu à noite?	Como deveria ser o céu à noite de acordo com Olbers?	Como seria o Universo segundo Olbers?

3. No segundo parágrafo do artigo, Fernando Roig comenta as possíveis deduções da teoria de Olbers. Vamos relê-lo.

> Então, em qualquer direção para a qual olharmos haveria pelo menos uma estrela, mesmo que muito distante ou de luz muito fraca, emitindo um fluxo luminoso de fótons por unidade de área que independe da distância. Ao somar a contribuição de todas as áreas do céu, concluímos que o céu deveria ter um brilho uniforme, comparável ao Sol. Logo, a noite não poderia ser escura.

   a) Se o Universo fosse estático, com estrelas distribuídas de modo uniforme em todas as direções, qual seria uma possível dedução da teoria?
   - Que conectivo introduz essa dedução?

   b) A primeira dedução encaminha para uma conclusão final. Qual é ela?
   - Que conectivo é empregado para introduzir tal conclusão?

4. Segundo o astrônomo Fernando Roig, que conclusões da teoria do Big Bang contribuíram para esclarecer o paradoxo de Olbers? Copie as alternativas corretas no caderno.

   a) O Universo está em constante expansão, não é estático.

> **Conectivos** são palavras invariáveis que estabelecem **coesão** entre os termos de uma oração ou entre orações. Ao relacionar orações, atribuem a elas uma ideia — de conclusão, adição, explicação, oposição, tempo, consequência etc. — e possibilitam a progressão do texto.

43

b) O Universo é finito.

c) Além de eterno, o Universo está em constante expansão.

5. Além da teoria do Big Bang, segundo o texto, que outra teoria explica a impossibilidade de vermos o céu totalmente iluminado?

6. Fernando Roig justifica a escuridão do céu à noite apoiado na teoria do Big Bang e na lei de Hubble, pois ambas se complementam.
   - Releia o parágrafo 4º e o 5º da resposta do astrofísico Roig. Identifique a seguir a explicação que corresponde à lei de Hubble e à teoria do Big Bang.

   a) O Universo é finito e a luz dos corpos luminosos (estrelas e galáxias) mais afastados ainda não chegou até nós.

   b) A expansão do Universo determina que objetos mais distantes se afastem mais rapidamente. Em consequência disso, a luz desses corpos não é visível quando chega até nós.

7. Copie no caderno a afirmação verdadeira. De acordo com o último parágrafo do texto:

   a) o Universo, na sua origem, era particularmente escuro.

   b) a claridade do Universo só não é visível para nós.

   c) o Universo se tornará mais escuro do que é hoje.

8. Após a leitura do texto, formule uma resposta sintética e científica à pergunta do leitor: "Se há tantas estrelas, por que o céu é escuro à noite?".

Linguagem

1. Você já estudou que a coesão é um importante mecanismo textual e que há diversas formas de se estabelecer esse mecanismo no texto.

   a) Identifique, nos parágrafos mencionados, a que elementos do texto se referem as palavras, as expressões e os pronomes indicados a seguir.
      - **Isso (ocorre)**, no 3º parágrafo.
      - **Neste caso**, no 4º parágrafo.
      - **Esse (movimento)**, no 5º parágrafo.
      - **dos quais**, no 5º parágrafo.

   b) No 5º parágrafo, que palavras ou expressões substituem "estrelas" e "galáxias", mencionadas anteriormente?

2. Ao responder à pergunta do leitor, Fernando Roig usa parênteses em dois trechos de seu texto. Observe:

> [...] O paradoxo acontece ao presumir que o Universo é infinito, eterno e estático, com infinitas estrelas distribuídas de forma uniforme, homogênea e isotrópica (igual em todas as direções).

> [...] Como tem uma idade finita, existem regiões que estão além do nosso horizonte de eventos, ou seja, tão afastadas que a luz ainda não teve tempo (desde a origem do Universo) de chegar até nós, pois sua velocidade é finita. [...]

- Em qual dos trechos os parênteses são empregados para:
a) acrescentar uma informação para ajudar o leitor a compreender o fenômeno?
b) apresentar uma paráfrase do trecho anterior, isto é, outra redação desse trecho para esclarecê-lo ao leitor?

3. Releia o trecho a seguir e observe os advérbios destacados.

> [...] Essa radiação cósmica de fundo é o evento mais distante que conseguimos detectar, é um resquício da época do Big Bang, quando o Universo estava **totalmente** permeado de fótons e era **intrinsecamente** brilhante. [...]

- Em sua opinião, qual foi a intenção do astrônomo ao empregar esses advérbios relacionados às características do Universo: "permeado de fótons" e "brilhante"?

4. Releia o último período do texto.

> Portanto, se os nossos olhos fossem capazes de enxergar todos os comprimentos de onda possíveis, a noite **certamente** não seria escura.

- Copie no caderno a alternativa que expressa o sentido do advérbio em destaque.
a) Expressa uma opinião provável sobre o fato de a noite não ser escura.
b) Expressa uma opinião incontestável sobre o fato de a noite não ser escura.
c) Expressa uma opinião avaliativa sobre o fato de a noite não ser escura.

5. Observe no quadro abaixo algumas palavras e expressões empregadas no texto.

estrelas – estático – isotrópica
fótons – galáxias – onda
matéria luminosa – radiação
cósmica – Big Bang
Hubble – micro-ondas
comprimento de onda – intervalo

← Simulação computadorizada da origem do Universo, o Big Bang.

a) Podemos afirmar que essas palavras e expressões pertencem ao campo semântico da Astronomia?
b) Copie no caderno a alternativa correta. Embora o interlocutor do artigo seja o público leigo, o astrônomo Fernando Roig emprega tal léxico porque:
  - os cientistas não conseguem abrir mão de sua linguagem mais sofisticada.
  - não é possível explicar os fenômenos da Astronomia sem empregar o léxico específico dessa ciência.
  - toda ciência tem um léxico próprio.

ENTRELAÇANDO LINGUAGENS

O pintor holandês Vincent van Gogh (1853-1890) também era interessado em Astronomia. Observador atento das estrelas, criou sua visão particular da noite na obra *Noite estrelada*, de 1889.

1. Você já ouviu falar de Vincent van Gogh? Conhece alguma obra desse artista? Conte aos colegas.
2. Observe detalhadamente a pintura e, com um colega, responda às questões propostas na página 47.

↑ Vincent van Gogh. *Noite estrelada*, 1889. Óleo sobre tela, 73,7 cm × 92,1 cm.

Para entender alguns detalhes da obra de Van Gogh, leia o texto do quadro.

AQUI TEM MAIS

Impressionismo e Pós-Impressionismo

Impressionismo é o nome de um movimento artístico iniciado na França, no século XIX. Uma de suas características era o gosto dos artistas por registrar a experiência contemporânea de acordo com suas impressões pessoais; pintavam a natureza com cores intensas, originais e pinceladas soltas, com ênfase na luz e no movimento que captavam no ambiente externo. Dessa forma, os artistas perceberam que conseguiam obter resultados mais próximos da realidade.

Sentindo-se limitados e insatisfeitos pelo estilo impressionista, alguns jovens artistas queriam ir além. O Pós-Impressionismo aprofundou-se nas possibilidades da pintura impressionista. Vincent van Gogh participou desse segundo momento.

a) Observe a obra *Noite estrelada*. Que elemento chama mais sua atenção? Por quê?

b) Quantas estrelas estão representadas na obra? O que há de característico na forma e na cor delas?

c) Observe bem a Lua. Em relação à cor, o que há de curioso nela?

d) Que pontos da tela são iluminados pela luz das estrelas e da Lua?

e) Que elemento contrasta com toda a luminosidade da tela?

f) Copie no caderno a alternativa que completa corretamente a afirmação a seguir sobre a obra.
A noite representada por Vincent van Gogh é diferente da noite real porque:
- na noite de Van Gogh a luz do Sol se destaca.
- na noite real, os ciprestes não são iluminados.
- na noite real, não há luminosidade.
- na noite de Van Gogh, a cor amarela se destaca, já que a Lua tem a cor do Sol.

3. Já foram realizadas diversas releituras da obra *Noite estrelada*. Veja uma delas.

Copie as alternativas corretas no caderno.

a) De acordo com Liniers, quadrinista argentino, essa obra de Vincent van Gogh:
- representa um exemplar do Pós-Impressionismo.
- é resultado de um trauma sofrido pelo artista.
- é a mais famosa desse pintor.
- foi produzida na Holanda.

b) Em sua opinião, que efeito de sentido Liniers pretendia alcançar com a tira?
- Crítica à obra.
- Humor.
- Reflexão sobre o processo de criação.

c) Faça sua releitura da obra *Noite estrelada* utilizando a técnica que desejar: desenho, tira, sequência de imagens gravadas com aparelho de telefone celular, colagem etc.

d) No dia combinado com o professor, todos os alunos terão a oportunidade de expor os trabalhos para os colegas. Aproveite e descreva, nesse dia, seu processo de criação e como foi fazer uma releitura da obra do artista Vincent van Gogh.

> Quando um texto (verbal, não verbal ou misto) retoma outro por meio de citação, referência ou alusão, dizemos que ocorre **intertextualidade**, ou seja, um diálogo entre textos.

ESTUDO DA LÍNGUA

Conjunções: elementos coesivos do texto

No volume anterior, estudamos as **conjunções coordenativas** e as orações que elas introduzem: **orações coordenadas sindéticas**. Vamos revisar esse assunto.

1. Observe este período do primeiro parágrafo da resposta do astrônomo.

> Ela foi abordada pelo astrônomo alemão H. W. Olbers, no século 19, e ficou conhecida como paradoxo de Olbers.

a) Que elemento relaciona as duas orações desse período?

b) Copie a alternativa correta no caderno.

Nesse contexto, o elemento que você identificou expressa sentido de:

> conclusão — oposição — adição

As duas orações do período transcrito são **orações coordenadas**, pois o sentido e a estrutura sintática delas são independentes. A conjunção que as relaciona é uma **conjunção coordenativa aditiva**.

> As **conjunções coordenativas** conectam **orações coordenadas**, que são semântica e sintaticamente independentes.

2. Releia agora o último parágrafo da resposta do astrônomo Fernando Roig ao internauta.

> A rigor, o céu tem um brilho uniforme causado pela radiação cósmica de fundo, que é detectada apenas em comprimentos de micro-ondas. **Essa radiação cósmica de fundo é o evento mais distante que conseguimos detectar, é um resquício da época do Big Bang, quando o Universo estava totalmente permeado de fótons e era intrinsecamente brilhante.** Portanto, se os nossos olhos fossem capazes de enxergar todos os comprimentos de onda possíveis, a noite certamente não seria escura.

a) O período em destaque dá uma informação ao leitor sobre a época do Big Bang. O que ocorria nessa época?

b) Que palavra introduz essa informação?

c) Copie a alternativa correta no caderno. A palavra que você identificou expressa sentido de:

> causa (porque) — tempo (quando) — condição (se)

d) Ainda nesse parágrafo, o astrônomo apresenta uma condição para que pudéssemos ver a noite iluminada.
- Que oração indica essa condição?
- Que palavra introduz a ideia de condição?

e) Vamos examinar as orações que compõem o primeiro trecho que você identificou.

> [...] quando o Universo estava totalmente permeado de fótons e era intrinsecamente brilhante.[...]

- Para caracterizar o Universo daquele período, o astrônomo emprega duas orações. Quais são elas?

3. Em sua resposta, o astrônomo expõe a teoria do Big Bang e a Lei de Hubble e chega a uma conclusão ao final da resposta.
   a) Qual é essa conclusão?
   b) Que palavra introduz a conclusão?

> As palavras **quando**, **se** e **portanto** são **conjunções**, elementos que ligam orações, palavras, frases e expressam o valor semântico estabelecido entre as partes conectadas.
> Por sua função de ligar, isto é, de conectar, são chamadas de **conectivos**.

Com objetivo didático, reescrevemos o período do 5º parágrafo do texto. Observe.

> A luz do objeto se torna "invisível" aos nossos olhos, **porque** esses comprimentos de onda estão fora do intervalo visível.

A conjunção **porque** conecta duas orações, porém a segunda oração desempenha a função de um **advérbio de causa** da primeira. Há, portanto, uma dependência sintática da segunda oração em relação à primeira.

As conjunções que introduzem orações dependentes sintaticamente de outra oração são denominadas **conjunções subordinativas.**

> As **conjunções subordinativas** introduzem orações dependentes sintaticamente daquela a que estão conectadas. Há dois tipos de conjunções subordinativas: **integrantes** (**que** ou **se**) e **adverbiais** (atribuem uma circunstância adverbial à oração a que se encontram conectadas).

Em alguns contextos, as orações introduzidas por conjunções subordinativas antecedem a oração da qual são dependentes sintaticamente, como no período original do 5º parágrafo:

> **Como** esses comprimentos de onda estão fora do intervalo visível, a luz do objeto se torna "invisível" aos nossos olhos.

A conjunção **como**, nesse contexto, introduz uma oração que expressa valor semântico de causa em relação ao trecho "a luz do objeto se torna 'invisível' aos nossos olhos".

Reveja as conjunções coordenativas e conheça as principais conjunções adverbiais e seus valores semânticos.

Conjunções coordenativas	Valor semântico	Classificação
e, nem, mas também, não só	adição	aditivas
mas, porém, contudo, entretanto	oposição	adversativas
ou, ora... ora, ou... ou, já... já	alternância	alternativas
logo, pois, portanto, por isso, então	conclusão	conclusivas
porque, pois, que	explicação, justificativa	explicativas

Conjunções subordinativas adverbiais	Valor semântico	Classificação
porque, visto que, já que, desde que, como	causa	causais
como, que, assim como, tal que, (mais, menos) que	comparação	comparativas
embora, ainda que, mesmo que, se bem que	concessão	concessivas
se, caso, desde que	condição	condicionais
como, conforme, segundo	conformidade	conformativas
de modo que, (tal, tanto, tão) que	consequência	consecutivas
a fim de que, para que	finalidade	finais
à proporção que, à medida que, quanto mais... mais	proporção	proporcionais
quando, enquanto, antes que, logo que, desde que	tempo	temporais

ATIVIDADES

1. Leia o artigo de divulgação científica escrito pelo físico Marcelo Gleiser.

www1.folha.uol.com.br/colunas/marcelogleiser/2018/01/1951920-buracos-negros-os-mais-misteriosos-objetos-no-universo.shtml

Buracos negros: os mais misteriosos objetos no Universo

21. jan. 2018 às 2h00

[...] Visite uma escola do nível fundamental e mencione buracos negros para as crianças. [...]

A reação é imediata: os olhos se arregalam, revelando uma mistura de fascínio e medo. Para uma criança (e os felizes adultos que mantêm sua curiosidade viva), a imagem de um buraco no espaço que engole tudo o que se aproxima dele é inacreditável. "O melhor lugar para você mandar seus inimigos", brinco, **quando dou palestras nas escolas**.

Que a força da gravidade pode fazer isso – curvar uma região do espaço tão dramaticamente **que se fecha sobre si mesma** – faz dela a mais estranha das quatro forças que conhecemos.

Todo mundo sabe que a gravidade é o que faz as coisas caírem. E que ela nunca descansa.

Outro dia, meu filho de seis anos me perguntou **se, no espaço, não existe gravidade. Antes que pudesse responder**, seu irmão de onze anos interrompeu: "Claro que não! Sempre tem um pouco de gravidade, **a menos que você esteja infinitamente distante de todos os objetos com massa no Universo**, o que é impossível".

Isso mesmo. A gravidade conecta tudo no Universo. Você está conectado com a Lua, com as pessoas à sua volta, com os anéis de Saturno. Tudo atrai tudo. **A menos que**... você esteja em queda livre. [...]

Essa ideia pode parecer estranha, mas [...] faz sentido [...]. **Quanto mais rápido o elevador desce**, mais leve você se sente, aquele frio na barriga. [...]

Marcelo Gleiser. *Folha de S.Paulo*, Disponível em: <www1.folha.uol.com.br/colunas/marcelogleiser/2018/01/1951920-buracos-negros-os-mais-misteriosos-objetos-no-universo.shtml>. Acesso em: 2 ago. 2018.

a) Com a leitura do texto é possível definir o que é "buraco negro"?

b) O que é essa força gravitacional que existe no Universo?

c) Para introduzir o assunto dos buracos negros, dar ideia ao leitor sobre a força gravitacional dessas regiões no espaço, entre outras intenções, o autor se vale de conjunções.

Releia as orações destacadas e copie no caderno aquelas que são introduzidas por conjunções com valor semântico de:

- tempo;
- proporção;
- condição;
- consequência.

2. Leia este fragmento de uma reportagem intitulada "Professores brasileiros concorrem a prêmio de US$ 1 milhão nos Emirados", produzida pelo blogueiro Diego Bercito para seu *blog* "Orientalíssimo" e publicada em um jornal de São Paulo.

A matéria destaca a ação de dois professores brasileiros, Rubens Ferronato e Diego Mahfouz Faria, finalistas do Global Teacher Prize, que premia ações excepcionais na Educação.

> Segundo o *site* do prêmio:
> Quando Rubens teve um estudante deficiente visual em sua sala, descobriu que os métodos tradicionais de ensino não funcionavam. Ensinou, então, descrevendo a informação. Quando teve de ensinar tabelas e gráficos, não encontrou nada que pudesse ajudá-lo, até que viu uma placa perfurada: visualizou um plano cartesiano e simplesmente adicionou rebites e elásticos. O estudante lhe disse: "Você não inventou um material didático só para mim, e sim para todos os estudantes com deficiência visual no mundo". O Multiplano inventado por Rubens é utilizado em mais de 200 escolas em todo o Brasil.

Orientalíssimo. *Folha de S.Paulo*, 21 jan. 2018. Disponível em: <https://orientalissimo.blogfolha.uol.com.br/2018/01/29/por-projetos-pedagogicos-professores-brasileiros-concorrem-a-premio-de-us-1-milhao-nos-emirados/>. Acesso em: 3 ago. 2018.

a) A leitura da apresentação do professor publicada no *site* evidencia o motivo pelo qual ele está entre os finalistas do prêmio Global Teacher Prize.
- O que justifica sua indicação?

b) Normalmente, a conjunção **e** tem valor aditivo. Que valor, entretanto, ela adquire nesse contexto? Que outra conjunção poderia substituir **e** mantendo o mesmo sentido?

c) As conjunções coordenativas podem conectar termos semelhantes, isto é, dois substantivos, dois adjetivos etc.
- Retire um exemplo do texto em que essa conjunção exerça a função de conectar termos.

d) Além de **quando**, que outra conjunção subordinativa é empregada com valor temporal?

3. Empregando conjunções adequadas ao sentido das frases abaixo, substitua os termos destacados por uma oração. Em seguida, classifique as conjunções que estabelecem a relação entre as orações.

a) **À noite**, ele fará uma festa.

b) A criança fez a leitura do livro e a **produção de um texto**.

c) Ela cuida da preparação do lanche, **não da recepção dos convidados**.

d) Não fomos ao cinema **por causa da chuva**.

4. Substitua as orações destacadas por um termo que torne o período mais claro e sucinto. Faça as adaptações que julgar necessárias. Observe o modelo.

> Ela dormiu, **porque estava cansada**.   Ela dormiu **de cansaço**.

a) Apesar de tantas conquistas da humanidade, há quem morra **porque passa fome.**

b) **Enquanto estava de férias**, ele viajou pelo Brasil.

c) Exija mudanças na mídia, **para que você se defenda do consumismo.**

5. As orações a seguir, embora sejam introduzidas pela mesma conjunção, estabelecem relações de sentidos diferentes. Identifique a circunstância expressa pela conjunção em cada oração.

a) **Desde que** você entregue o trabalho no dia combinado, eu o corrigirei.

b) **Desde que** eu li seu primeiro livro, soube que você se tornaria um grande escritor.

c) **Desde que** o compromisso foi cancelado, podemos ir ao cinema.

6. Mude a posição das conjunções coordenativas adversativas ou conclusivas, de acordo com o modelo a seguir, quando possível.

> A empresa entregou a encomenda, **contudo** terei de devolvê-la ainda hoje.
> A empresa entregou a encomenda, terei, **contudo**, de devolvê-la ainda hoje.
> A empresa entregou a encomenda, terei de devolvê-la, **contudo**, ainda hoje.

a) As pessoas não acreditam em vida interplanetária, **entretanto** gostam de filmes de ficção científica sobre esse assunto.

b) Sempre me interessei por poesia, **todavia** ultimamente tenho me dedicado mais a crônicas.

c) Ele é muito ocupado, **mas** sempre encontra um espaço na agenda para nós.

7. Observe as frases a seguir. Diante de um mesmo fato, o locutor se comporta de forma diferente, de acordo com o interlocutor.

> O relógio não despertou, portanto estou atrasada.
> O relógio não despertou, mas compensarei as horas perdidas em outro dia.

a) Que enunciado o locutor escolheria se estivesse se dirigindo a um chefe muito exigente?

b) E se o locutor fosse uma pessoa mais íntima?

Em dupla

Junte-se a um colega para fazer esta atividade.

1. Respondam por escrito a uma das perguntas que o professor fará. Se necessário, pesquisem na internet ou em livros adequados ao tema.

2. Com as respostas prontas, preparem-se para gravar um *vlog*. O áudio pode ser acompanhado por imagens, como um infográfico, por exemplo. Há vários editores de vídeo que possibilitam a criação de *slides* e fotos com movimentos.

3. Divulguem o endereço no mural de aviso dos alunos de 5º e 6º ano ou combinem com o professor de Ciências a apresentação dos vídeos para esse público-alvo.

Caso tenham outra dúvida científica, combinem com o professor, pesquisem e apresentem a resposta.

CAPÍTULO 2

Neste capítulo, você vai conhecer algumas pesquisas da Ciência sobre reprodução híbrida de rinocerontes. Você aprofundará seu conhecimento sobre artigo de divulgação científica e compreenderá sua estrutura. Além disso, desenvolverá uma importante habilidade de estudos – tomar notas – e participará de um debate público regrado. Finalmente, estudará algumas palavras e expressões que causam dúvidas quanto à grafia.

Você sabe o que é um animal híbrido? É o resultado do cruzamento entre indivíduos de espécies diferentes. Normalmente é infértil, pois o híbrido não tem um número par de cromossomos, o que impossibilita sua reprodução.

> *Você já ouviu falar em* **cromossomos**?
> Os cromossomos são estruturas formadas por **DNA** localizadas no núcleo da **célula eucarionte**. Também é no cromossomo onde se situam os **genes**.
>
> Vanessa Sardinha dos Santos. *Escola Kids*. Disponível em: <https://escolakids.uol.com.br/cromossomos.htm>. Acesso em: nov. 2018.

Para ampliar seus conhecimentos a respeito de genética, acesse o endereço do *site* e clique em cada conceito grifado.

A mula, por exemplo, é um dos híbridos mais famosos que existem. Ela é produto do acasalamento entre o jumento e a égua. Costuma viver mais e ser mais obediente do que os cavalos e mais inteligente e ágil do que os jumentos.

El monir Hafida/Shutterstock.com

1. Você já tinha ouvido falar sobre animais híbridos? Conte aos colegas o que sabe.
2. Em sua opinião, a pesquisa sobre reprodução híbrida é importante?
3. Muitas espécies de rinocerontes estão ameaçadas de extinção. Você imagina por quê?

O artigo de divulgação científica que você lerá discorre sobre como o conhecimento científico da reprodução híbrida contribui para recuperar espécies em extinção.

Uma chance para o futuro

Embriões híbridos de rinoceronte criados em laboratório podem livrar o mamífero da extinção

Em março, a reserva ambiental Ol Pejeta, no Quênia, comunicou a morte do último rinoceronte-branco-do-norte macho do mundo. Sudan morreu aos 45 anos por complicações relacionadas à idade avançada (a média de vida do animal é de 40 anos). Embora tenham restado os rinocerontes-brancos-do-norte fêmeas, moradoras da mesma área no Quênia, o desaparecimento do último macho da espécie – ou, nesse caso, subespécie – significa seu fim.

Na primeira semana deste mês, porém, um estudo publicado na revista científica *Nature* acendeu uma centelha de esperança entre ambientalistas. Uma equipe internacional de pesquisadores criou embriões híbridos do mamífero em laboratório. Os cientistas produziram uma mistura genética de óvulos de rinocerontes-brancos-do-sul com espermas de alguns de seus parentes no norte (Sudan incluído) colhidos enquanto viviam. O material genético das fêmeas do norte, Najin e Fatu, não foi usado porque ambas são inférteis, além de parentes de Sudan – respectivamente, filha e neta. Foi a primeira vez que se criaram embriões de qualquer tipo de rinoceronte, o que é um enorme avanço para recuperar as populações desses animais. O próximo passo é buscar uma barriga de aluguel entre os rinocerontes fêmeas do sul e acompanhar a gestação, torcendo para que seja um sucesso.

Sudan tornou-se o mais famoso rinoceronte em 2014, depois da morte de Suni, outro macho da reserva do Quênia. A caça ilegal, estimulada pela demanda pelo chifre do animal (países como China usam o material, triturado, para tratar de dor de cabeça a câncer), foi o principal motivo para que os mais de 2 000 indivíduos vivos em 1960 fossem reduzidos a apenas quinze em meados da década de [19]80. Em 2008, o rinoceronte-branco-do-norte foi considerado extinto da natureza, embora ainda estivesse presente em zoológicos. No ano seguinte, os últimos quatro indivíduos férteis – Sudan, Suni e as duas fêmeas, hoje já inférteis – foram transferidos de um zoológico na República Checa para reserva no Quênia. A ideia era que o ambiente parecido com o hábitat dos animais pudesse estimular uma reprodução natural. Não funcionou. Como alerta para a situação desses mamíferos, ativistas criaram uma campanha no [...], aplicativo para encontros românticos, apresentando Sudan como raríssimo macho em busca de uma namorada.

O fracasso de medidas conservacionistas, tradicionais e nem tanto, estimulou os cientistas a tentar a solução dos embriões híbridos. "A morte de Sudan é um fato triste, mas a possibilidade de que ele possa contribuir para gerar uma prole ainda é real", disse à *VEJA* o biólogo Thomas Hildebrandt, do Instituto Leibniz de Pesquisa em Zoologia e Vida Selvagem, na Alemanha, um dos autores do trabalho. Com os híbridos, ele aposta no nascimento de um primeiro filhote daqui a três anos.

Os rinocerontes são uma das últimas espécies de mega-herbívoros remanescentes. Em um estudo de 2014 que analisou dados do Parque Nacional Kruger, na África do Sul, percebeu-se que em áreas habitadas por eles a diversidade da vegetação aumenta cerca de vinte vezes. À medida que os rinocerontes comem as folhas mais altas, as mais baixas têm maior contato com a luz solar e ganham força para crescer. A presença desses animais faz com que aumente a quantidade de alimento dos demais. O biólogo Hildebrandt destaca outro fator que justifica a necessidade de recuperar a população da subespécie. "Com poucos indivíduos, eles vão aprender a se comportar como seus antecessores. Não há genética que salve traços de comportamento. É o novo ciclo: o que o homem destruiu por meio de práticas abomináveis a ciência do mesmo homem tenta recriar."

Jennifer Ann Thomas. Uma chance para o futuro. *Veja*, São Paulo: Abril, ed. 2 593, n. 31, ano 51, p. 96-97, ago. 2018.

# ESTUDO DO TEXTO

Apreciação

1. Em sua opinião, o título "Uma chance para o futuro" indica qual será o assunto do texto?

2. Como é possível relacionar o título ao assunto do texto?

3. Você já tinha ouvido falar de Sudan ou da caça ilegal dessa espécie animal?

Interpretação

1. Em sua opinião, qual é o público-alvo de revistas que veiculam textos como esse?

2. No segundo parágrafo do texto, o autor expõe a intenção desse artigo de divulgação científica. Transcreva no caderno o trecho que expressa exatamente o assunto abordado no artigo.

3. Segundo o artigo, os cientistas produziram uma mistura científica de óvulos de rinocerontes.
   a) Em que consiste essa mistura?
   b) Por que essa mistura representa um avanço?
   c) O material genético das fêmeas sobreviventes não foi usado. Por quê?

4. Copie no caderno a alternativa que melhor descreve os recursos empregados na introdução do artigo.
   a) Recupera os conhecimentos tácitos, isto é, os que já são acordados por toda a comunidade.
   b) Apresenta uma narrativa ficcional que envolve o leitor e o mantém interessado na matéria.
   c) Apresenta um lide, ou seja, as principais informações do texto respondidas por meio das perguntas: O quê? Quem? Quando? Onde? Como? Por quê?

5. Observe a linguagem do texto. Note que há predominância do emprego da terceira pessoa.
   a) Isso torna a matéria mais pessoal ou impessoal?
   b) Discuta com os colegas e com o professor: Por que o uso da terceira pessoa pode ser importante nesse gênero textual? Reescreva a resposta certa no caderno.
      • A impessoalidade contribui para a objetividade do texto, o que é importante para o gênero divulgação científica.
      • A impessoalidade torna o texto mais subjetivo, o que é adequado à divulgação científica.
      • A impessoalidade torna o texto menos objetivo, o que é adequado à divulgação científica.

6. O artigo menciona tentativas frustradas de recuperar a população de rinocerontes.
   a) Identifique uma tentativa frustrada dos cientistas e levante hipóteses sobre o fracasso do objetivo.
   b) Identifique uma tentativa frustrada dos ativistas e levante hipóteses sobre o fracasso da campanha.

7. Existem vários aplicativos elaborados exclusivamente com o objetivo de contribuir para a preservação ambiental. Você conhece algum projeto sustentável interessante ou outros aplicativos que colaborem para a preservação ambiental?

55

Linguagem

1. Considerando o público leitor da revista, responda às questões.

    a) Qual é a faixa etária desse público?

    b) Para esse público, qual é a melhor forma de registro de linguagem?

2. Embora o texto seja um artigo de divulgação científica, o jornalista utiliza alguns recursos expressivos da linguagem. Explique os trechos destacados nas orações a seguir.

    a)
    > [...] Na primeira semana deste mês, porém, um estudo publicado na revista científica *Nature* **acendeu uma centelha de esperança** entre ambientalistas [...].

    b)
    > [...] O próximo passo é **buscar uma barriga de aluguel** entre os rinocerontes fêmeas do sul e acompanhar a gestação, torcendo para que seja um sucesso [...].

3. Releia o trecho a seguir.

    > O fracasso de medidas conservacionistas, tradicionais e **nem tanto**, estimulou os cientistas a tentar a solução dos embriões híbridos.

    - O trecho destacado refere-se a que medida? Por que ela foi definida do modo destacado?

4. Leia esta afirmação.

    > Em artigos científicos, é comum que haja citações de especialistas no tema abordado.

    a) Copie no caderno a alternativa que melhor explica a função das citações no artigo de divulgação científica.
    - A fala de especialistas dá coesão às afirmações do autor do artigo.
    - A fala de especialistas exemplifica as afirmações do autor do artigo.
    - A fala de especialistas atribui mais credibilidade ao artigo.

O QUE APRENDEMOS COM O ESTUDO DE ARTIGO DE DIVULGAÇÃO CIENTÍFICA

- Os artigos de divulgação científica têm o objetivo de estabelecer uma "ponte" entre as pesquisas científicas e o público leigo.
- O suporte desses artigos são revistas, jornais e *sites* especializados em divulgação da ciência.
- Em geral, na introdução o produtor do texto tenta contextualizar o tema e atrair a atenção do leitor. No desenvolvimento, são apresentados os argumentos e as citações de teorias e/ou de pesquisadores. Na conclusão, deve-se reafirmar a teoria científica (ou teorias) que comprova o tema em discussão ou prevê futuras pesquisas sobre o que se discute.
- Frequentemente esse gênero textual é escrito em terceira pessoa, em um tom impessoal e usa léxico próprio da ciência que está sendo abordada.

DIÁLOGO

Mortes provocadas pela caça

Diversas atividades do ser humano afetam diretamente a vida de animais em todo o mundo. O comércio de partes de animais é um exemplo disso: chifres de rinoceronte, presas de elefantes etc.

Leia a notícia a seguir, sobre o retorno do comércio legalizado de chifres de rinoceronte e ossos de tigres na China, ocorrido em 2018.

China legaliza venda de chifres de rinoceronte e ossos de tigres

A declaração diz que o comércio dos produtos será permitida somente em circunstâncias autorizadas. A decisão revoga a proibição de caça de 1993.

Por Emily Santos – 8 de novembro de 2018

O governo chinês anunciou no dia 29 de outubro que permitirá, de forma limitada, a retomada de venda de chifres de rinoceronte e ossos de tigre. Esses materiais são utilizados em pesquisas medicinais, apesar de não haver nenhuma confirmação científica de valor medicinal para humanos.

A declaração diz que o comércio dos produtos será permitida somente em circunstâncias autorizadas, que envolvem pesquisas científicas, obras de arte e pesquisas de tratamentos médicos.

[...]

Nos últimos anos, a China tinha se comprometido a combater a caça ilegal e a decisão do último mês vai contra a proibição total de comércio estabelecida no país em 1993. Diversas organizações se pronunciaram e pediram que o governo voltasse atrás na revogação da proibição. [...]

Tanto tigres quanto rinocerontes são animais na lista de espécies ameaçadas de extinção e o comércio de ambos é proibido. Apesar disso, a China tem uma grande demanda de produtos derivados de tigres, como ossos, bigodes, garras e outros. Estima-se que o número de tigres criados em cativeiro no país seja o dobro da quantidade que está em liberdade na natureza. [...] são seis mil tigres cativos, enquanto existem pouco mais de três mil em liberdade em todo o mundo.

Os oficiais chineses não responderam aos pedidos de comentários feitos quando a decisão do governo foi anunciada, mas grupos de ambientalistas especulam que a revogação tenha sido feita devido ao grande número de fazendas de criação de tigres e pelas tentativas de criação de rinocerontes em cativeiro. "Faz muito tempo que estamos preocupados com as fazendas de tigres na China e o número crescente de fazendas de criação no país", Leigh Henry, diretora da política de vida selvagem da WWF [Fundo Mundial para a Natureza], disse à National Geographic.

"É incrivelmente caro alimentar e cuidar de tigres em cativeiro, então, à medida que esses números aumentaram, também aumentou a pressão sobre o governo chinês para permitir o comércio regulamentado de produtos derivados de tigres. A decisão da China é algo que muitos de nós temíamos há mais de uma década", completou Henry.

Emily Santos. China legaliza venda de chifres de rinoceronte e ossos de tigres. Ciclo Vivo, 8 nov. 2018. Disponível em: <https://ciclovivo.com.br/planeta/meio-ambiente/china-venda-chifres-rinoceronte-tigres/>. Acesso em: 20 nov. 2018.

1. Você concorda com a medida adotada pelo governo chinês?
2. Em sua opinião, que medidas poderiam ser tomadas para evitar a morte de animais como os rinocerontes e os tigres?
3. Compare o texto "Uma chance para o futuro" com a notícia desta página e identifique o tema de cada um.
4. Podemos afirmar que ambos os textos denunciam um problema ambiental? Justifique.
5. Em qual dos textos a denúncia sobre a situação dos animais é mais intensa? Por quê?

AQUI TEM MAIS

Tomando notas

No *site* do Ministério do Meio Ambiente (www.mma.gov.br) e no do Ibama (www.ibama.gov.br), a lista de animais em extinção é frequentemente atualizada. Ela aumenta em consequência de processos naturais ou, na maioria dos casos, como resultado de atividades humanas ilegais. No entanto, o ser humano nem sempre conhece os prejuízos que a ausência de uma espécie pode causar a ele mesmo.

Com os colegas e o professor, consulte nos *sites* a lista de animais em extinção. Selecione um animal, pesquise e registre no caderno o impacto ambiental que a ausência da espécie pode causar.

Tipos de anotação

Veja a seguir alguns tipos de anotação. Verifique qual deles mais se assemelha com sua forma pessoal de tomar notas ou crie uma forma híbrida.

- Anotações hierarquizadas

Um primeiro modo de fazer anotações é organizá-las em uma folha de papel ou em um arquivo eletrônico de acordo com o grau de importância. Divida a folha de papel em duas colunas; a primeira deve ser mais estreita para acréscimos posteriores. Veja o exemplo:

Acréscimos	Anotações
	1.
	2.
	3.

- Anotações em rede

Nesse esquema, a informação mais importante fica em evidência e dela decorrem os dados secundários. Estabelece-se assim uma rede de ideias conectadas por associação ou oposição. Há *sites* que ensinam a construir essas redes e indicam como compartilhá-las.

O que anotar?

Não é possível anotar tudo, portanto, para a tomada de nota eficaz, é fundamental distinguir o que é essencial do que é acessório. Fique atento a: conceitos, definições, argumentos; conectivos que relacionam ideias; características ou exemplos, se forem importantes para lembrar conceitos ou definições.

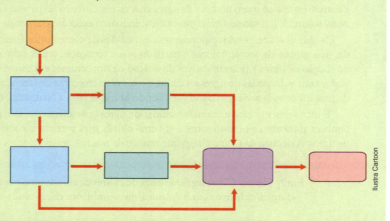

Ilustra Cartoon

Como anotar?

Procure fazer anotações de forma sintética e com vocabulário próprio. Use abreviações desde que tenha certeza de que as compreenderá depois. Confirme se as anotações estão coerentes.

1. Depois de apresentar à turma o resultado de sua pesquisa, escolha com os colegas um animal em risco de extinção e, por meio de *sites* de abaixo-assinados ou petições, iniciem uma campanha para protegê-lo.

58

Uso de a fim de e afim

Leia o título de uma notícia.

> **NASA colocará a sonda Kepler "para dormir" a fim de economizar combustível**
>
> CanalTech. Disponível em: <https://canaltech.com.br/espaco/nasa-colocara-a-sonda-kepler-para-dormir-a-fim-de-economizar-combustivel-117436/>. Acesso em: 15 out. 2018.

A locução prepositiva **a fim de** e a locução conjuntiva **a fim de que** introduzem orações que expressam circunstância de finalidade. Leia mais estes títulos de notícias.

> **Estou a fim de correr**
>
> *O Estado de S. Paulo.* Disponível em: <https://esportes.estadao.com.br/blogs/corrida-para-todos/estou-afim-de-correr/>. Acesso em: 15 out. 2018.

> **Identifique sinais que revelam se uma pessoa está a fim de você**
>
> Bol Notícias. Disponível em: <https://noticias.bol.uol.com.br/ultimas-noticias/entretenimento/2013/05/21/identifique-sinais-que-revelam-se-uma-pessoa-esta-a-fim-de-voce.htm?cmpid=copiaecola>. Acesso em: 15 out. 2018.

A locução prepositiva **a fim de** é empregada também com sentido de "ter interesse ou desejo de fazer algo" ou ainda, no registro informal, "ter interesse por alguém".

Agora leia atentamente os enunciados a seguir.

> Eles se dão bem, pois têm ideias **afins**.

> Familiares que não têm laços consanguíneos são parentes **afins**.

O adjetivo **afim** é empregado com sentido de "semelhança", "afinidade".

Uso de se não e senão

Leia o título da notícia extraída de um *site* que informa a previsão do tempo.

> **Alerta! Se não chover daqui a 20 dias, vamos ficar sem água.**
>
> Climatempo. Disponível em: <www.climatempo.com.br/participe/26505/alerta-se-nao-chover-daqui-20-dias-vamos-ficar-sem-agua>. Acesso em: 15 out. 2018.

Leia também o enunciado abaixo.

> Ele queria saber **se não** estava tarde para sair.

Em "se não", **se** é uma conjunção condicional ou integrante, seguida do advérbio de negação **não**.

1. Leia a sinopse do filme *O sumiço da coroa*, direção de Chico Faganello e Marco Martins.

> A Coroa, o principal símbolo da festa do *Divino Espírito Santo*, desaparece da Igreja da Lagoa da Conceição, em Florianópolis. E agora? Clara e Pedro começam a investigação para tentar recuperá-la, **senão** a festa pode não acontecer. Mistura de realidade com ficção, o filme une cultura brasileira e aventura.

Filmes que voam. Disponível em: <www.filmesquevoam.com.br/assistir-gratis-o-sumico-da-coroa/>. Acesso em 3 ago. 2018.

- A palavra em destaque na sinopse é uma conjunção adversativa. Substitua-a por uma expressão que mantenha o mesmo sentido do enunciado.

2. No enunciado a seguir, **senão** é um substantivo. Que sentido ele estabelece no texto?

> O trabalho estava perfeito, não havia um **senão**.

A palavra **senão** pode ser uma conjunção adversativa ou alternativa, ou um substantivo.

ATIVIDADES

1. Complete as frases a seguir com **afim**, **afins**, **a fim de** ou **a fim de que**.
   a) O ônibus estava lotado, procurei o assento preferencial ▲ pudesse me acomodar.
   b) Os poetas e pintores modernistas compartilhavam de visões ▲ a respeito da Arte.
   c) Infelizmente, teremos de ir sós, pois ele não está ▲ fazer esse programa.
   d) Fez grandes sacrifícios ▲ realizar seu grande sonho: estudar cinema em Paris.
   e) Tenho apenas um parente ▲, meu cunhado.
   f) Todos estão certos de que ela está ▲ meu irmão.

2. No caderno, escreva as frases em que a palavra destacada está grafada incorretamente.
   a) **Senão** chegarem as encomendas, não teremos mercadoria para oferecer.
   b) Dirija devagar, **senão** você será multado.
   c) Não me engane, **senão** ficarei decepcionada com você.
   d) Ele não aceita opiniões alheias, sempre tem um **senão**.
   e) Desconfiaria dos dados apresentados **senão** fosse ele o autor do texto.

DICAS

ACESSE

Nasa App: ferramenta oficial do programa espacial americano que traz muitas informações interessantes sobre Astronomia, com mais de 14 mil fotos tiradas pela corporação, mapas interativos e transmissões ao vivo da Estação Espacial Internacional.

LEIA

O Universo em suas mãos, de Christophe Galfard (Casa da Palavra). Conheça ideias científicas contemporâneas apresentadas de forma divertida. Em vez de fórmulas e gráficos, o autor explica o Universo – planetas, estrelas e galáxias – por meio de uma viagem alucinante.

Como chegamos até aqui, de Steven Johnson (Zahar). Aborda a história da inovação tecnológica ao longo dos séculos, desde os elementos fundamentais da vida diária – como a refrigeração de alimentos, os relógios e a chegada às casas da água potável – até invenções originadas de genialidades acidentais.

Debate público regrado

Para começar

O texto do **Capítulo 2** provoca no leitor, provavelmente, algumas inquietações: Quais são os limites éticos de criação de animais em laboratório? Qual é o custo e o tempo de duração de todo o processo? Após o nascimento, onde criar esses animais – em cativeiros ou integrá-los ao hábitat natural? O primeiro animal criado em laboratório pertenceria a qual grupo de rinocerontes, se todos foram extintos? Os novos animais, ainda que com o mesmo DNA, teriam as mesmas interações de sobrevivência na natureza do que os extintos da mesma espécie?

Portanto, além da criação de animais em laboratório, em que mais é necessário pensar para acolher e criar a nova espécie? Se os rinocerontes brancos originários foram extintos por causa dos chifres, o que fazer, nos dias atuais, para que os animais recém-criados não tenham o mesmo destino? Quais políticas públicas nacionais e/ou internacionais serão necessárias? Para qual público dirigir a mensagem e como transmiti-la?

Essas questões polêmicas podem ser discutidas informalmente, em um bate-papo com os colegas, ou por meio de um gênero oral denominado debate público regrado. É uma atividade muito interessante, na qual se desenvolvem a argumentação, as técnicas de pesquisa e a capacidade de falar em público.

> O **debate público regrado** é um gênero textual oral argumentativo no qual participantes, por meio de regras predeterminadas, buscam convencer o interlocutor de seu ponto de vista sobre determinado assunto.
>
> É sempre importante lembrar que o debate público regrado não se restringe aos **debatedores** e ao **moderador**, inclui também os **interlocutores**. A identificação do público-alvo é determinante para que os debatedores definam o grau de aprofundamento do tema a ser discutido.
>
>
>
> ↑ Debate no pátio da Escola Estadual Alfredo Paulino, São Paulo (SP), em outubro de 2017.

Leia a seguir a função de cada participante do debate público regrado.

- **Debatedores**

  Os debatedores organizam argumentos consistentes sobre o tema apresentado com a intenção de convencer o público e os demais debatedores de seu ponto de vista.

  Para isso, pesquisam informações teóricas sobre o assunto, selecionam citações de especialistas e preparam refutações para rebater opiniões contrárias.

  A opinião divergente deve se manifestar sempre de forma cordial e respeitosa.

  > **Refutar** um argumento é rebater esse argumento com provas muitas vezes inquestionáveis.

- **Moderador**

  O moderador inicia o debate. Cumprimenta o público, introduz a questão a ser debatida, apresenta os debatedores e informa as regras que devem ser obedecidas por todos.

  De acordo com as regras acordadas, o moderador pode sintetizar para a plateia os diferentes pontos de vista apresentados e selecionar questões feitas pelos ouvintes para que os debatedores as respondam.

  Controla o desenvolvimento do debate, avisando aos debatedores quando se aproximam do tempo determinado. Cabe ao moderador também agradecer a presença de todos e encerrar o debate. É possível fazer um revezamento entre dois ou três moderadores.

- **Plateia**

  A plateia participa como ouvinte. De acordo com as regras estabelecidas, pode fazer perguntas aos debatedores com a mediação do moderador.

Desenvolver

Vamos organizar um debate para ser apresentado aos alunos do 7º ano sobre o seguinte tema: "É importante para a humanidade a recuperação de espécies extintas?".

1. Forme um grupo com três colegas e sigam as orientações do professor para definirem, juntos, se o grupo pesquisará argumentos favoráveis ou contrários ao tema proposto.

2. Releiam o texto do Capítulo 2 e façam uma lista dos argumentos e citações que estão de acordo com seu posicionamento no debate.

3. Em seguida, ampliem suas informações: pesquisem em jornais, *sites*, livros; conversem com o professor de Ciências sobre esse assunto; tomem nota de tudo o que julgarem importante para defender o ponto de vista do grupo (dados estatísticos, citações de especialistas etc.).

   Veja a seguir algumas sugestões de fontes de pesquisa na internet (acessos em: 15 out. 2018).

   - Revista *Ciência Hoje*: <http://cienciahoje.org.br/na-iminencia-de-uma-nova-extincao//>.
   - Revista *Superinteressante*: <https://super.abril.com.br/mundo.../quantos-animais-estao-em-extincao-hoje-no-brasil/>.

   Pesquisem também vídeos sobre clonagem animal e sobre a lei que regulamenta essa prática no Brasil.

4. Elaborem um texto verbal escrito que apresente e defenda o ponto de vista do grupo, favorável ou contrário ao processo de clonagem de espécies extintas ou em processo de extinção.

   Não se esqueçam de que o debate é um gênero oral; portanto, o texto produzido não deve ser lido nem memorizado para ser reproduzido oralmente, deve apenas organizar os argumentos que serão apresentados pelo debatedor.

5. É comum, nos debates públicos regrados, o emprego da modalidade oral formal da língua. Portanto, procurem evitar marcas de interlocução – por exemplo, em vez de "Se você é do tipo que não concorda com trazer de volta espécies extintas...", optem por "Muitos não acreditam que seja possível..." – e expressões como: "tipo", "tá?", "né?", "tudo certo?" etc.

6. Empreguem os operadores argumentativos como: **concordo** ou **discordo**, **do meu ponto de vista**...; e os elementos coesivos (conjunções) que orientam para a conclusão, justificativa ou explicação de um argumento (**portanto, logo, assim, pois, porque** etc.) na construção de seus argumentos. Exemplos: "Concordo que os macacos sejam muito semelhantes aos seres humanos, por outro lado, acredito que..."; "Macacos são animais muito semelhantes a nós, logo precisamos estudá-los em laboratório para entendermos melhor algumas doenças humanas".

7. Os organizadores textuais ajudam a plateia a acompanhar o desenvolvimento da apresentação do tema e dos argumentos. Ao confrontar um argumento apresentado anteriormente, o debatedor pode iniciar sua fala desta forma: "Primeiramente, quero retomar a afirmação sobre (citar o aspecto a ser observado) e, em segundo lugar, apresentarei meu ponto de vista, que diverge..."

8. Estipulem com o professor o tempo de duração das várias etapas do debate: a apresentação do mediador, a explanação do ponto de vista do debatedor, o momento de perguntas da plateia e de respostas dos debatedores e, finalmente, o encerramento.

9. Os alunos do 7º ano podem ser convidados formalmente pelos alunos do 9º ano a comparecer ao debate. Não se esqueçam de avisar o tema a ser debatido.

Revisar e compartilhar

Na autoavaliação e na avaliação dos colegas, observem os tópicos e itens listados a seguir.

1. Debatedores
   a) Expuseram seu ponto de vista sobre o tema de forma clara e com tom de voz audível?
   b) Empregaram argumentos convincentes?
   c) Refutaram argumentos apresentados pelos debatedores cujo ponto de vista era diferente do seu?
   d) Empregaram operadores argumentativos ao formular os argumentos?
   e) Usaram a modalidade oral mais formal da língua, evitando marcas de interlocução?
   f) Obedeceram ao tempo previsto para exposição de seu ponto de vista?
   g) Foram cordiais com o grupo adversário e com a plateia?

2. Moderador
   a) Abriu o debate cumprimentando a plateia e apresentando o tema e os grupos participantes de forma clara e com tom de voz audível?
   b) Expôs com clareza as regras que deveriam ser seguidas durante o debate?
   c) Controlou o tempo predeterminado de cada grupo?
   d) Foi mediador entre a plateia e os debatedores e entre estes?
   e) Selecionou adequadamente as perguntas da plateia?
   f) Encerrou o debate de maneira adequada?

3. Plateia
   a) Respeitou as regras estipuladas pelo moderador?
   b) Fez questões pertinentes ao tema apresentado?

↑ Escher. *Dois pássaros (nº 18)*, 1938. Nanquim, lápis e aquarela sobre papel.

UNIDADE 3

Argumentar é preciso

NESTA UNIDADE
VOCÊ VAI:

- estudar o artigo de opinião por meio de leitura, reflexão, compreensão e escrita de textos do gênero;
- entender o período composto por subordinação – orações subordinadas substantivas e sua função de dar progressão às ideias do texto;
- redigir parágrafos argumentativos;
- escrever um artigo de opinião sobre exploração da mão de obra infantil para compor um painel.

M.C. Escher's "Symmetry Drawing E18" © 2018 The M.C. Escher Company-The Netherlands

1. Na gravura de Escher, em que direção voam os pássaros?
2. Explique o que você observou na gravura para justificar sua resposta.
3. O que explica, a seu ver, o fato de um mesmo objeto poder ser apreendido de formas diferentes?
4. Você considera o ponto de vista alheio? Justifique-se exemplificando sua opinião com situações vivenciadas por você.

65

CAPÍTULO 1

Neste capítulo, você vai conhecer a opinião da jornalista Ilona Szabó de Carvalho sobre o modo de dirigir de alguns brasileiros. Vai também ampliar seus estudos sobre as orações subordinadas substantivas e, ainda, redigir alguns parágrafos argumentativos.

Em dupla

Antes de iniciar a leitura do texto, observe as charges e reflita com um colega sobre as questões a seguir. Apresente, em seguida, suas opiniões para discuti-las com a turma e o professor.

É importante ouvir com atenção todos os pontos de vista e respeitar as opiniões divergentes. Você pode discordar, é claro, mas lembre-se de que é preciso fundamentar sua opinião.

Charge 2

1. Qual é o tema das charges?

2. Na Charge 1, como você entende a resposta ao motorista: "Não. Está pertinho. A cidade fica a 9 acidentes daqui!"? Explique o efeito de sentido obtido pelo emprego da linguagem figurada.

3. Do que trata a Charge 2? Justifique.

4. Quando viaja, você costuma observar a condição das estradas e o modo de dirigir dos motoristas?

5. Já presenciou acidentes? O que poderia tê-los causado?

6. E nas grandes cidades, é fácil deslocar-se de um canto a outro?

7. Como dirigem os motoristas nas cidades? Diferem dos que conduzem nas estradas? Justifique sua opinião.

8. Você já observou motoristas cometendo infrações? Quais?

9. Você acha que dirigir pode ser um prazer? Justifique sua opinião.

Artigo de opinião é um gênero textual que normalmente circula em jornais, revistas e *sites*. Seu objetivo é expor e defender o ponto de vista do articulista sobre temas polêmicos de interesse coletivo, que fazem parte do cotidiano, sustentando-o com argumentos.

A opinião ou ponto de vista que o autor assume no texto sobre uma questão controversa, polêmica, chama-se **tese**.

Para convencer e persuadir o interlocutor, o autor precisa argumentar; fornecer-lhe razões, favoráveis ou contrárias, a determinada tese. Não se trata de uma relação de força. A argumentação é o desenvolvimento de um raciocínio que, partindo de dados aceitos, conduz o ouvinte, por meio de uma justificativa, a uma conclusão possível.

O artigo a seguir foi publicado em 1º de agosto de 2018 em um jornal de São Paulo. Leia integralmente o texto.

www1.folha.uol.com.br/colunas/ilona-szabo/2018/08/incivilidade-no-transito.shtml

(In)Civilidade no trânsito

Como dirigimos é um reflexo do nosso compromisso democrático mais amplo

Eu adoro viajar. Mas aqui no Brasil, pegar a estrada é um estresse. Se não tivesse viajado de carro por outros países, duvidaria de que a direção pode ser um ato prazeroso. O modo como dirigimos serve de medida para nossas virtudes cívicas. [...]

No Brasil, no entanto, é uma expressão dos nossos piores vícios: cerca de 47 mil pessoas são mortas a cada ano em acidentes de trânsito, um dos maiores pedágios do mundo. Lembrei-me desse dado terrível durante uma ida do Rio de Janeiro a Tiradentes (MG).

A civilidade que demonstramos nas estradas e ruas das cidades vem em pequenos atos. Sinalizar ao dobrar, parar nos sinais vermelhos, dar preferência a pedestres em suas faixas, e ultrapassar pelo lado esquerdo. No entanto, é a incivilidade que percebemos nas rodovias brasileiras.

Em minha viagem, tivemos dezenas de carros acelerando a mais de 100 km/h a poucos metros de distância do para-choque traseiro, outros desaceleraram intencionalmente para incomodar o motorista do carro de trás, sem falar nos imprudentes com ultrapassagens ilegais, que colocaram minha família, a deles e outras em risco.

Há mais fatores para o caos no trânsito, fora o humano. Com exceções, as ruas e estradas no país são mal projetadas e cuidadas. A sinalização é ora inexistente, ora excessiva e confusa. Isso para não falar dos buracos perigosos e da falta de iluminação e de espaço para pedestres e ciclistas.

Em trechos do caminho a Tiradentes, os limites de velocidade controlados por radar não respeitavam ordem de grandeza, com grandes variações em trechos curtos (30 a 110 km/h), o que gera risco e não te deixa aproveitar o trajeto.

↑ Acidente de caminhão na BR-040 (rodovia que liga Brasília à cidade do Rio de Janeiro), Três Rios (RJ).

www1.folha.uol.com.br/colunas/ilona-szabo/2018/08/incivilidade-no-transito.shtml

Portanto, mudar o ambiente também é necessário, mas insuficiente. [...] há várias partes envolvidas no problema da violência no trânsito que também precisam estar na solução.

O bom planejamento de estradas, das sinalizações e fiscalizações de velocidade precisa ser uma prioridade dos distintos níveis de governo.

É fundamental investir em pesquisas e campanhas inovadoras de mudança de atitude de quem está ao volante. E arrisco dizer que as regras para tirar a carteira de motorista e a educação para o trânsito devem ser repensadas. O processo ficou mais longo e caro sem resultar em mais segurança.

Não é com burocracia e decoreba de regras que vamos conscientizar nossos cidadãos para que deixem de usar carros como armas letais.

Não conheço estudos no Brasil que busquem uma correlação entre o estresse do trânsito e o nível de violência em nossa sociedade. Seria interessante olhar mais de perto essa questão. Entender em que parte dela melhor se encaixa o comportamento violento do brasileiro no trânsito ou o quanto o estresse ocasionado pelas condições de nosso trânsito nos torna mais violentos no dia a dia.

Acima de tudo, como dirigimos é, de certa forma, um reflexo do nosso compromisso democrático mais amplo. O modelo atual de dependência excessiva dos carros em detrimento dos espaços dos pedestres e de um bom transporte público prioriza a elite e aprofunda a nossa desigualdade.

Somos uma sociedade em busca do interesse público – respeito entre os cidadãos, valorização do transporte coletivo e dos pedestres? Ou somos uma sociedade que só preza por interesses individuais e familiares, sem a paciência para as cortesias mais básicas, driblando as regras e acelerando por nossos interesses privados? Isso, condutores, é uma questão que cada um de nós deve começar a considerar.

Ilona Szabó de Carvalho

Diretora-executiva do Instituto Igarapé, mestre em estudos de conflito e paz pela Universidade Uppsala (Suécia).

Ilona Szabó de Carvalho. (In)Civilidade no trânsito. *Folha de S.Paulo*. Disponível em: <www1.folha.uol.com.br/colunas/ilona-szabo/2018/08/incivilidade-no-transito.shtml>. Acesso em: 8 nov. 2018.

GLOSSÁRIO

Burocracia: sistema ineficiente, que não soluciona os problemas da população.
Letal: que leva à morte.

Ilona Szabó de Carvalho é articulista do portal *Folha.com*. Tornou-se referência mundial em algumas das causas fundamentais da atualidade, como a campanha pelo desarmamento e o desenvolvimento de políticas sobre drogas. É também corroteirista do documentário *Quebrando o tabu* e dirigiu o curta *Faces of violence – A non-fiction story*, lançado na Assembleia Geral da ONU. É também autora do livro *Drogas: as histórias que não te contaram* (Zahar), lançado em 2017, e comentarista convidada do programa *Estúdio i*, da Globo News.

ESTUDO DO TEXTO

Apreciação

1. Você concorda com a opinião da articulista? Em sua opinião, há um exagero no texto?

2. Que comportamentos incivilizados os motoristas praticam nas ruas e estradas do país?

3. Que soluções você teria para diminuir a violência do trânsito no Brasil?

Interpretação

1. "(In)Civilidade no trânsito" é um artigo de opinião que expressa um ponto de vista sobre uma questão polêmica. De quem é o ponto de vista?

2. Observe o título do artigo: "(In)Civilidade no trânsito".
   - Todo artigo de opinião traz uma questão polêmica, controversa. O que anuncia ao leitor essa questão?

3. Quantos parágrafos compõem o artigo "(In)Civilidade no trânsito"?

4. As frases abaixo, do primeiro parágrafo, retomam implícita ou explicitamente a polêmica entre a civilidade e a incivilidade do trânsito nas estradas brasileiras. Justifique essa afirmação.

> [...] Mas aqui no Brasil, pegar a estrada é um estresse. Se não tivesse viajado de carro por outros países, duvidaria de que a direção pode ser um ato prazeroso. [...]

5. Ainda no primeiro parágrafo, está expressa a tese, o ponto de vista da articulista sobre o trânsito no Brasil. Transcreva essa tese.

6. Leia o segundo parágrafo do artigo.

> No Brasil, no entanto, é uma expressão dos nossos piores vícios: cerca de 47 mil pessoas são mortas a cada ano em acidentes de trânsito, um dos maiores pedágios do mundo. [...]

   a) Qual é a opinião da articulista sobre a civilidade do brasileiro?
   b) Que argumentos fundamentam essa opinião da articulista?

7. No terceiro e quarto parágrafos, a autora trata, respectivamente, da civilidade e da incivilidade.
   a) Qual é a opinião dela sobre a civilidade?
   b) Quais atos revelam a civilidade de um motorista?
   c) Quais atos revelam a incivilidade?

70

8. Depois de abordar a incivilidade dos motoristas, a articulista passa a focar outros aspectos que contribuem para o caos no trânsito.

   a) Qual frase indica a mudança de foco?
   b) Qual é o outro fator que contribui para o caos do trânsito?

9. Quais aspectos geram o caos nas estradas?

10. Ao buscar os fatores que criam o caos nas estradas, a autora emprega várias estratégias de argumentação.

    Identifique nas alternativas abaixo as estratégias empregadas. Copie a resposta correta no caderno.

    a) **Argumento de prova concreta**: fatos, dados estatísticos, leis.
    b) **Argumento de raciocínio lógico**: comparações, relações de causa e efeito, deduções fundamentadas em premissas já mencionadas.
    c) **Argumento de autoridade**: citação direta ou indireta de fonte autorizada.

11. Depois de argumentar sobre a incivilidade dos motoristas e sobre a má condição das estradas que também trazem o caos para o trânsito, a articulista muda de abordagem.

    a) Do que ela trata do 7º ao 11º parágrafos?
    b) Quais são as principais sugestões?

12. Os dois últimos parágrafos correspondem à conclusão. Copie no caderno a alternativa que **não** está presente na conclusão.

    - Ao concluir, a articulista questiona:
    a) a democracia brasileira;
    b) o modelo de transporte público;
    c) os valores da sociedade brasileira;
    d) a importância das leis de trânsito.

Linguagem

1. Muitas vezes, mesmo num texto argumentativo, podemos observar recursos da linguagem figurada. Releia o segundo parágrafo.

   > No Brasil, no entanto, é uma expressão dos nossos piores vícios: cerca de 47 mil pessoas são mortas a cada ano em acidentes de trânsito, um dos maiores pedágios do mundo. Lembrei-me desse dado terrível durante uma ida do Rio de Janeiro a Tiradentes (MG).

   a) Que figuras de linguagem é possível identificar nesse trecho? Transcreva-as e explique-as.
   b) Qual é o efeito de sentido obtido por esse recurso literário?

2. Observe o emprego das conjunções adversativas na construção do artigo de Ilona Szabó de Carvalho.

   - Nas frases a seguir, qual é a oposição indicada pelas conjunções?
   a) "Eu adoro viajar. **Mas** aqui no Brasil, pegar a estrada é um estresse."
   b) "O modo como dirigimos serve de medida para nossas virtudes cívicas. [...] No Brasil, **no entanto**, é uma expressão dos nossos piores vícios"
   c) "**No entanto**, é a incivilidade que percebemos nas rodovias brasileiras"

ENTRELAÇANDO LINGUAGENS

Observe estas imagens:

↑ Rafael. *A escola de Atenas*, 1509-1511. Afresco, 500 cm × 700 cm.

No fragmento, a numeração se refere ao nome de personalidades que, supostamente, Rafael pensou ser fisicamente semelhantes.

1: Zenão de Cítio ou Zenão de Eleia; 2: Epicuro; 3: Frederico II, duque de Mântua e Montferrat; 4: Anicius Manlius Severinus Boethius ou Anaximandro ou Empédocles; 5: Averroes; 6: Pitágoras; 7: Alcibíades ou Alexandre, o Grande; 8: Antístenes ou Xenofonte; 9: Hipátia […]; 10: Ésquines ou Xenofonte; 11: Parménides; 12: Sócrates; 13: Heráclito (Miguel Ângelo); 14: Platão segurando o *Timeu* (Leonardo da Vinci); 15: Aristóteles segurando *Ética a Nicômaco*; 16: Diógenes de Sínope; 17: Plotino; 18: Euclides ou Arquimedes acompanhado de estudantes (Bramante); 19: Estrabão ou Zoroastro (Baldassare Castiglione ou Pietro Bembo); 20: Ptolomeu; 21: Protogenes […]; R: Apeles (Rafael).

"A Escola de Atenas" ("Scuola di Atenas" no original) é uma das mais famosas pinturas do renascentista italiano Raffaello e representa a Academia de Platão. Foi pintada entre 1509 e 1510 na "Stanza della Segnatura" sob encomenda do Vaticano. A obra é um afresco em que aparecem ao centro Platão e Aristóteles. Platão segura o Timeu e aponta para o alto, sendo assim identificado com o ideal, o mundo inteligível. Aristóteles segura a Ética e tem a mão na horizontal, representando o terrestre, o mundo sensível.

A imagem tem sido muitas vezes vista como uma perfeita encarnação do espírito da Alta Renascença. Em "A Escola de Atenas", Raffaello pintou os maiores estudiosos antigos como se fossem amigos que discutiam e desenvolviam as formas de pensar e de refletir a filosofia em si. Segundo o estudioso Fowler, o título do afresco era "Causarum Cognitio" e que somente após o século XVII passou a ser conhecido como "A Escola de Atenas".

Disponível em: <www.sabercultural.com/template/obrasCelebres/A-Escola-de-Atenas.html>. Acesso em: 17 out. 2018.

GLOSSÁRIO

Timeu: um dos diálogos de Platão, escrito por volta de 360 a.C. Apresenta a especulação sobre a natureza do mundo físico e os seres humanos.

→ Platão e Aristóteles.

1. Observe as figuras centrais de *A Escola de Atenas*, Platão e Aristóteles, representantes máximos do pensamento filosófico da Grécia Antiga. O primeiro é idealista, para quem a verdade está além do mundo real. Já Aristóteles acredita que a verdade pode ser encontrada no mundo da natureza.

• Apesar das divergências entre ambos, o que a obra de Rafael nos revela?

2. Qual é a relação entre a pintura de Rafael e o gênero artigo de opinião?

AQUI TEM MAIS

Artigo de opinião

Você gostaria de saber a partir de que momento da história da humanidade os artigos de opinião começaram a circular nos jornais?

Dois fatos históricos do século XVIII desencadearam a produção de textos pertencentes ao gênero artigo de opinião. Nesse período, ocorriam debates acalorados nos Estados Unidos sobre a independência das colônias em relação à Inglaterra, enquanto, na França, a corrente antiabsolutista agitava-se em favor do que viria a ser a Revolução Francesa. Assim, os jornais serviram de palco para que as correntes favoráveis ou contrárias aos movimentos expusessem e debatessem sua posição, por meio de artigos de opinião, ou seja, argumentativos.

No Brasil, o primeiro jornal impresso foi a *Gazeta do Rio de Janeiro*, em 1808. Veja a imagem na página ao lado. No entanto, os textos argumentativos começaram a ganhar espaço bem mais tarde, por volta de 1950. Inspirados em modelos estadunidenses, alguns jornais do Rio de Janeiro passaram a padronizar suas edições, a diagramação, os lides, entre outros detalhes. No entanto, esses jornais eram editados por uma única pessoa e, portanto, no espaço argumentativo **só havia uma opinião**.

Com o avanço do jornalismo e dos modos de edição, o espaço argumentativo aumentou, passando a haver **diversidade de opiniões** em um mesmo jornal. É importante lembrar que as opiniões veiculadas em jornais influenciam o leitor: como são portadores de informação e fundamentalmente comprometidos com a verdade, têm prestígio perante os leitores. Isso pode ser observado nos diferentes pesos que atribuímos à opinião que lemos em um jornal em comparação com a que ouvimos na fila da padaria, por exemplo.

A internet abriu novos espaços para a publicação de textos argumentativos. Os *blogs* e *vlogs* (considerados por especialistas páginas de "jornalismo pessoal") despertaram o interesse tanto de produtores quanto de leitores e espectadores, favorecendo ainda mais diversidades de opinião. Mas vale lembrar que o artigo de opinião precisa de credibilidade: o autor de um texto opinativo tem o dever de basear suas opiniões em dados corretos e isentos de manipulação, seja num grande veículo de comunicação ou em um *site* pessoal.

Assim, com essa multiplicidade de informações e opiniões, também somos capazes de nos informar e de formarmos nossas próprias opiniões sobre os assuntos.

Fonte: Francisco de Assis. Fundamentos para a compreensão dos gêneros jornalísticos. *Alceu*, v. 11, n. 21. p. 16-33, jul.-dez. 2010. Disponível em: <http://revistaalceu.com.puc-rio.br/media/Alceu21_2.pdf>. Acesso em: 17 out. 2018.

- Para você, que contribuição a diversidade de artigos de opinião no mesmo jornal ou revista oferece ao leitor?

N.º 1.

GAZETA DO RIO DE JANEIRO.

SABADO 10 DE SETEMBRO DE 1808.

Doctrina sed vim premovet insitam,
Rectique cultus pectora roborant.

HORAT. Ode III. Lib. IV.

Londres 12 de Junho de 1808.

Noticias vindas por via de França.

Amsterdão 30 de Abril.

OS dois Navios Americanos, que ultimamente arribáráo ao Texel, não podem descarregar as suas mercadorias, e devem immediatamente fazer-se á vela sob pena de confiscação. Isto tem influido muito nos preços de varios generos, sobre tudo por se terem hontem recebido cartas de França, que dizem, que em virtude de hum Decreto Imperial todos os Navios Americanos serão detidos logo que chegarem a qualquer porto da França.

Noticias vindas por Gottenburgo.

Chegáráo-nos esta manhã folhas de Hamburgo, e de Altona até 17 do corrente. Estas ultimas annuncião que os Janizaros em Constantinopla se declaráráo contra a França, e a favor da Inglaterra; porém que o tumulto se tinha apaziguado. ----- Hamburgo está tão exhaurido pela passagem de tropas que em muitas casas não se acha já huma côdea de pão, nem huma cama. Quasi todo o Hannover se acha nesta deploravel situação. ---- 50000 homens de tropas Francezas, que estão em Italia, tiveráo ordem de marchar para Hespanha.

Londres a 16 de Junho.

Extracto de huma Carta escrita a bordo da Statira.

" Segundo o que nos disse o Official Hespanhol, que levámos a Lord Gambier, o Povo Hespanhol faz todo o possivel para sacodir o jugo Francez. As Provincias de Asturias, Leão, e outras adjacentes armáráo 80000 homens, em cujo numero se comprehendem varios mil de Tropa regular tanto de pé, como de cavallo. A Corunha declarou-se contra os Francezes, e o Ferrol se teria igualmente sublevado a não ter hum Governador do partido Francez. Os Andaluzos, nas visinhanças de Cadiz, tem pegado em armas, e destes ha já 60000, que são pela maior parte Tropas de Linha, e commandados por hum habil General. Toda esta tempestade se originou de Bonaparte ter declarado a Murat Regente de Hespanha. O espirito de resistencia chegou a Carthagena, e não duvido que em pouco seja geral por toda a parte. Espero que nos mandem ao Porto de Gijon, que fica poucas leguas distante de Oviedo, com huma sufficiente quantidade de polvora, &c. pois do successo de Hespanha depende a sorte de Portugal. A revolta he tão geral, que os habitantes das Cidades guarnecidas por Tropas Francezas tem pela maior parte ido reunir-se nas montanhas com os seus Concidadãos revoltados. „

Período composto por subordinação

Orações subordinadas substantivas

Na unidade anterior, estudamos como as conjunções subordinativas relacionam orações de um mesmo período e constroem a progressão das ideias de um texto. Agora você aprenderá também como se estruturam os **períodos compostos por orações subordinadas**.

Leia o primeiro parágrafo do artigo de opinião abordado neste capítulo.

> Eu adoro viajar. Mas aqui no Brasil, pegar a estrada é um estresse. **Se não tivesse viajado de carro por outros países, duvidaria de que a direção pode ser um ato prazeroso.** O modo como dirigimos serve de medida para nossas virtudes cívicas. [...]

→ Veículos trafegam na rodovia MGC-122 na região de Janaúba (MG), 2016.

- Observe, no parágrafo, o período destacado e perceba como as orações se relacionam: duas dessas orações são dependentes de apenas uma. Você saberia dizer qual é essa oração?

Se você respondeu que a primeira e a terceira orações se relacionam com a segunda, acertou! A primeira indica uma condição para não duvidar, e a terceira completa o sentido desse verbo.

Observe a seguir como se construiu a articulação desse período.

1ª oração: **Se eu não tivesse viajado de carro por outros países**

- Expõe uma condição para o fato de "não duvidar de que a direção pode ser um ato prazeroso".

2ª oração: **duvidaria**

- É a oração principal.

3ª oração: **de que a direção pode ser um ato prazeroso.**

- A oração complementa o sentido da forma verbal "duvidaria de".

Enquanto a primeira oração exerce a função sintática de **adjunto adverbial** da segunda oração, isto é, da **oração principal**, a terceira funciona como **objeto indireto** desta.

Oração principal é aquela à qual as demais orações estão subordinadas, isto é, são dependentes sintaticamente. É dela que as demais orações subordinativas do período se desencadeiam.

O período composto por orações subordinadas denomina-se **período composto por subordinação**. Há três tipos de orações subordinadas: **substantivas**, **adjetivas** e **adverbiais**. Nesta unidade, vamos estudar as orações subordinadas substantivas.

Você sabe por que as orações subordinadas substantivas recebem esse nome?

→ Tráfego de veículos em estrada de Roterdã, Holanda, em 2017.

1. Vamos continuar examinando o período destacado no parágrafo.

    Observe que as orações subordinadas foram transformadas em termos da oração "duvidaria".

    Se não tivesse viajado de carro por outros países,
    duvidaria **de que a direção pode ser um ato prazeroso.**

    Sem viagem por outros países
    do prazer da direção

    a) O primeiro termo "sem viagem por outros países" tem a função sintática de adjunto adverbial do verbo "duvidaria". Agora responda: Qual é a função sintática do termo "do prazer da direção"?

    b) Qual é o núcleo desse termo da oração?

    O núcleo do termo que completa o verbo **duvidaria** é um substantivo.

2. Releia mais um período.

    Portanto, **mudar o ambiente** também é necessário, mas insuficiente.

    a) A oração destacada é subordinada a que oração principal?
    b) Na oração destacada, transforme o verbo **mudar** em um substantivo e faça as alterações necessárias.
    - Que função esse termo passa a desempenhar na oração?
    - Qual é o núcleo desse termo e qual é sua classificação morfológica?

Por substituírem um termo da oração cujo núcleo é um substantivo, as orações estudadas são denominadas **orações subordinadas substantivas**. Elas podem desempenhar a função de sujeito, objeto direto, objeto indireto, predicativo do sujeito, complemento nominal ou aposto.

77

3. Agora, examine a diferença de estrutura das duas orações subordinadas:

> [...] duvidaria **de que a direção pode ser um ato prazeroso**.
> Portanto, **mudar o ambiente** também é necessário, mas insuficiente.

a) Em qual delas a oração subordinada é introduzida por uma conjunção?

b) O verbo da segunda oração está flexionado ou se encontra em uma forma nominal?

As orações subordinadas substantivas podem se relacionar à oração principal de duas formas: por meio de um conectivo – as **conjunções integrantes que** ou **se**, em geral – ou sem o conectivo, com o verbo da oração na **forma nominal infinitivo**. A primeira forma se chama **oração subordinada desenvolvida** e a outra, **oração subordinada reduzida**.

4. Transforme a oração subordinada reduzida em desenvolvida.
   - Compare as duas orações, a reduzida e a desenvolvida. Que mudanças você observa?

5. Vamos trabalhar agora a classificação de algumas orações subordinadas substantivas.

   Leia este parágrafo introdutório do artigo de opinião "A ignorância é o único caminho para sermos felizes nas redes sociais?", do blogueiro Paulo Silvestre, escrito para o *site* de um jornal de São Paulo.

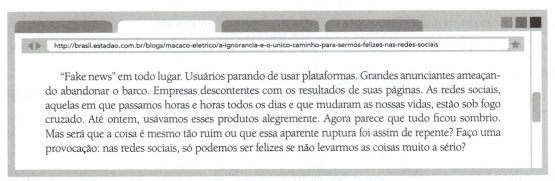

Disponível em: <http://brasil.estadao.com.br/blogs/macaco-eletrico/a-ignorancia-e-o-unico-caminho-para-sermos-felizes-nas-redes-sociais>. Acesso em: 17 out. 2018.

a) O autor introduz o texto expondo algumas consequências das *fake news*, em especial, para as redes sociais. Quais são elas?

b) Observe os períodos em que o autor do texto faz algumas reflexões sobre o comportamento das redes:

> [...] Agora parece **que tudo ficou sombrio**. Mas será **que a coisa é mesmo tão ruim ou que essa aparente ruptura foi assim de repente**? [...]

Vamos examinar cada período.

c) Examine a oração principal.
- Qual é o predicado dessa oração?
- O sentido do verbo **parece** revela uma certeza do autor do artigo? Explique.
- A que sujeito o verbo **parece** se refere?

d) Agora examine as outras duas orações destacadas.
- Elas se relacionam à mesma oração principal. Qual é essa oração?
- O verbo dessa oração também revela semanticamente uma suposição do articulista? Qual?
- Quais são os sujeitos do verbo da oração principal?

A oração subordinada substantiva que exerce a função de sujeito da oração principal é chamada **oração subordinada substantiva subjetiva**.

Na introdução do artigo de Paulo Silvestre, o emprego dessas orações favorece o envolvimento do leitor no assunto a ser discutido no artigo. As hipóteses sugeridas pelo autor passam a ser compartilhadas pelo leitor.

6. Leia este parágrafo, que corresponde a um dos argumentos empregados por Silvestre em seu artigo.

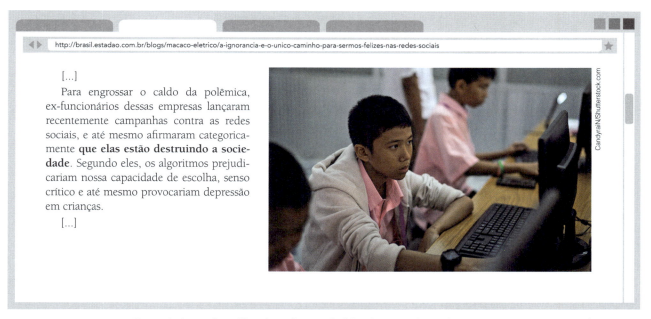

Disponível em: <http://brasil.estadao.com.br/blogs/macaco-eletrico/a-ignorancia-e-o-unico-caminho-para-sermos-felizes-nas-redes-sociais>. Acesso em: 17 out. 2018. Destaque nosso.

a) A oração em destaque é uma oração subordinada substantiva?

b) Essa oração, portanto, desempenha a função de um termo da oração principal. Qual é ele?

Observe:

A oração subordinada substantiva que exerce a função de objeto direto da oração principal é chamada **oração subordinada substantiva objetiva direta**.

Nos artigos de opinião, muitas vezes, o articulista emprega citações de especialistas ou de pessoas envolvidas no tema discutido para apoiar sua argumentação. A **oração subordinada substantiva objetiva direta**, no artigo, foi um recurso do autor para incluir a voz dos funcionários das empresas administradoras de redes sociais, a argumentação do texto.

Você já estudou neste capítulo que, se estiver completando o sentido de um verbo transitivo indireto na oração principal, a oração subordinada recebe o nome de **oração subordinada substantiva objetiva indireta**.

Releia o exemplo que abre nosso estudo neste capítulo.

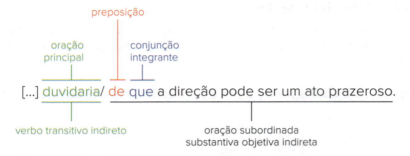

Conheça outras orações subordinadas substantivas.

- **Completivas nominais**. Exemplo:

O leitor tem necessidade **de que os meios de comunicação combatam as *fake news***.

A oração destacada completa o sentido do substantivo **necessidade** (com preposição) da oração principal. Essas orações podem completar também o sentido de adjetivos da oração principal.

- **Predicativas**. Exemplo:

O fato é **que as *fake news* confundem o leitor**.

A oração exerce a função de predicativo do sujeito **fato**.

- **Apositivas**. Exemplo:

A regra é esta: **que os meios de comunicação exerçam vigilância sobre seu conteúdo**.

A regra é esta: **os meios de comunicação exercem vigilância sobre seu conteúdo**.

As apositivas funcionam como aposto de um termo da oração principal, normalmente são introduzidas após dois pontos, com ou sem conjunção.

ATIVIDADES

1. Transforme em período simples os períodos compostos por orações subordinadas substantivas. Substitua essas orações por um substantivo correspondente. Faça as adaptações necessárias.

   Exemplo:

   Aceitou que o ingresso fosse trocado. → Aceitou a **troca do ingresso**.

   a) Permitiram que o técnico fosse demitido.
   b) A agência sanitária identificou que os produtos estavam contaminados.
   c) Ele duvidou de que eu conseguisse vencer a corrida.

d) É de sua responsabilidade que o contrato de compra da empresa seja assinado.

e) Só temo uma situação: que falte planejamento.

2. Transforme os termos destacados em orações subordinadas substantivas desenvolvidas. Em seguida, classifique tais orações.

   a) Sua aprovação depende **de esforço.**

   b) É fundamental **seu apoio à nossa causa.**

   c) Informaram **seu voto no candidato**.

   d) Esperamos **seu retorno** em breve.

   e) Este é o meu desejo: sua volta ao trabalho.

   f) Naquele instante, o funcionário teve a certeza da promoção.

3. Leia a tirinha de Fernando Gonsales.

   a) No último balão da tirinha, há uma oração subordinada substantiva. Classifique-a.

   b) Reduza essa oração subordinada substantiva.

4. Transforme as orações em destaque em orações reduzidas.

   a) Solicitei-lhe **que repetisse o recado**, mas ele desligou sem maiores explicações.

   b) É urgente **que se conclua o inquérito** para que os culpados sejam punidos.

   c) O diretor determinou **que a prova fosse adiada** até que se apurassem as irregularidades.

   d) A bibliotecária pediu-lhes que **devolvessem os livros** emprestados por ocasião dos exames.

5. Leia as frases a seguir.

   > O prefeito não sabe se haverá racionamento de água.
   > O prefeito não sabe que haverá racionamento de água.

   • Embora semelhantes, as duas frases trazem informações diferentes a respeito do conhecimento do prefeito sobre a situação de abastecimento de água na cidade.

   a) Em qual das frases o prefeito está em dúvida sobre a questão do racionamento na cidade?

   b) Em qual das frases o prefeito desconhece a possibilidade de racionamento na cidade?

6. Construa um exemplo semelhante à atividade 5 em que a oração principal ora seja integrada à subordinada pela conjunção integrante **que**, ora pela conjunção integrante **se**.

7. Leia a introdução de um artigo de opinião de Hélio Schwartsman.

Disponível em: <www1.folha.uol.com.br/colunas/helioschwartsman/2018/11/recrutamento-inteligente.shtml>. Acesso em: 21 nov. 2018.

a) O articulista faz referência, no parágrafo introdutório, a uma reportagem do jornalista Filipe Oliveira.
- Levante hipóteses: Como o leitor tomou conhecimento dessa reportagem?
- O sublinhado no nome do jornalista é uma indicação para o leitor. Que indicação é essa? Em que situação o leitor fará uso dessa ferramenta?

b) O parágrafo é composto por dois períodos. Em ambos os períodos encontram-se orações subordinadas substantivas.
- Identifique-as e classifique-as.
- Em sua opinião, por que o articulista optou pelo emprego dessas orações?

8. Como você estudou nas páginas anteriores, a oração subordinada substantiva exerce a função de um termo ausente na oração principal. Identifique o termo que foi omitido da oração principal, desenvolva a oração subordinada que falta para dar sentido ao enunciado e, em seguida, classifique a oração. Observe o exemplo.

> **O perigo era/que...**
> Sujeito da oração principal: o perigo
> Verbo da oração principal: verbo de ligação **era**
> Predicativo do sujeito: ?
> Exemplo de enunciado completo: O perigo era que ele não obedecesse à sinalização.
> Classificação da oração subordinada: oração subordinada predicativa.

a) Comuniquei à minha mãe/que...
b) Urge/que...
c) Manifestou o desejo/de que...
d) O certo é/que...

9. No registro informal, no dia a dia, muitas vezes empregamos as orações subordinadas substantivas objetivas indiretas ou as completivas nominais sem a preposição exigida pela norma-padrão. Reescreva as frases a seguir de acordo com o registro formal.

a) Temos a certeza que sua presença trará novo fôlego à equipe.
b) Os alunos gostariam que algumas questões da prova fossem retomadas.
c) Ela nos passou a impressão que havia aprovado nosso comportamento.
d) A comunidade esportiva não duvida que o atleta consiga escalar o Monte Everest.

10. Leia atentamente o enunciado a seguir.

> A avó aguardava a despedida do neto.

a) Por que esse enunciado apresenta sentido ambíguo, isto é, duplo sentido?

b) Substitua a expressão "a despedida do neto" por uma oração subordinada substantiva e desfaça a ambiguidade do enunciado.

11. Leia um fragmento da entrevista que a cantora Preta Gil concedeu à jornalista Mônica Bergamo, do jornal *Folha de S.Paulo*.

Preta já foi complexada com seu biótipo e tentou emagrecer de todas as maneiras – fez dietas rígidas, lipoaspiração, tomou remédios. Hoje, afirma estar feliz como é. "Topei fazer essa campanha [de roupa] que tem um acordo financeiro bom porque eu queria fazer, é importante. A fonte de renda é o de menos. Minha vontade é **que todos lucrem**. Quero ouvir menos mulheres dizerem que estão deprimidas porque tomam remédio para emagrecer.

"Existe uma coisa que se chama biótipo. Eu nunca fui magra. Já fui menos gorda", diz ela, que hoje pesa 84 quilos e mede 1,60 m de altura. Seu manequim é 46.

Mônica Bergamo. Preta Prada Gucci Gil. *Folha de S.Paulo*. Disponível em: <www1.folha.uol.com.br/fsp/ilustrada/45155-monica-bergamo.shtml>. Acesso em: 16 abr. 2019.

a) Consulte o dicionário e identifique com que sentido o substantivo **biótipo** (o mesmo que **biotipo**) foi empregado pela jornalista e por Preta Gil.

b) Com a leitura desse trecho, é possível identificar o motivo de Preta Gil ter sido entrevistada? Levante hipóteses.

c) Releia o período destacado e explique a quem se refere o pronome **todos**.

d) Como se classifica a oração subordinada destacada no texto?

e) Transforme-a em oração subordinada reduzida.

12. Faça a correspondência entre as orações subordinadas substantivas destacadas e as respectivas classificações.

> subjetiva – objetiva direta – objetiva indireta – completiva nominal – predicativa – apositiva

a) Só há um meio de salvar o planeta: **desacelerar o consumismo**.

b) Disse à minha irmã **que o vestido estava sobre a cama**.

c) O certo **é que fiquem em casa, hoje**.

d) Manifestava desejo de **que sua vontade fosse obedecida**.

e) É importante **que você volte ao trabalho**.

Podcast

Vamos redigir parágrafos argumentativos e gravar *podcasts* para serem divulgados na página eletrônica da escola na internet.

Forme uma dupla com um colega. Juntos, vocês escreverão dois parágrafos argumentativos para complementar a introdução a seguir.

↑ Apesar dos constantes apelos ao "consumo consciente", a maioria da população urbana mundial consome desenfreadamente. Esse comportamento, aparentemente inofensivo, pode ter diversas consequências negativas.

Antes de começarem a escrever, leiam os textos da coletânea a seguir. É deles que vocês vão extrair os argumentos que julgarem adequados ou, se preferirem, de outras fontes.

Texto 1

O maior problema, segundo a psicóloga [...] Susan Noce Perboni, é que o excesso de compras pode se tornar uma doença. "Comprar se torna uma doença quando em determinada fase o jovem só se sente bem e afetivamente feliz se puder ir ao *shopping* gastar dinheiro com roupas, tênis e acessórios. [...]

[...]

"O alvo da mídia publicitária hoje são as crianças e adolescentes que compram demais. Mas o grande fator para eles comprarem é o medo de não ser aceito em determinado grupo de amigos por estar fora da moda, por exemplo. Isto só acontece porque os jovens estão imaturos e com autoestima baixa, tendem mais a se influenciar pelo grupo, como forma de autoafirmação", afirma a psicóloga.

[...]

Disponível em: <www.metodista.br/rronline/noticias/entretenimento/pasta-3/jovens-estao-cada-vez-mais-consumistas>.
Acesso em: 18 out. 2018.

Texto 2

[...]

É como se o capitalismo elegesse as crianças e os adolescentes como seus clientes preferenciais. A indústria do consumo tem os seus produtos direcionados para os adolescentes – os pais e o país do amanhã. As crianças, desde muito pequenas, são rodeadas por roupas, sapatos, brinquedos, aparelhos eletrônicos, celulares e situações que estimulam o consumo. Os adolescentes se amontoam nos *shopping centers*, lotam as academias, na busca frenética do corpo perfeito, e os restaurantes, consumindo os chamados *fast-foods*.

Há prazer nesse consumo, e a ele soma-se a dificuldade dos pais em dizer não com receio de frustrar os filhos. De fato, vivemos a era do *filiarcado* (hoje os nossos filhos cobram e os pais não conseguem dizer *não*): os pais perdem a autoridade com seus filhos quando não têm nada a oferecer.

[...]

Muitas vezes, a compulsão e a alienação tomam conta do indivíduo. Várias são as formas de compulsão, e sabemos também que elas podem ocorrer predominantemente na adolescência, por volta dos 15 anos de idade (dois terços dos clientes). No sistema capitalista, esses jovens são os mais atingidos, pois são incentivados ao consumo e se tornam dele presas fáceis. Há uma grande oferta, e o jovem, não reconhecendo as suas reais necessidades, acaba considerando que é importante *ter*, não importando o *quê*.

Com o passar do tempo, os jovens com esse comportamento consumista acabam comprometendo as suas relações sociais, afetivas, profissionais e econômicas. Compulsão é doença e deve ser tratada com psicoterapia e grupos de autoajuda.

[...]

Disponível em: <www.adolescenciaesaude.com/detalhe_artigo.asp?id=163>. Acesso em: 18 out. 2018.

Texto 3

Ninguém nasce consumista. O consumismo é uma ideologia, um hábito mental forjado que se tornou uma das características culturais mais marcantes da sociedade atual. Não importa o gênero, a faixa etária, a nacionalidade, a crença ou o poder aquisitivo. Hoje, todos que são impactados pelas mídias de massa são estimulados a consumir de modo inconsequente.

As crianças, que vivenciam uma fase de peculiar desenvolvimento e [são], portanto, mais vulneráveis que os adultos, não ficam fora dessa lógica e infelizmente sofrem cada vez mais cedo com as graves consequências relacionadas aos excessos do consumismo: obesidade infantil, erotização precoce, consumo precoce de tabaco e álcool, estresse familiar, banalização da agressividade e violência, entre outras. Nesse sentido, o consumismo infantil é uma questão urgente, de extrema importância e interesse geral.

[...]

Disponível em: <http://criancaeconsumo.org.br/consumismo-infantil>. Acesso em: 18 out. 2018.

Planejar

1. Releiam o quadro que comenta alguns tipos de argumentos, de expressões modalizadoras, na página 67.
2. Retomem a introdução sugerida na página anterior e identifiquem a tese, isto é, o ponto de vista do articulista.
3. Em seguida, leiam os textos da coletânea e verifiquem se concordam com os argumentos expostos neles.
4. Lembrem-se: vocês devem aproveitar a ideia expressa nos fragmentos sem copiar os argumentos da coletânea.
5. Redijam argumentos que justifiquem a tese apresentada.
6. Empreguem elementos que estabeleçam a coesão entre esses parágrafos, de forma que os dois parágrafos fiquem articulados entre si.

Avaliar

Sob a orientação do professor, verifiquem os pontos a seguir.
1. Os argumentos estão bem fundamentados?
2. Eles sustentam a tese?
3. Vocês elaboraram argumentos diferentes?

Compartilhar

1. Com a orientação do professor e a ajuda dos funcionários do Laboratório de Tecnologia, gravem em *podcast* os textos argumentativos desenvolvidos pela dupla.
2. Ao final, sob a orientação do professor, publiquem seus parágrafos.

CAPÍTULO 2

Neste capítulo, você vai ler a opinião do professor e historiador Leandro Karnal sobre a ética cotidiana e dará continuidade aos estudos sobre coesão, compreendendo os diferentes contextos de uso dos pronomes demonstrativos. Por fim, redigirá um artigo de opinião.

Para continuar nosso estudo, vamos refletir sobre a pequena ética cotidiana lendo o artigo "O deus das pequenas coisas", do respeitado professor e historiador Leandro Karnal.

Leia o texto integralmente, com muita atenção. Se necessário, volte a ele mais vezes.

O deus das pequenas coisas

Ser gentil desarma cenhos e punhos e traz à tona o melhor de cada um

Leandro Karnal, O Estado de S. Paulo
01 agosto 2018 | 02h00

1. Existe a grande ética, aquela analisada por Aristóteles e que fala das escolhas corretas para atingir a felicidade verdadeira. Também a grande ética contemporânea trata da lisura nos negócios públicos e privados e inunda nossas manchetes há alguns anos. A grande ética filosófica e política é um debate fundamental e uma prática indispensável. Hoje quero tratar da pequena ética, a etiqueta.

2. Muita gente imagina que aprender etiqueta é distinguir o copo correto para o vinho adequado, a maneira apropriada de segurar o *escargot* ou instruções para que o uso da lavanda seja natural. Lembrem-se: alguém de família aristocrática nunca precisou de uma aula sobre a lavanda porque nasceu vendo seu uso. O nosso nobre não aprendeu o correto uso do guardanapo com uma professora de boas maneiras ou em algum livro, ele viu sua mãe usando desde a infância. O ramo formal da etiqueta tem algumas regras de bom senso e outras absolutamente ridículas. Volto à origem do termo. No Antigo Regime, quando alguém que não pertencia ao círculo da polidez da nobreza recebia um convite para visitar a corte, recebia uma etiqueta, um pequeno "rótulo" com as instruções do que fazer e do que não fazer.

3. Não quero falar do campo do uso dos garfos e facas. Não desejo distribuir etiquetas de visita ao rei. Quero falar da etiqueta como pequena ética. O centro da etiqueta é fazer com que meu comportamento exista em harmonia com os outros, sem perturbar, invadir, desagradar ou agredir pessoas de forma intencional. [...]

4. No recorte que quero abordar hoje, o primeiro passo é multiplicar expressões que me desloquem do centro do universo. Com palavras e gestos, devo indicar que faço parte de um todo maior e que existo, mas não vivo isolado. Assim, "por favor", "com licença", "muito obrigado" e o coloquial "me desculpe" indicam que desejo me harmonizar com outras pessoas, respeitar suas existências. Todos os indivíduos que me proporcionam benefícios devem ser notados para retirar seu caráter de robôs e reintegrá-los ao mundo humano. O "por favor" e o "muito obrigado" têm, ambos, o dom de aplainar o automatismo das ações, reconhecer que existe um ser humano que está me servindo e que, por pequeno que seja o gesto, deve ser notado. Se o gesto for feito por alguém que não tem nenhuma necessidade de me dirigir uma ajuda, as expressões se tornam mais enfáticas ainda. Se a pessoa que me serve, por motivos profissionais, cumpre seu estatuto laboral, as duas expressões revestem o servido com a aura da gentileza e da humanidade, reconhecendo o bom serviço e o humano que ali trabalha e cumpre bem seu ofício.

5. "Com licença" implica (a) plena consciência de que necessito invadir um espaço que não é meu. O coloquial e proclítico "me desculpe" afirma ao mundo minha falibilidade e meu arrependimento por um gesto ou expressão inadequados. Um pedido de desculpas, pequeno ou grande, é o simbólico reconhecimento da nossa igualdade e de que somos perfectíveis, não perfeitos.

6. As quatro expressões utilizadas devem ser enunciadas de forma clara e olhando nos olhos da pessoa. Sem esse cuidado, ingressam no campo do automatismo e deixam de ser uma pequena ética para se diluírem no campo oco da formalidade fria.

7. A cena se repete diariamente nos restaurantes. O indivíduo faz um pedido olhando para o prato ou, pior, digitando algo no celular. Sem contato visual e com a voz projetada para baixo, amiúde não é entendido e chega a se irritar com a falha que, na origem, é dele. Depois, recebe o pedido e de novo não agradece ou sorri. Malgrado o gesto grosseiro e vulgar, utiliza o talher correto para o peixe e harmoniza o vinho com sabedoria. Ele compreendeu o acessório e ignorou o principal. [...]

8. A etiqueta empurra nosso egocentrismo para a jornada de purificação e o começo da ascensão moral. A gentileza é a chave de uma canastra inaudita que libera surpresas positivas. Ser gentil desarma cenhos e punhos. A gentileza é o deus das pequenas coisas, o antídoto ao Neandertal permanente que nos acompanha no trânsito, à mesa e no leito. A grosseria é densa e esconde nosso ser dos outros, pois é uma defesa. A gentileza traz à tona o melhor de cada um.

9. De tudo o que já escrevi na minha vida, o texto de hoje é o que mais eu preciso ler, reler, refletir e tentar seguir o que recomendo aos outros. Meu troglodita interno é vivo, forte e altivo. Sob a pátina de civilizado há em mim um homem primitivo e tosco. É uma luta. Sou derrotado com frequência, todavia tento, tento e tento novamente. Todas as muitas vezes que eu não consigo, peço licença a vocês, dou meu muito obrigado ao carinho e, por favor, aceitem meu proclítico "me desculpem". É preciso manter a esperança.

Disponível em: <https://cultura.estadao.com.br/noticias/geral,o-deus-das-pequenas-coisas,70002424413>.
Acesso em: 17 out. 2018.

Leandro Karnal é professor, historiador, graduado em História pela Universidade do Vale do Rio dos Sinos (Unisinos) e doutor pela Universidade de São Paulo (USP). Leciona há 30 anos, tendo passado por Ensino Fundamental, Médio, escolas públicas e privadas, cursinhos pré-vestibulares, universidades variadas e hoje leciona na Universidade Estadual de Campinas (Unicamp). Trabalha há muitos anos com capacitações para professores da rede pública e publicação de material didático e de apoio para os professores.

Disponível em: <https://editoracontexto.com.br/autores/leandro-karnal.html>. Acesso em: 18 set. 2018.

GLOSSÁRIO

Amiúde: frequentemente, repetidas vezes.
Antigo Regime: sistema de governo que vigorou na Europa, principalmente entre os séculos XVI e XVIII. Trata-se de um regime centralizado e absolutista, em que o poder era concentrado nas mãos do rei.
Aplainar: nivelar; resolver obstáculos.
Ascensão: elevação a uma categoria superior.
Canastra: caixa ou maleta de couro para guardar roupas e objetos, baú.
Cenho: fisionomia carregada; carranca.
Escargot: caracóis muito apreciados pelos franceses como alimento.
Estatuto laboral: regulamento trabalhista; regras de trabalho.
Inaudito: de que nunca se ouviu falar, novo, de que não há exemplo.
Lavanda: pequena taça com água perfumada para lavar as mãos à mesa.
Lisura: honestidade, retidão.
Pátina: pintura com colorido artificial que se aplica em móveis ou objetos para embelezamento.
Perfectível: que pode ser aperfeiçoado.
Polidez: cortesia, gentileza, civilidade.

ESTUDO DO TEXTO

Apreciação

1. Você já conhecia o autor do texto? Em caso positivo, explique como.

2. Que opinião você tem sobre o articulista depois de ter lido um de seus artigos? Exponha-a para a turma.

3. Você teve alguma dificuldade na leitura? Se a resposta for positiva, explique-a.

4. Você concorda com o poder da gentileza? Justifique sua resposta.

5. Você vivenciou alguma situação que poderia servir de exemplo na argumentação do artigo de Karnal? Exponha-a para a turma.

6. Vê alguma relação entre esse artigo de Leandro Karnal e o da articulista Ilona Szabó, no Capítulo 1?

Interpretação

1. Os três primeiros parágrafos correspondem à introdução do artigo. No primeiro, o articulista distingue três tipos de ética.
    a) Quais são elas?
    b) Como o autor organizou o parágrafo inicial para abordar os três conceitos de ética? Quais são esses conceitos?

2. Copie a alternativa correta no caderno.
    No segundo parágrafo introdutório, o articulista pretende diferenciar:
    a) conceitos de etiqueta.
    b) maneiras de se comportar à mesa.
    c) as regras sociais da nobreza e da plebe.

3. Copie as respostas corretas no caderno.
    O terceiro parágrafo contém:
    a) a reafirmação do conceito de etiqueta a ser abordado no artigo;
    b) a tese, o ponto de vista do articulista;
    c) a apresentação dos argumentos de defesa da tese.

4. Qual é a tese do articulista nesse artigo de opinião?

5. Quais parágrafos correspondem à argumentação para embasar a tese?

6. Leia este fragmento do 4º parágrafo do artigo:

> [...] o primeiro passo é multiplicar expressões que me desloquem do centro do universo. Com palavras e gestos, devo indicar que faço parte de um todo maior e que existo, mas não vivo isolado.

- Segundo o autor, o que é deslocar-se do centro do universo?

7. Quais expressões constituem as regras básicas da etiqueta compreendida como pequena ética? Por que elas são a base?

8. O articulista impõe ainda uma condição fundamental para que a pequena etiqueta se efetive.

   a) Qual é ela?

   b) Explique por que ela é fundamental.

Nas questões 9 e 10, copie a alternativa correta no caderno.

9. Em relação ao 7º parágrafo, podemos dizer que ele:

   a) se opõe ao anterior.

   b) amplia e exemplifica o anterior.

   c) traz uma nova opinião do articulista.

10. O 8º parágrafo é composto de:

   a) opiniões do articulista.

   b) fatos trazidos pelo articulista.

   c) exemplos trazidos pelo articulista.

Em dupla

11. Ainda no 8º parágrafo, o articulista optou pela linguagem figurada, empregando várias metáforas. Com um colega, reescreva as frases abaixo empregando a linguagem denotativa.

   a) "A etiqueta empurra nosso egocentrismo para a jornada de purificação e o começo da ascensão moral."

   b) "A gentileza é a chave de uma canastra inaudita que libera surpresas positivas."

   c) "Ser gentil desarma cenhos e punhos."

   d) "A gentileza é o deus das pequenas coisas, o antídoto ao Neandertal permanente que nos acompanha no trânsito, à mesa e no leito."

12. Tendo em vista a questão anterior, a seu ver, qual redação tornou o parágrafo mais expressivo? Justifique sua resposta.

13. Observe este fragmento do último parágrafo do artigo.

> De tudo o que já escrevi na minha vida, o texto de hoje é o que mais eu preciso ler, reler, refletir e tentar seguir o que recomendo aos outros. Meu troglodita interno é vivo, forte e altivo. Sob a pátina de civilizado há em mim um homem primitivo e tosco. É uma luta. Sou derrotado com frequência, todavia tento, tento e tento novamente. [...]

- Nesse parágrafo final, o articulista confessa ao leitor uma dificuldade própria, provocada por um conflito interno. Qual é essa dificuldade? Que conflito a provoca?

14. O artigo termina com a demonstração de que, apesar de algumas recaídas, o articulista cumpre a etiqueta. Transcreva do parágrafo a afirmação.

Linguagem

1. Para dar título ao artigo – "O deus das pequenas coisas" –, Leandro Karnal empregou duas figuras de linguagem: a metáfora e a antítese.

   a) Identifique-as no título e explique-as.

   b) Qual é o efeito de sentido obtido pelo emprego dessas figuras?

2. Observe este fragmento:

> **Não** quero falar do campo do uso dos garfos e facas. **Não** desejo distribuir etiquetas de visita ao rei. [...]

   a) As palavras destacadas constroem que figura de linguagem? Copie no caderno a resposta correta.
   - Anáfora.
   - Metáfora.
   - Personificação.

   b) Qual foi a intenção do uso dessa figura de linguagem?

3. Observe a expressão em negrito e copie a resposta correta no caderno.

> [...] **o primeiro passo** é multiplicar expressões que me desloquem do centro do universo. [...]

- O emprego dessa expressão tem a intenção de:

   a) organizar os argumentos.

   b) acrescentar argumentos.

   c) preparar conclusão.

4. Retome o quarto parágrafo e copie no caderno a afirmativa correta.

- O advérbio **assim** faz a articulação entre:

a) a opinião do articulista nesse parágrafo e sua exemplificação.

b) os parágrafos introdutórios e o desenvolvimento.

c) o desenvolvimento e a conclusão do artigo.

5. Observe este fragmento:

> [...] O "**por favor**" e o "**muito obrigado**" têm, ambos, o dom de aplainar o automatismo das ações, reconhecer que existe um ser humano que me está servindo e que, por pequeno que seja o gesto, deve ser notado. [...]

- As expressões "**por favor**" e "**muito obrigado**" foram empregadas como substantivos. De que recurso se serviu o articulista para substantivá-las? Qual foi o efeito de sentido obtido?

6. O articulista em dois momentos se refere à expressão "me desculpe(m)". Observe os trechos.

> [...] o coloquial "me desculpe" [...]
> [...] por favor, aceitem meu proclítico "me desculpem". É preciso manter a esperança.

a) O que é linguagem coloquial?

b) Em sua opinião, a expressão "me desculpe" é coloquial?

c) O substantivo **proclítico**, empregado por Karnal nesse trecho, refere-se à posição do pronome oblíquo **me** antes da forma verbal **desculpem**.

- Levante hipóteses sobre por que ele estaria pedindo desculpa aos leitores por empregar o pronome oblíquo **me** antes do verbo **desculpem**.

d) Observe as duas frases abaixo e copie no caderno a de uso mais formal.

> - Por favor, desculpem-me.
> - Por favor, me desculpem.

- A frase que você copiou estaria de acordo com a linguagem empregada no artigo de opinião?

O QUE APRENDEMOS COM O ESTUDO DE ARTIGO DE OPINIÃO

- O artigo de opinião é um gênero da esfera jornalística em que o produtor se posiciona a respeito de tema polêmico de interesse social e o defende a partir de argumentos consistentes.
- O artigo de opinião não tem uma forma composicional fixa, mas geralmente se apresenta a contextualização da questão polêmica a ser discutida e o posicionamento (ou tese) do articulista.
- Os argumentos se baseiam em provas concretas, citações de fonte autorizada, raciocínio lógico, opiniões de consenso.
- Como em outros gêneros argumentativos, empregam-se os conectivos adequados para a introdução dos argumentos e/ou contra-argumentos.

AQUI TEM MAIS

Como escrever um bom artigo

Stephen Kanitz nasceu em São Paulo, em 1946. É mestre em Administração de Empresas pela Harvard Business School (nos Estados Unidos) e bacharel em Contabilidade pela Universidade de São Paulo. Ele é articulista de várias mídias nacionais. Leia a seguir algumas de suas recomendações a quem deseja escrever um bom artigo.

[...]

O segredo de um bom artigo não é talento, mas dedicação, persistência e manter-se ligado a algumas regras simples.

Cada colunista tem os seus padrões.

Eu vou detalhar alguns dos meus e espero que sejam úteis para você também.

1. Eu sempre escrevo tendo uma nítida imagem da pessoa para quem eu estou escrevendo.

Na maioria dos meus artigos para a *Veja*, por exemplo, eu normalmente imagino alguém com 16 anos de idade ou um pai de família.

Alguns escritores e jornalistas escrevem pensando nos seus chefes. Outros escrevem pensando num outro colunista que querem superar, alguns escrevem sem pensar em alguém especificamente.

A maioria escreve pensando em todo mundo, querendo explicar tudo a todos ao mesmo tempo, algo na minha opinião meio impossível.

Ter uma imagem do leitor ajuda a lembrar que não dá para escrever para todos no mesmo artigo.

Você vai ter que escolher o seu público-alvo de cada vez, e escrever quantos artigos forem necessários para convencer todos os grupos. [...]

7. O sétimo truque não é meu, aprendi num curso de redação.

O professor exigia que escrevêssemos um texto de quatro páginas.

Feita a tarefa, pedia que tudo fosse reescrito em duas páginas sem perder conteúdo. [...]

Em dois meses aprendemos a ser mais concisos, diretos, e achar soluções mais curtas. Depois, éramos obrigados a reescrever tudo aquilo novamente em uma única página, agora sim perdendo parte do conteúdo.

Protesto geral, toda frase era preciosa, não dava para tirar absolutamente nada. Mas isto nos obrigava a determinar o que de fato era essencial ao argumento, e o que não era. [...]

Disponível em: <http://blog.kanitz.com.br/escrever-artigo>.
Acesso em: 8 nov. 2018.

1. Você acha que definir o tipo de leitor para o qual se escreverá ajuda a melhorar o artigo? Como?

2. Se você tivesse de escrever um artigo de opinião sobre o uso de celular na sala de aula, qual seria seu público-alvo? Por quê?

Pronomes demonstrativos

Os pronomes demonstrativos são utilizados para situar no tempo e no espaço a pessoa ou a coisa designada em relação às pessoas do discurso. O uso desses pronomes geralmente gera dúvidas, pois a maioria das pessoas (até mesmo aquelas que empregam as variedades urbanas de prestígio) utiliza sem distinção **esta** ou **essa**, por exemplo. E, como observam os linguistas, essa é uma tendência da língua. A norma-padrão estabelece alguns critérios para o emprego dos pronomes demonstrativos.

Os pronomes demonstrativos se relacionam às três pessoas do discurso:

- **isto, este(s)** e **esta(s)** relacionam-se à **1ª pessoa**, quem fala;
- **isso, esse(s)** e **essa(s)** relacionam-se à **2ª pessoa**, com quem se fala;
- **aquilo, aquele(s)** e **aquela(s)** relacionam-se à **3ª pessoa**, de quem ou do que se fala.

Os pronomes demonstrativos em relação ao espaço

- Os pronomes demonstrativos **isto, este(s)** e **esta(s)** indicam que o ser referido está perto de quem fala (1ª pessoa). Exemplo:
  Não consigo escrever com **esta** caneta. Por favor, empreste a que você está usando.
  (A caneta está próxima a quem fala.)
- Os pronomes demonstrativos **isso, esse(s)** e **essa(s)** indicam que o ser referido está perto da pessoa com quem se fala (2ª pessoa). Exemplo:
  Por favor, empreste-me **essa** caneta que você está usando?
  (A caneta está próxima ao interlocutor.)
- Os pronomes demonstrativos **aquilo, aquele(s)** e **aquela(s)** indicam que o ser referido está distante dos dois interlocutores. Exemplo:
  Você conhece **aquela** menina que está na esquina?
  (A menina está distante de quem fala e da pessoa com que se fala.)

Os pronomes demonstrativos em relação ao tempo

- Os pronomes demonstrativos **isto, este(s)** e **esta(s)** indicam o tempo presente em relação a quem fala. Exemplo:
  Este dia de hoje será lembrado por todos!
- Os pronomes demonstrativos **isso, esse(s)** e **essa(s)** indicam o passado ou futuro em relação a quem fala. Exemplo:
  Essa noite foi terrível! Como choveu muito, quase não dormimos com medo de a casa encher de água.
- Os pronomes demonstrativos **aquilo, aquele(s)** e **aquela(s)** indicam um passado bem distante. Exemplo:
  Aquele tempo era muito diferente de hoje: poucas ruas da cidade eram asfaltadas e a iluminação pública era a gás.

Os pronomes demonstrativos são utilizados para situar no tempo e no espaço a pessoa ou a coisa designada em relação às pessoas do discurso, bem como para estabelecer a coesão entre os elementos do texto.

Os pronomes demonstrativos e a coesão textual

- Os pronomes demonstrativos **esse**, **esses**, **essa**, **essas** ou **isso** fazem referência a palavras, ideias ou expressões já citadas no texto. Exemplo:

> Ele se comprometeu a chegar cedo. Espero que cumpra com **isso**.

O pronome demonstrativo **isso** refere-se a uma informação já apresentada no texto: "chegar mais cedo".

- Os pronomes demonstrativos **este**, **estes**, **esta**, **estas** ou **isto** fazem referência a termos que serão citados ou apresentados no texto. Exemplo:

> Ele só me disse **isto**: "Não aceito suas desculpas!"

- no caso de dois elementos diferentes serem citados, esse demonstrativo estará se referindo ao elemento mais próximo. Exemplo:

> Gosto de filmes policiais e de filmes românticos. **Estes** acalmam o coração e **aqueles** exercitam o cérebro.

O demonstrativo **estes** refere-se a filmes românticos; já **aqueles**, a filmes policiais.

- Os pronomes demonstrativos **aquele**, **aqueles**, **aquela**, **aquelas** ou **aquilo** são empregados para retomar palavras, expressões ou ideias que se encontram mais distantes no texto.

ATIVIDADES

1. Leia a tira de Adão Iturrusgarai a seguir.

Disponível em: <www1.folha.uol.com.br/ilustrada/cartum/cartunsdiarios/#7/7/2018>. Acesso em: 18 set. 2018.

a) O humor da tira é construído por meio da relação entre a linguagem verbal e a não verbal. Justifique essa afirmação.

b) Em qual das situações apresentadas na tirinha o interlocutor não está em posição de passividade?

c) Em sua opinião, a fala do personagem masculino, no último quadro, é coerente? Levante hipóteses sobre por que ela é dita.

d) Explique o emprego do pronome demonstrativo **essa** na expressão "dessa tela", no lugar de **esta**.

2. Leia este fragmento do romance *Memórias póstumas de Brás Cubas*, de Machado de Assis, e faça o que se pede.

> Há umas plantas que nascem e crescem depressa; outras são tardias e pecas. O nosso amor era **daquelas**; brotou com tal ímpeto e tanta seiva [...]

GLOSSÁRIO
Peco: que não cresceu devidamente.

a) Justifique o emprego do demonstrativo em destaque.
b) Se o narrador comparasse o amor que ele sentiu às plantas tardias e pecas, qual seria o pronome empregado? Que alterações deveriam ser feitas no texto?

3. Leia o fragmento de um artigo de divulgação científica extraído do *site Ciência Hoje das Crianças* e, no caderno, faça o que se pede.

Disponível em: <http://chc.org.br/a-roupa-do-astronauta-do-futuro/>. Acesso em: 18 out. 2018.

• Empregue os demonstrativos adequados para substituir os símbolos e justifique o emprego desses pronomes no contexto do artigo.

PRODUÇÃO ESCRITA

Artigo de opinião

Para começar

1. Leia ao lado o cartaz de uma campanha publicitária do Ministério Público do Trabalho do Rio Grande do Sul.

Cartaz do Ministério Público do Trabalho do Rio Grande do Sul contra a exploração infantil por meio do trabalho doméstico, 2013.

Disponível em: <http://servicos.prt4.mpt.mp.br/pastas/noticias/mes_maio13/0705_cartazes.html>. Acesso em: 18 out. 2018.

a) O título do cartaz defende um ponto de vista. Qual é?

b) Formule dois argumentos que defendam a tese apresentada no cartaz da campanha.

c) Sob a orientação do professor, apresente à turma um de seus argumentos.

2. Você escreverá um artigo de opinião sobre a exploração da mão de obra infantil ou, caso tenha gostado mais do tema dos textos lidos nesta unidade, também pode escrever sobre a importância da civilidade, seja no trânsito, seja nas relações interpessoais. Esse artigo será publicado em um *blog* da turma na internet, com orientação do professor.

> Você já sabe como deve participar desses momentos:
> - levante a mão e aguarde sua vez. Só então apresente com clareza seu argumento;
> - escute com atenção os argumentos e comentários dos colegas e faça as observações que achar pertinentes nas duas situações, sempre de forma respeitosa;
> - lembre-se sempre de que, ao comentar o argumento do colega, você deve fundamentar seu posicionamento também em argumentos sólidos.

3. Os artigos deverão ser precedidos de um painel também digital que, com auxílio do professor, você e os colegas montarão a fim de favorecer o acesso da comunidade escolar às informações sobre o tema em questão. Planejem fazê-lo com gráficos, imagens e reportagens relacionadas ao tema. Se possível, acrescentem um espaço para comentários; assim, os visitantes da página poderão deixar registrada a opinião deles sobre a exploração de mão de obra de crianças e adolescentes.

4. Os dois textos a seguir têm o objetivo de ajudá-lo na construção de argumentos. Se achar necessário, pesquise o assunto em jornais, revistas (digitais ou impressos) e *sites*. A pesquisa na internet requer atenção e fontes confiáveis de informação. Dê preferência a *sites* de jornais, revistas e os que têm no endereço ".gov.br", que são geralmente ligados a órgãos governamentais.

Texto 1

Trabalho Infantil no Brasil

As crianças devem se dedicar a estudar e a brincar, e não a trabalhar

O trabalho infantil no Brasil ainda é um grande problema social. Milhares de crianças ainda deixam de ir à escola e ter seus direitos preservados, e trabalham desde a mais tenra idade na lavoura, campo, fábrica ou casas de família, em regime de exploração, quase de escravidão, já que muitos deles não chegam a receber remuneração alguma.

[…]

Segundo dados do Pnad, entre os anos de 2014 e 2015, foi registrado um aumento de 8,5 mil crianças dos 5 aos 9 anos expostas a este tipo de trabalho, o que corresponde a 11% de um total de meninos e meninas nesta idade, além de uma redução de 659 mil jovens, entre os 10 e 17 anos, 20% do total de crianças e adolescentes.

[…]

Apesar de no Brasil, o trabalho infantil ser considerado ilegal para crianças e adolescentes menores de 14 anos, a realidade continua sendo outra. Para adolescentes entre 14 e 15 anos, o trabalho é legal desde que na condição de aprendiz.

O Peti (Programa de Erradicação ao Trabalho Infantil) vem trabalhando arduamente para erradicar o trabalho infantil. Infelizmente mesmo com todo o seu empenho, a previsão é de poder atender com seus projetos, cerca de 1,1 milhão de crianças e adolescentes trabalhadores, segundo acompanhamento do Inesc (Instituto de Estudos Socioeconômicos).

Ao abandonarem a escola, ou terem que **dividir o tempo entre a escola e o trabalho**, o rendimento escolar dessas crianças é muito ruim, e serão sérias candidatas ao abandono escolar e consequentemente ao despreparo para o mercado de trabalho, tendo que aceitar subempregos e assim continuarem alimentando o ciclo de pobreza no Brasil.

[…]

Meninos engraxates em São Paulo (SP), 2014.

Vilma Medina. Trabalho infantil no Brasil. *Guia infantil.com*, 12 jun. 2017. Disponível em: <https://br.guiainfantil.com/direitos-das-criancas/450-trabalho-infantil-no-brasil.html>. Acesso em: 18 out. 2018.

Texto 2

Trabalho infantil no Brasil

2,7 milhões de crianças e adolescentes de 5 a 17 anos trabalham no **Brasil**

2 milhões entre 14 e 17 anos

68% atividades **não agrícolas**

32% atividades **agrícolas**

854 mil A região Sudeste lidera a concentração de crianças e adolescentes que trabalham

2 em cada 3 crianças em situação de trabalho infantil são do sexo masculino

 94% do trabalho infantil doméstico é realizado por **meninas**

Organização Internacional do Trabalho (OIT)/Fnpeti/Rede Peteca – Chega de Trabalho Infantil

Disponível em: <www.chegadetrabalhoinfantil.org.br/trabalho-infantil/estatisticas/>.
Acesso em: 18 out. 2018.

Criar

1. Formule um ponto de vista (a tese) sobre a exploração de mão de obra infantil.
2. Determine dois ou três argumentos para apoiarem sua tese.
3. Sinteticamente, elabore uma conclusão de seu ponto de vista.

Desenvolver

1. Desenvolva cada um dos itens da seção anterior empregando linguagem adequada a seu público-alvo.
2. Se possível, elabore também um contra-argumento à sua tese, para depois refutá-lo. Assim, sua argumentação ficará ainda mais forte.
3. Não se esqueça dos conectivos adequados para introduzir argumentos e incluir novas ideias.
4. Elabore a conclusão reafirmando, se quiser, sua tese.
5. Dê um título a seu artigo de opinião.

Revisar e avaliar

1. Depois de escrever o artigo de opinião, troque-o com um colega.

2. Ao ler o texto do colega, registre em uma folha de papel à parte suas observações, de acordo com os itens a seguir.

   a) A tese do articulista está clara para o leitor?

   b) Os argumentos relacionados confirmam a tese?

   c) Houve a construção de um contra-argumento e sua refutação?

   d) Há coerência entre os argumentos e entre eles e a tese?

   e) Os conectivos empregados foram adequados?

   f) Há conclusão no artigo?

   g) A linguagem está adequada ao público-alvo?

3. Faça observações para melhorar o texto do colega. Evite comentários muito vagos, como "está ruim" ou "está bom". Se possível, indique como você acha que o texto pode ficar melhor.

4. Ao receber seu artigo de opinião comentado por um colega, avalie as observações e faça as alterações que julgar apropriadas.

Compartilhar

1. Com o professor e todos os colegas da turma, monte o painel. Se possível, vocês devem acrescentar elementos que chamem a atenção de quem passe por ele, como imagens e cores diferentes, para que as pessoas leiam os artigos de vocês.

2. Observe:

   a) Os artigos dos colegas têm os mesmos argumentos que os seus?

   b) A pesquisa para a escrita possibilitou que você ampliasse seus conhecimentos sobre esse tema?

   c) Seu artigo causou algum efeito em quem o leu? Qual?

3. Por fim, publique seu artigo no *blog* da turma.

4. Forme um grupo com alguns colegas e, juntos, façam um convite para que os alunos do 8º ano e demais funcionários da escola acessem a página em que estão publicados os artigos.

DICAS

↖ ACESSE

KindMe. Esse aplicativo foi elaborado por jovens que acreditam no poder da gentileza e da civilidade. A ferramenta foi criada com o objetivo de estimular a formação de uma sociedade mais solidária. Por meio dele, podem-se compartilhar atos gentis com amigos e receber sugestões de novas ações.

▶ ASSISTA

Intocáveis, França, 2011. Direção: Eric Toledano e Olivier Nakache, 112 min. O filme conta a história de um aristocrata rico que fica tetraplégico depois de um acidente. Para ajudá-lo, decide contratar um jovem inexperiente e cheio de problemas. Aos poucos os dois se tornam amigos, principalmente pelo fato de o rapaz não tratar o homem como um inválido. Assim, o enredo leva o espectador a compreender melhor a gentileza e a empatia.

📖 LEIA

Shinsetsu, o poder da gentileza, de Clóvis de Barros (Planeta). Por meio da trajetória de três personagens – Shinsetsu (uma aluna japonesa), Moral (a amiga italiana) e a professora britânica Mrs. Utility –, o autor ensina filosofia e comportamento ético, gentil e tolerante em sociedade.

CONSTRUIR UM MUNDO MELHOR

A voz da comunidade

Quando você observa o comportamento de seus colegas na escola, o que é possível perceber? As ações de gentileza são predominantes na relação entre alunos, professores e funcionários? Existem relatos de condutas grosseiras entre os estudantes? É um hábito vocês se cumprimentarem de modo educado? Todos se sentem bem no ambiente escolar? Há queixas de *bullying*?

E em seu bairro? Na cidade? O comportamento que as pessoas apresentam nas ruas, no trânsito e no comércio é satisfatório?

O que fazer

Você e os colegas farão uma reportagem investigativa que aborde o modo de interagir e se relacionar dos alunos de sua escola ou das pessoas de seu bairro.

A matéria poderá levar o leitor a refletir sobre como ações de gentileza são transformadoras e, às vezes, tornam-se determinantes para a convivência harmônica e tolerante.

Com quem fazer

Reúna-se com os colegas na sala e conversem sobre as percepções individuais a respeito das relações estabelecidas na escola e fora dela.

A turma, depois de organizada em grupos menores, deve discutir para definir os pontos relevantes dos temas que serão abordados nas reportagens.

> Discutir consiste em apresentar as ideias com clareza, ouvir a proposta do outro grupo e posicionar-se sobre ela de forma respeitosa, valendo-se também da argumentação.
>
> Regra nº 1: Cada um deve levantar a mão para pedir a palavra e esperar sua vez de acordo com a indicação do mediador.
>
> O professor é o moderador dessa etapa.

Como fazer

• Parte 1

Cada grupo deve iniciar a definição das estratégias de investigação. Vocês podem, por exemplo, escrever perguntas que norteiem uma pesquisa anônima entre os alunos da escola sobre como se sentem em relação à convivência com colegas, professores e funcionários. A estatística resultante deve ser apresentada por meio de um gráfico para ilustrar a reportagem.

A investigação não precisa estar restrita à coleta de dados por meio de pesquisa. Vocês podem observar o trânsito de seu bairro ou no entorno da escola, fotografar a conduta de pedestres nas ruas ou de alunos nas dependências da escola, visando registrar a análise do comportamento gentil ou grosseiro dos indivíduos em sociedade, de acordo com o tema da reportagem. Lembre-se de que não podem utilizar as imagens de pessoas sem autorização. A imprensa, nesses casos, costuma apagar ou esfumaçar o rosto do retratado, assim como qualquer item que possa identificá-lo.

> Cada grupo deve documentar a reportagem investigativa de acordo com os pontos que determinou serem relevantes para o desenvolvimento do texto. É possível pesquisar notícias relacionadas ao assunto de cada matéria para ampliar a exposição do tema.

Depois da elaboração e da revisão da reportagem, o grupo pode publicá-la no *site* da escola ou criar um *blog* para essa finalidade. O *blog* é uma opção bastante interessante, uma vez que possibilitará a publicação de outros textos sobre diferentes temas.

Como se escreve uma reportagem?

A reportagem é um gênero textual jornalístico e não literário. Seu objetivo principal é informar o leitor. Contudo, embora predominantemente expositiva, tem importante papel social como formadora de opinião.

Ela apresenta uma estrutura parecida com a da notícia, mas costuma ser mais longa por abordar os assuntos de modo abrangente. As partes que a compõem geralmente são a manchete (que em geral fica separada da matéria), o título, o lide e o corpo.

- **Parte 2**

Cada grupo deve reunir os documentos e a pesquisa que fundamentarão a reportagem – por exemplo, selecionar as imagens que a ilustrarão e elaborar os gráficos que reforçarão a clareza das informações.

Quanto mais documentos para embasar a reportagem, mais envolvente ela poderá se tornar. Além das pesquisas de notícias e dos registros fotográficos, entrevistar pessoas comuns e profissionais como educadores e psicólogos contribuirá para ampliar a abordagem do tema.

↑ Jovem entrevista mulher idosa na rua. São Paulo (SP).

Entrem em contato por *e-mail* com psicólogos, educadores, estudantes de outras escolas para que analisem e exponham como eles compreendem as interações sociais que envolvem atos de gentileza.

Um de vocês deve se tornar o responsável em definir a plataforma por meio da qual o texto será divulgado, por exemplo, o *blog*.

Escolham o *site* ou a plataforma para a criação do *blog* e divulgação da reportagem.

Tenham atenção ao título (manchete), pois deve ser atraente e "convencer" o leitor a concluir sua leitura.

Observe o exemplo a seguir.

Disponível em: <http://g1.globo.com/como-sera/noticia/2016/12/gentileza-que-gera-gentileza.html>.
Acesso em: 18 out. 2018.

Assim como o título e o subtítulo, o lide deve ser objetivo, claro, de modo que o leitor seja persuadido a concluir a leitura da reportagem. Veja um exemplo:

Verônica Mambrini. Por que ser gentil vale a pena. *IstoÉ*, 7 out. 2009. Disponível em: <https://istoe.com.br/18737_POR+QUE+SER+GENTIL+VALE+A+PENA>. Acesso em: 18 out. 2018.

Apresentando o que foi feito

Depois de redigida a reportagem, antes de postá-la, é preciso revisar o texto.

Verifiquem a ortografia, as regras de concordância e regência verbal, a coerência na exposição das informações e o emprego correto dos conectivos. Disponibilizem o *link* em uma rede social ou em cartazes na escola.

Avaliar

Acompanhem a repercussão da reportagem, verificando se foram postados comentários a seu respeito. Se necessário, revisem-na novamente e respondam aos apontamentos e dúvidas dos leitores.

DIÁLOGO

Os brasileiros nas redes sociais

Leia a reportagem a seguir e responda às questões.

Brasil cultiva discurso de ódio nas redes sociais, mostra pesquisa

Cerca de 84% das menções sobre temas como racismo, política e homofobia são negativas

RIO - Na Sociologia e na Literatura, o brasileiro foi por vezes tratado como cordial e hospitaleiro, mas não é isso o que acontece nas redes sociais: a democracia racial apregoada por Gilberto Freyre passa ao largo do que acontece diariamente nas comunidades virtuais do país. Levantamento inédito realizado pelo projeto Comunica que Muda, iniciativa da agência nova/sb, mostra em números a intolerância [...]. Entre abril e junho, um algoritmo vasculhou plataformas como Facebook, Twitter e Instagram atrás de mensagens e textos sobre temas sensíveis, como racismo, posicionamento político e homofobia. Foram identificadas 393.284 menções, sendo 84% delas com abordagem negativa, de exposição do preconceito e da discriminação. [...]

O segundo tema com maior número de mensagens foi o ódio às mulheres. Muitos internautas parecem não entender que lugar de mulher é onde ela quiser, e a misoginia se alastra pelas redes. Assédio, pornografia de vingança, incitação ao estupro e outras violências são, por vezes, travestidos de "piadas" que são curtidas e compartilhadas, reforçando no ambiente virtual o machismo presente na sociedade. Ao todo, foram coletadas 49.544 citações que abordavam as desigualdades de gênero, sendo 88% delas com viés intolerante.

Pessoas com algum tipo de deficiência, que lutam no dia a dia por seus direitos, também são achincalhadas nas redes sociais. O levantamento captou 40.801 mensagens sobre o tema, sendo 93,4% com abordagem negativa. Termos como "leproso" e "retardado mental" e o uso da deficiência para "justificar" direitos são usados nessas citações. [...]

Disponível em: <https://oglobo.globo.com/sociedade/brasil-cultiva-discurso-de-odio-nas-redes-sociais-mostra-pesquisa-19841017>. Acesso em: 21 nov. 2018.

1. O que leva as pessoas a se manifestarem de forma tão cruel e desrespeitosa nas redes sociais?
2. É possível comparar as manifestações preconceituosas do ambiente virtual das redes sociais com as que ocorrem nos estádios de futebol?
3. O que provocou em você a leitura dos números apurados pela reportagem?
4. Qual é sua atitude diante de manifestações desrespeitosas que não são dirigidas a você?

Disponível em: <www.omelhordosuldeminas.com/feira-livro-semana-literaria-alfenas/>. Acesso em: 19 out. 2018.

Disponível em: <www.blogdaresenhageral.com.br/wp-content/uploads/festival_voceve.jpg?x43390>. Acesso em: 19 out. 2018.

UNIDADE 4

Viva a cultura! Viva a diversidade!

Disponível em: <http://static.paraiba.pb.gov.br/2015/12/FACE-MOSTRA-DE-ARTE-30112015_portal.jpg>. Acesso em: 19 out. 2018.

NESTA UNIDADE
VOCÊ VAI:

- ler e analisar resenhas e conhecer algumas características desse gênero;
- revisar os pronomes relativos e sua função coesiva;
- estudar e compreender como se relacionam as orações subordinadas adjetivas;
- produzir um resumo para apresentação oral;
- produzir uma resenha para compor um guia cultural.

Disponível em: <http://brasiliainfoco.com/wp-content/uploads/2018/05/Cartaz-Mostra-de-cinema-latinoamericano-e-caribenho-2018-Cine-Bras%C3%ADlia.jpg>. Acesso em: 5 nov. 2018.

Disponível em: <http://revistafactual.com.br/wp-content/uploads/2017/04/cosplay-e-gamers2.jpg>. Acesso em: 19 out. 2018.

1. Você já frequentou algum evento artístico ou de tecnologia? Qual? Com que objetivo?
2. Em caso negativo, você gostaria de ir a um desses eventos? Por quê?
3. Quando você se interessa por um livro ou filme, costuma consultar *blogs*, revistas ou jornais em busca de informações e opinião de outras pessoas sobre a obra?
4. A opinião de um crítico poderia mudar sua escolha?

CAPÍTULO 1

Neste capítulo, você vai ler a resenha crítica de um livro. Depois, vai rever os pronomes relativos com ênfase em sua função coesiva e estudar as orações subordinadas adjetivas. Para encerrar, em dupla, vai produzir uma apresentação oral sobre um filme à sua escolha.

ANTES DE LER

Observe atentamente as imagens abaixo e indique o que elas representam.

É comum haver em jornais e revistas semanais informações sobre atividades culturais diversas na cidade. Atualmente, vários *sites* também fazem esse tipo de divulgação, avaliando livros, álbuns de música, roteiros de viagem, séries de canais por assinatura etc.

1. Qual das imagens acima mostra um produto que poderia ajudá-lo a escolher um livro para presentear um amigo?

2. Você conhece algum influenciador digital que avalie uma produção cultural específica? Qual?

3. Que diferença há entre consultar um guia impresso e um canal de vídeos da internet?

LEITURA

1. Você gosta de ler? Prefere livros de qual gênero?

2. Além dos livros indicados pelos professores, que outros você já leu e recomendaria a um conhecido?

3. Como você faz para decidir que livro vai ler? Já leu a resenha de algum livro?

4. Você já acessou algum vídeo em que o(a) apresentador(a) faz comentários a respeito de um livro, filme, espetáculo etc.? Em caso afirmativo, gostou da forma como o objeto cultural foi apresentado?

5. Você sabe o que é um clube de leitura? Se sim, comente com seus colegas como esse clube funciona.

O texto que você lerá agora é uma resenha crítica publicada no portal eletrônico do jornal *Correio Braziliense* sobre o livro *Pequena Abelha*, de Chris Cleave, lançado no Brasil em 2011.

www.correiobraziliense.com.br/app/noticia/diversao-e-arte/2011/02/13/interna_diversao_arte,237391/livro-conta-a-historia-de-africana-e-seu

Livro conta a história de africana e seu envolvimento com ingleses

Teresa Mello

Sabe aqueles livros em que o leitor, quase chegando ao fim, tem uma vontade louca de aplaudir? Melhor: fica poupando as últimas páginas para saboreá-las devagarzinho enquanto lamenta estar no capítulo final. Dizem que a receita para um bom livro – e um bom filme – é saber contar uma boa história. Isso o inglês Chris Cleave conseguiu muito bem em *Pequena Abelha*, lançado no Brasil pela Editora Intrínseca.

Capa do livro *Pequena abelha*, de Chris Cleave.

Nos Estados Unidos, a obra ancorou no primeiro lugar dos *best-sellers* do jornal *The New York Times*. Publicado em 20 países, está sendo adaptado para o cinema [...].

São pouquíssimos personagens. Não mais do que cinco: Sarah, editora-chefe de uma revista feminina; o marido, Andrew, colunista em um jornal londrino; o filho Charlie, de 4 anos, eternamente apegado à roupa de Batman; Lawrence, funcionário público do Ministério do Interior e amante de Sarah, e Pequena Abelha. Em torno dela, como se fosse mel, gravitam todos.

"Às vezes, eu penso que gostaria de ser uma moeda de uma libra esterlina em vez de uma menina africana. Todo mundo ficaria satisfeito ao me ver." De forma crua e sem adereços, assim começa o livro. Nascida na Nigéria, grande produtor de petróleo e nação marcada por conflitos étnicos, ela viu a família e a aldeia serem massacradas. Só encontrou uma forma de escapar: correr durante a noite e esconder-se de dia. Assim, chega a uma praia. Não por acaso, é onde Sarah e Andrew decidem passar uma semana de férias.

O destino do casal e o da africana ficam grudados para sempre. Pelo menos, na imaginação do leitor. Sem querer estragar o prazer do livro, basta saber que Pequena Abelha esconde-se em um enorme contêiner de navio e chega à Inglaterra, onde fica trancafiada durante dois anos em um centro para refugiados. Um lugar em que, para se conseguir um simples comprimido que alivie a dor de cabeça, é preciso fazer um requerimento com antecedência de 24 horas. Mas o que interessa é que a adolescente encontra o endereço de Sarah, que mora em um subúrbio a 40 minutos de trem de Londres.

Chris Cleave delineia os personagens com traços do coração. Tem sensibilidade para descrever as brincadeiras do herói-mirim Charlie, para imaginar o que se passa na mente e na alma de meninas nigerianas, tanto no país delas, quanto na cinzenta Grã-Bretanha, onde o livro chegou em 2008.

Formado em psicologia pela Universidade de Oxford, o autor, nascido em 1973, em Londres, onde mora com a mulher e três filhos, tem uma coluna no jornal *The Guardian*. Seu primeiro livro, *Incendiary*, publicado em 2005, venceu prêmios como o Somerset Maugham e o especial do júri do Prix des Lecteurs. Aborda um ataque terrorista a um jogo de futebol do Arsenal e também ganhou versão cinematográfica, em 2008, estrelada por Ewan McGregor e dirigida por Sharon Maguire. Atualmente, o escritor esboça trama sobre amizade e rivalidade, sentimentos vivenciados por dois atletas.

→ Chris Cleave, autor do livro *Pequena abelha*.

Teresa Mello. Livro conta a história de africana e seu envolvimento com ingleses. *Correio Braziliense*, 13 fev. 2011. Disponível em: <www.correiobraziliense.com.br/app/noticia/diversao-e-arte/2011/02/13/interna_diversao_arte, 237391/livro-conta-a-historia-de-africana-e-seu-envolvimento-com-ingleses.shtml>. Acesso em: 11 abr. 2019.

Teresa Mello é jornalista formada em Belo Horizonte na década de 1980. Adora ler, escrever e nadar. Mora em Brasília, onde trabalhou por 5 anos como subeditora de Cultura no jornal *Correio Braziliense*, quando, então, fez essa resenha. Atualmente, ela tem escritório em casa e escreve para revistas.

Apreciação

1. Em sua opinião, para que essa resenha foi escrita?

2. Depois de ler a biografia da jornalista, você a considera apta a escrever uma resenha?

3. A leitura da resenha despertou em você interesse em ler o livro? Por quê?

Interpretação

1. Observe a página da internet em que a resenha foi publicada.

≡ Seções 🔍 **CORREIO BRAZILIENSE** Diversão e Arte

Livro conta a história de africana e seu envolvimento com ingleses

https://www.correiobraziliense.c

a) Em que seção a resenha foi publicada?

b) Em sua opinião, por que a resenha foi publicada nessa seção?

2. Copie o quadro a seguir no caderno e complete-o com trechos da resenha que comprovem os pontos destacados na coluna da esquerda.

Pontos avaliados do livro	Trechos que expressam a avaliação da resenhista
Reconhecimento público da obra	
Construção do enredo	
Outros trabalhos do autor	

- Ao observar a resposta do item 2 e o quadro que completou, você considera que a intenção da autora da resenha é persuadir o leitor do jornal a ler esse objeto cultural ou a rejeitá-lo? Explique como chegou a essa conclusão.

3. Qual é a função do terceiro parágrafo?

4. Em que parágrafos o leitor encontra o resumo da obra resenhada? Releia-os e descreva a situação vivida por Pequena Abelha.

111

5. Releia o início do livro, citado na resenha.

> Às vezes, eu penso que gostaria de ser uma moeda de uma libra esterlina em vez de uma menina africana. Todo mundo ficaria satisfeito ao me ver. [...]

a) A que personagem você atribui essa fala?

b) O que essa fala expressa?

c) Como a autora da resenha caracteriza esse início da narrativa? Transcreva o trecho no caderno.

d) Considerando a fala da personagem e a descrição feita na resenha, você concorda com a visão da resenhista Teresa Mello? Explique sua opinião.

6. No quinto parágrafo há uma ressalva: "Sem querer estragar o prazer do livro". O que essa ressalva informa ao leitor?

7. Após ler e estudar a resenha, faça oralmente as atividades a seguir.

a) Destaque três argumentos que podem despertar o interesse do leitor em ler esse livro.

b) Discuta com os colegas: Qual é o público-alvo desse livro? Releia a resenha e anote os trechos do texto que justifiquem sua opinião.

Linguagem

1. Releia este trecho da resenha para responder às questões.

> [...] Dizem que a receita para um bom livro – e um bom filme – é saber contar uma boa história. Isso o inglês Chris Cleave conseguiu muito bem em *Pequena Abelha*, lançado no Brasil pela Editora Intrínseca.

a) A que se refere o pronome demonstrativo **isso**?

b) Que palavras no trecho destacam positivamente o trabalho de Chris Cleave?

c) A avaliação da resenhista sobre o trabalho do autor permaneceria a mesma se excluíssemos o primeiro elemento que você identificou no item **b**?

2. Releia este trecho:

> Nos Estados Unidos, a obra ancorou no primeiro lugar dos *best-sellers* do jornal *The New York Times*. [...]

a) Identifique, no trecho, a palavra empregada em sentido figurado (conotativo).

b) Explique por que essa palavra está empregada em sentido metafórico.

3. Releia mais este trecho da resenha.

> Em torno dela, como se fosse mel, gravitam todos.

a) Há no trecho uma comparação. Identifique-a.

b) **Gravidade** é a força de atração que um corpo exerce sobre outro no espaço. Com base nessa afirmação, explique o sentido da forma verbal **gravitam** no trecho destacado.

ESTUDO DA LÍNGUA

Função coesiva do pronome, tipos de pronomes relativos

1. Leia a sinopse do filme *As melhores coisas do mundo*, de Laís Bodansky, publicada em um *site* especializado em cinema.

Sinopse e detalhes

Mano (Francisco Miguez) é um adolescente de 15 anos. Ele está aprendendo a tocar guitarra com Marcelo (Paulo Vilhena), pois deseja chamar a atenção de uma garota. Seus pais, Camila (Denise Fraga) e Horácio (Zé Carlos Machado), estão se separando, o que afeta tanto ele quanto seu irmão mais velho, Pedro (Fiuk). Sua melhor amiga e confidente é Carol (Gabriela Rocha), que está apaixonada pelo professor Artur (Caio Blat). Em meio a estas situações, Mano precisa lidar com os colegas de escola em momentos de diversão e também sérios, típicos da adolescência nos dias atuais.

Título original: *As melhores coisas do mundo*

Distribuidor: Warner Bros.

Ano de produção: 2010

Tipo: longa-metragem

Cor: colorido

Bilheteria no Brasil: 191 944 ingressos

Disponível em: <www.adorocinema.com/filmes/filme-193379>.
Acesso em: nov. 2018.

a) Certamente, você percebeu que uma sinopse é diferente de uma resenha. Comente com os colegas, sob orientação do professor, as diferenças que notou entre esses dois gêneros.

b) Agora observe este período extraído da sinopse:

> Sua melhor amiga e confidente é Carol (Gabriela Rocha), que está apaixonada pelo professor Artur (Caio Blat).

- Imagine que ele fosse transformado em dois períodos simples. Observe.

> Sua melhor amiga e confidente é Carol (Gabriela Rocha). Carol está apaixonada pelo professor Artur (Caio Blat).

- Para você, essa nova redação deixa o texto da sinopse mais claro ou repetitivo? Justifique sua escolha.

c) Volte à redação original e responda: Que palavra é responsável por evitar repetições no período?

Como você já estudou, a palavra que substitui outra evitando repetições denomina-se pronome. Nesse período, **que** é um pronome relativo, pois, além de substituir a palavra antecedente (Carol), ele liga as duas orações do período, garantindo a coesão textual.

> Os **pronomes relativos** têm a função de substituir uma palavra ou expressão da oração anterior e estabelecer, dessa forma, a relação entre as duas orações.

Veja no quadro quais são os pronomes relativos.

PRONOMES RELATIVOS	
Variáveis	Invariáveis
o(s) qual(is), a(s) qual(is)	que
cujo(s), cuja(s)	quem
quanto(s), quanta(s)	onde

Os pronomes relativos podem ser **variáveis** (o qual, a qual; os quais, as quais; cujo, cuja; cujos, cujas; quanto, quanta; quantos, quantas) ou **invariáveis** (que, quem, onde).

Os pronomes relativos podem ser precedidos de preposição. Observe os exemplos.

Esse é o rapaz de **quem** falei.   Este é o projeto a **que** me referi.
                preposição   preposição

ATIVIDADES

1. Com pronomes relativos, reúna as frases de cada par em um só período composto. Comece sempre pelo trecho destacado e observe se há necessidade de introduzir uma preposição antes do pronome relativo, de maneira a adequar o enunciado às normas urbanas de prestígio.

   a) **Não me recordo dos problemas.** Você estava falando dos problemas.
   b) **Gosto da praia.** O contato com o calor do sol e a areia na praia me fazem bem.
   c) **Faz alguns anos que conheço Flávia.** Vou me casar com o irmão de Flávia.
   d) **Pedro** é um bom companheiro de grupo. Fizemos uma homenagem para Pedro.

2. Justifique por que, nas orações a seguir, o emprego do pronome relativo causa ambiguidade, ou seja, duplo sentido.

   a) A festa de comemoração dos 25 anos de fundação da escola foi realizada em um hotel, no centro da cidade, onde funcionou a primeira unidade da escola.

   b) Encontrei, no parque, o vizinho de João, que é meu colega de classe.

   c) O projeto apresentado pelo arquiteto foi recusado pela esposa do cliente que estava sem dinheiro.

3. Leia um trecho da reportagem publicada no caderno de Economia do jornal *O Estado de S. Paulo*.

   O ESTADO DE S. PAULO, 6 DE MARÇO DE 2016.

   ## Canal de "unboxing" gera dúvidas sobre publicidade

   Ao mostrar o que há dentro das embalagens coloridas dos brinquedos, vídeos podem fazer publicidade velada

   No Brasil, um dos canais mais vistos no YouTube é o Tototoy Kids. Com mais de 1,1 bilhão de visualizações, o canal – que conta histórias infantis e propõe brincadeiras – não conta com nenhum apresentador.

   Tudo é feito por brinquedos, que são movimentados por uma espécie de "mão invisível". Apesar do sucesso, o espaço – que mostra o que há dentro das embalagens coloridas dos brinquedos, prática conhecida como **unboxing**, do inglês "tirar da caixa" – e seus similares suscitam dúvidas. Ao fazer vídeos com objetos do universo infantil, os canais de **unboxing** são questionados por fazerem uma espécie de publicidade velada: se não há um anúncio propriamente dito, há pelo menos uma sugestão de que os produtos podem ser adquiridos por crianças. Afinal, se elas tiverem aqueles brinquedos, poderão participar das brincadeiras e histórias mostradas nos canais.

   [...]

   Matheus Mans e Bruno Capelas. *O Estado de S. Paulo*, 6 mar. 2016. Economia & Negócios, p. B10.

   a) Você já acessou um canal de *unboxing* ou tem um?

   b) Em sua opinião, os vídeos são uma forma velada de publicidade infantil?

   c) No texto da reportagem, são empregados vários pronomes relativos. Identifique-os.

   d) Ao retomar o termo antecedente e substituí-lo, o pronome relativo estabelece, no texto, relação de coesão. Identifique os pronomes relativos e os termos por eles substituídos.

   e) Agora proponha uma nova redação para o trecho eliminando pelo menos três pronomes relativos, mas preservando o conteúdo e a clareza do texto. Para isso, você pode substituir os pronomes por um substantivo, um adjetivo, um verbo na forma nominal etc. Em alguns casos, é preciso alterar a pontuação.

   f) Releia o último período do texto e identifique o trecho em que o pronome relativo poderia ser empregado, mas foi omitido.

4. Organize as frases a seguir em um só período utilizando, para isso, dois pronomes relativos diferentes.

   • A mulher foi convidada pela ONU.
   • A esperteza da mulher salvou a vida de muitos refugiados.
   • A ONU prestou uma homenagem à mulher por sua ação humanitária.

AQUI TEM MAIS

Entrevista com Chris Cleave

Nesta entrevista, Cleave comenta alguns aspectos de sua vida que contribuíram para a construção do romance resenhado. As experiências de um autor podem permear sua obra de modo que fique difícil saber onde termina o que é real e onde começa a ficção. Leia a entrevista, compare as informações com a resenha e identifique esses fatos.

Cinco perguntas – Chris Cleave

CB (CORREIO BRAZILIENSE): Por que você decidiu escrever sobre imigrantes africanos?

Em 1994, quando eu era universitário, trabalhei alguns dias em um centro de detenção de imigrantes em Oxfordshire. Conversei com muitos refugiados e vi que era injusto eles estarem presos. Não é crime ser um refugiado. Decidi que um dia iria escrever sobre o que acontece com um refugiado que chega a Londres, sobre a maneira como são tratados. Sem falar que meu país explorou os africanos e suas riquezas durante muito tempo.

[...]

CB: Como foi a pesquisa para o livro?

Passei um ano entrevistando refugiados, médicos, assistentes sociais. Li bastante também. Antes de 1992, o Reino Unido não tinha qualquer centro para refugiados e, em 2008, quando publiquei o livro, havia 10 instituições. Segundo dados oficiais, 4 mil pessoas pediram asilo no Reino Unido nos últimos quatro anos [de 2008 a 2011]. Cerca de 25% conseguiram o status de refugiados e o restante foi rejeitado. Enquanto os aprovados aguardam os papéis, eles ficam nos centros de detenção ou moram em comunidades com pouquíssimos recursos, além da proibição de trabalhar. Então, eles ficam condenados a viver na pobreza ou trabalhar ilegalmente. Agora, existe uma grande diferença em relação aos imigrantes, muitos estabelecidos na Inglaterra por várias gerações, como os britânicos-jamaicanos, os britânicos-indianos.

CB: Você já foi à África?

Passei minha infância na República dos Camarões, mas não voltei mais lá depois de adulto.

CB: Qual é o seu projeto literário atual?

Estou trabalhando em um livro sobre os limites da amizade. É sobre dois atletas, que são amigos e também rivais. Psicologicamente, é bastante intenso.

Teresa Mello. Livro conta a história de africana e seu envolvimento com ingleses. *Correio Braziliense*, 13 fev. 2011. Disponível em: <www.correiobraziliense.com.br/app/noticia/diversao-e-arte/2011/02/13/interna_diversao_arte,237391/livro-conta-a-historia-de-africana-e-seu-envolvimento-com-ingleses.shtml>. Acesso em: 11 abr. 2019.

1. Junte-se aos colegas em uma roda de conversa.

   a) Comentem as semelhanças entre a vida pessoal do autor e as características da obra cuja resenha vocês leram anteriormente.

   b) Mesmo sem ter lido o livro *Pequena Abelha* e com base apenas na resenha apresentada, você consegue identificar aspectos da vida do autor que o levaram à criação dessa obra?

   c) Você acredita que essa experiência do autor em relação à sua criação é positiva ou negativa?

   d) É comum encontrar obras marcadas pela experiência pessoal dos autores?

   e) Você já leu entrevistas de outros autores ou artistas que revelam a relação que existe entre suas experiências individuais e suas obras?

> **GLOSSÁRIO**
>
> **Oxfordshire:** condado (divisão territorial de alguns países) no sudeste da Inglaterra.
>
> **República dos Camarões:** país africano.

116

CURIOSO É...

Deslocamentos ao redor do mundo

Assim como Pequena Abelha, milhões de mulheres realizam viagens para lugares distantes de sua terra natal para sobreviver ou ter melhores condições de vida. Leia uma notícia sobre algumas delas.

https://nacoesunidas.org/mulheres-solicitantes-de-refugio-de-el-salvador-e-honduras-pintam-mural-em-cidade-mexicana

Mulheres solicitantes de refúgio de El Salvador e Honduras pintam mural em cidade mexicana

Um novo mural decora as ruas de Tapachula, a cidade mais movimentada do lado mexicano da fronteira com a Guatemala. Em tons terrosos vívidos, o mural retrata uma mulher segurando um bebê nos braços, com os nomes das mais de 20 mulheres do norte da América Central que o pintaram, além de palavras que capturam suas aspirações: amor, confiança, liberdade e segurança.

Mais de 29 mil pessoas solicitaram refúgio no México em 2018 – um aumento de mais de dez vezes nos últimos cinco anos. Em sua maioria, fogem da violência e da perseguição em Honduras (46%), Venezuela (22%) e El Salvador (21%). De todos os pedidos de refúgio recebidos por autoridades mexicanas, 56% foram processados no estado de Chiapas, no sul do país, onde fica Tapachula. O relato é da Agência da ONU para Refugiados (ACNUR).

© UNHCR/Marta Martinez

Um novo mural decora as ruas de Tapachula, a cidade mais movimentada do lado mexicano da fronteira com a Guatemala. Em tons terrosos vívidos, o mural retrata uma mulher segurando um bebê nos braços, com os nomes das mais de 20 mulheres do norte da América Central que o pintaram, além de palavras que capturam suas aspirações: amor, confiança, liberdade e segurança.

"Esse mural representa nossa luta diária para continuar, ele conta nossas histórias", diz a salvadorenha Manuela*, de 48 anos, apontando para a frase que decidiu pintar no mural: "Vamos levantar nossa voz".

Manuela escapou das gangues criminosas salvadorenhas há cinco anos. Quando não pôde pagar a taxa de extorsão exigida – 170 dólares por semana –, ela e sua mãe foram severamente espancadas. Em uma dessas visitas assustadoras, a mãe de Manuela teve um ataque cardíaco e morreu.

[...]

As mulheres que pintaram o mural de 14 metros de comprimento são principalmente de Honduras e El Salvador. Algumas fugiram sozinhas, outras com suas famílias ou se juntaram à "caravana", como Manuela. Frequentemente, essas pessoas foram atacadas ou ameaçadas por gangues, estupradas, viram membros de suas famílias serem assassinados – suas vidas estão em risco e não podem retornar.

Durante duas semanas de dezembro, as mulheres se reuniram para conceituar, desenhar e pintar o mural em um projeto sobre violência baseada em gênero apoiado pela Agência da ONU para Refugiados (ACNUR).

[...]

"O mural nos faz sentir que somos seres humanos, que podemos sobreviver, independentemente do que vier", diz Luisa. "Mas nós não poderíamos fazer isso sem o suporte das instituições".

[...]

*Nomes foram alterados por motivos de segurança.

Nações Unidas Brasil, 23 jan. 2019. Disponível em: <https://nacoesunidas.org/mulheres-solicitantes-de-refugio-de-el-salvador-e-honduras-pintam-mural-em-cidade-mexicana>. Acesso em: 23 abr. 2019.

Resumo

Neste capítulo, você leu a resenha da jornalista Teresa Mello, sobre o livro *Pequena Abelha* de Chris Cleave. No texto há trechos que revelam resumidamente dados do enredo do livro: fatos, caracterização dos personagens, espaço onde se passam as ações etc.

Para começar

Forme dupla com um colega. Juntos, escolham um filme de que gostaram muito e apresentem um resumo dele oralmente na sala de aula. Embora a apresentação seja oral, vocês devem escrever um resumo com as informações da obra escolhida que julgarem importantes. Como a intenção de vocês é motivar os colegas para assistir ao filme, não revelem o final dele!

Planejar

1. Resumo

Em uma resenha, o resumo, como vocês observaram, não é muito longo. Ele aborda certos aspectos do enredo, sintetiza alguns fatos, destaca as características do protagonista ou de outro personagem que o autor do texto julga interessante.

Fiquem atentos aos detalhes a seguir.

- O público-alvo são adolescentes.
- Selecionem o que considerarem essencial da obra:
  - fatos mais importantes (conflito central);
  - espaços em que se passam as ações principais;
  - características do protagonista e/ou personagens que dão destaque ao filme.
- Citem textualmente alguma frase dita por um personagem se a considerarem relevante.

2. Apresentação

- Vocês podem preparar alguns *slides* com:
  - informações sobre o filme (título, nome do diretor, imagens dos atores principais);
  - resumo;
  - destaques de algum personagem ou espaço em que ocorre o enredo.
- Ensaiem a apresentação: procurem transmitir as informações resumidas de maneira clara, falando pausadamente e retomando os aspectos que, porventura, não fiquem claros ao público-alvo.

Revisar

Depois de elaborado o resumo, verifiquem se os fatos selecionados são realmente os mais importantes e se eles estão sendo narrados de forma clara e articulados com as demais informações: personagens, espaço, particularidades etc.

Se puderem, gravem os ensaios da apresentação para avaliar o que deve ser alterado.

CAPÍTULO 2

Neste capítulo, você vai ler a resenha de um jogo que auxilia crianças a compreender melhor o câncer e as formas de tratamento da doença. O texto o ajudará a aprofundar seu conhecimento das características do gênero resenha, distinguindo-o de sinopse e resumo. Além disso, você vai estudar as orações subordinadas adjetivas, reconhecendo sua função de generalizar ou especificar. Ao final, vai elaborar uma resenha sobre um objeto cultural de sua escolha para um guia digital cultural.

LEITURA

O texto que você lerá a seguir é uma resenha de um jogo, o *Alpha Beat Cancer*.

"Alpha Beat Cancer": o premiado *game* brasileiro que ensina sobre a doença

Jogo, que ganhou prêmio internacional, pode ser baixado gratuitamente em *smartphones*

Por Juliana Malacarne - atualizada em 22/05/2018 12h24

    A evolução e o tratamento do câncer infantil são um tema improvável para um jogo de celular. Mas é transformando o assunto em jogo que "Alpha Beat Cancer" informa crianças, especialmente as que já receberam o diagnóstico, dos obstáculos que terão que vencer enquanto combatem a doença. Tudo isso de uma maneira divertida, positiva e que prende a atenção dos pequenos.

    A ideia do *game*, que pode ser baixado gratuitamente em *smartphones* com os sistemas Android ou IOS, surgiu em 2014 em uma conversa entre Ludmilla Rossi, diretora de Marketing da Mkt Virtual, empresa voltada para o desenvolvimento de conteúdo e produtos digitais, e Simone Mozzilli, presidente do Instituto Beaba, uma entidade sem fins lucrativos com a missão de desmistificar o câncer. As duas são sobreviventes da doença. "O Instituto já tinha uma cartilha chamada de ABC do Câncer para informar as crianças e pais", conta Ludmilla. "Mas aí tivemos a ideia de transformar em algo mais democrático e divertido, que muitas pessoas pudessem acessar a partir dos *smartphones* e que engajasse os pequenos. Assim surgiu o projeto do *game*".

Elisa Sassi para: Instituto Beaba/Game "AlphaBeatCancer"

↑ Minigame em que o jogador precisa combater as células malignas (Foto: Divulgação).

Para tirar a ideia do papel, a dupla contou com um apoio de R$ 50 mil do governo federal e com a disposição de uma equipe que trabalhou voluntariamente por acreditar no projeto. Em 2016, "Alpha Beat Cancer" foi lançado com 20 minigames que ajudam as crianças a entender o universo oncológico. No aplicativo, os jogadores combatem células malignas, aprendem sobre as plaquetas, descobrem nomes e funções de equipamentos hospitalares e percebem a importância das sessões de fisioterapia.

Além de informar e desconstruir preconceitos sobre o câncer, o *game*, que teve o conteúdo chancelado por médicos e profissionais de saúde, retrata a doença de uma maneira otimista. "Em filmes, séries e na cultura *pop* em geral, o câncer é mostrado de maneira pesada e geralmente com um fim trágico. O 'Alpha Beat Cancer' trata a situação de uma maneira leve e bem-humorada, típica do universo infantil, para que as crianças se vejam representadas e motivadas a seguir o tratamento", diz Ludmilla.

Apesar de ter sido idealizado para crianças de 4 a 11 anos com câncer infantil, o *game* tem feito sucesso entre médicos, pequenos que não têm a doença, e principalmente, mães e pais. "Recebemos muitos depoimentos de adultos contando que conseguiram conversar melhor com os filhos sobre o tratamento ao acompanhar o progresso deles no jogo e também de crianças que se interessaram sobre o assunto através do aplicativo", afirma.

Em março deste ano, o aplicativo recebeu reconhecimento internacional, vencendo o World Summit Awards (WSA), premiação para os melhores e mais inovadores conteúdos digitais do mundo, na categoria "Saúde e Bem-Estar". Agora, Ludmilla prepara o lançamento em outros idiomas para expandir o projeto e fazer com que essa ideia continue incentivando quem mais precisa em todos os cantos do mundo.

Juliana Malacarne. *Crescer*, 22 maio 2018. Disponível em: <https://revistacrescer.globo.com/Diversao/Games-e-Apps/noticia/2018/05/alpha-beat-cancer-o-premiado-game-brasileiro-que-ensina-sobre-doenca.html>. Acesso em: 20 out. 1018.

Juliana Malacarne de Pinho cursou Comunicação Social na Universidade de São Paulo. É jornalista e mestranda em Ciências da Comunicação pela Escola de Comunicações e Artes da USP. Trabalhou como repórter das revistas *Monet*, *Globo Rural* e *Casa e Jardim*. Atualmente é repórter da revista *Crescer*.

ESTUDO DO TEXTO

Apreciação

1. Você conhece a revista *Crescer*? Qual é o público-alvo dela?

2. Você já conviveu com alguém que tenha enfrentado o câncer? Considera interessante a proposta da criação do jogo? Por quê?

Interpretação

1. No início da resenha, lê-se:

> "A evolução e o tratamento do câncer infantil são um tema improvável para um jogo de celular".

- Reflita: Por que a autora considera o tema improvável para um jogo?

2. Copie o quadro a seguir no caderno e complete-o com trechos da resenha.

Aspectos destacados do jogo	Trechos que expressam comentários avaliativos
Objetivo do jogo e meio de alcançá-lo	
Público-alvo	
Reconhecimento público do jogo	

3. Quanto à forma pela qual o texto foi estruturado, que recursos foram usados para estabelecer:

   a) a introdução?
   b) o desenvolvimento?

4. Depois de preenchido o quadro, você considera que a intenção da autora da resenha é persuadir o leitor a experimentar o jogo ou rejeitá-lo? Explique como chegou a essa conclusão.

5. Nessa resenha, a análise do jogo e as estratégias para persuadir o leitor foram variadas. Identifique trechos em que a resenhista empregou os recursos a seguir.

   a) Exposição de ideias contraditórias.
   b) Comparação entre o jogo e outros meios que informam sobre a doença.

6. Ainda sobre as estratégias para convencer o leitor, responda:

   a) No segundo parágrafo, a autora informa que as idealizadoras do jogo "são sobreviventes da doença". Qual a relevância dessa informação para a construção da persuasão na resenha?

   b) Em diferentes momentos, a resenhista transcreve trechos de falas das idealizadoras do jogo. De que modo essa estratégia contribui para o convencimento do leitor?

121

7. Pesquise na internet outras resenhas do mesmo jogo e responda: Há mais críticas positivas ou negativas ao jogo? Quais são os aspectos considerados mais relevantes a respeito dele?

8. Em grupo, idealize com os colegas um jogo ou aplicativo cujo objetivo seja informar sobre um tema relevante e, ao mesmo tempo, entreter e divertir.

9. Após ler e estudar a resenha, responda oralmente: Você ficou interessado em baixar o jogo?

- Escute a opinião dos colegas e elabore argumentos convincentes para concordar com os pontos de vista apresentados ou discordar deles.

Linguagem

1. A origem do nome do jogo é a língua inglesa, apesar de ter sido idealizado por brasileiras.

    a) Levante hipóteses: Por que as idealizadoras do jogo optaram pela língua estrangeira?

    b) Tendo em vista que estrangeirismo é uma palavra ou expressão estrangeira que é incorporada no léxico na língua receptora, é possível considerar o nome do jogo um estrangeirismo? Por quê?

    c) Cite três estrangeirismos do texto e, considerando a existência ou inexistência de palavras correspondentes em português, analise a relevância do emprego de cada um.

2. Você já estudou o emprego do pronome demonstrativo em relação ao espaço e ao tempo. Agora observe como a autora o utiliza no seguinte trecho da resenha:

    - Transcreva o pronome demonstrativo e indique a que ele se refere no texto.

    > [...] Tudo isso de uma maneira divertida, positiva e que prende a atenção dos pequenos...

3. Para aprimorar a coesão de um texto, evitando-se as repetições, podem ser utilizadas diferentes estratégias. Entre elas, estão: a omissão de palavras ou ideias que podem ser inferidas pelo contexto; o emprego de dêiticos (palavras que se referem a outras que foram anteriormente mencionadas ou ainda o serão, como sinônimos, pronomes, expressões que pertencem ao mesmo campo semântico). Transcreva do texto trechos que exemplifiquem:

    a) a omissão;   b) o emprego de dêiticos.

 O QUE APRENDEMOS COM O ESTUDO DE RESENHA

- É um gênero jornalístico em que o autor, geralmente especialista no assunto, apresenta e avalia um objeto cultural.
- Os jornais e revistas mantêm uma seção ou um caderno cultural em que a resenha é publicada; *sites* e canais de vídeos na internet também divulgam resenhas.
- É um gênero com sequências argumentativas que expõe a opinião do jornalista sobre o objeto cultural resenhado.
- Adjetivos e orações subordinadas adjetivas contribuem para a construção da avaliação do objeto cultural.

AQUI TEM MAIS

Ações solidárias a crianças com câncer

Já imaginou como pode ser difícil para uma criança perder todo o seu cabelo? Será que é possível ajudá-las de alguma forma? Leia a notícia a seguir, publicada em um *site*.

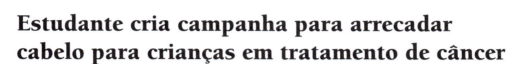

Estudante cria campanha para arrecadar cabelo para crianças em tratamento de câncer

Marília Karen abraçou a causa da doação de cabelos quando ainda era pequena. Crianças mais sensíveis à perda do cabelo durante o tratamento do câncer são o foco da campanha

Por Tribuna Bandnews FM em Cotidiano
14 de novembro de 2018 às 07:15

Levar sorrisos às crianças com câncer é o principal objetivo dessa ação. A campanha "Um pedacinho de amor não dói", que está em sua 4ª edição, foi criada pela estudante Marília Karen, que abraçou a causa da doação de cabelos quando ainda era pequena. Crianças mais sensíveis à perda do cabelo durante o tratamento do câncer são o foco da campanha. [...]

"Desde criança minha mãe costumava me levar para instituições de criança com câncer e meu cabelo era bem grande [...]. E em uma das visitas eu me deparei com uma cena que elas estavam brincando que tinham cabelo. No caso, elas estavam de lenço. Quando vi aquilo, imediatamente quis doar meu cabelo, queria ajudar dessa forma. Minha mãe se espantou, ela super abraçou a causa e disse para eu falar com algumas amigas", relatou.

E, para a surpresa da jovem, quando ela chamou as amigas, todas foram solidárias com a ação.

"Quando vi que tinha muita gente abraçando a causa e que a gente poderia doar não só uma peruca, mas várias, imediatamente criei o projeto que está durando até hoje. Estamos há cinco anos conseguindo arrecadar bastante cabelo e doar muitas perucas", relatou a jovem.

Mas ações como essa necessitam [de] parcerias, e, segundo a diretora geral do Hospital Waldemar de Alcântara, Fernanda Borba, a unidade de saúde recebe as doações desde o início do projeto.

"A gente resolveu aderir ao projeto quatro anos atrás. [...] Esse ano, a gente já tem 25 cabeleireiros confirmados", contou.

Para a confecção das perucas, que é feita pelo próprio projeto, é necessário captar, em média, meio quilo de cabelo. O projeto já doou centenas de perucas aos pacientes atendidos por entidades como o Lar Amigos de Jesus, Associação de Amigos do Crio, o Centro Regional Integrado de Oncologia e a Associação Peter Pan.

"'Um pedacinho de amor não dói' hoje é esperança, alto estima, amor... A gente não entrega simplesmente uma peruca, a gente consegue melhorar um pouco da vida de pessoas que já estão passando por tratamentos tão dolorosos [...]", disse.

O projeto recebe doação de cabelos a partir de 15 centímetros por mecha, e todo tipo de cabelo é aceito. A campanha "Um Pedacinho de Amor Não Dói" acontece no próximo dia 19, de 10 da manhã às três da tarde, no Hospital Doutor Waldemar Alcântara, na Rua Doutor Pergentino Maia, 1559, Messejana.

Tribuna do Ceará, 14 nov. 2018. Disponível em: <http://tribunadoceara.uol.com.br/noticias/cotidiano-2/estudante-cria-campanha-para-arrecadar-cabelo-para-criancas-em-tratamento-de-cancer>. Acesso em: nov. 2018.

1. Você conhece outras ações solidárias que atendem a crianças com câncer? Comente com os colegas e o professor.

ESTUDO DA LÍNGUA

Orações subordinadas adjetivas

1. Vamos reler o subtítulo da resenha estudada neste capítulo.

Jogo, que ganhou prêmio internacional, pode ser baixado gratuitamente em *smartphones*.

Elisa Sassi para: Instituto Beabá/Game "AlphaBeatCancer"

a) A resenha trata de um jogo criado com o objetivo de engajar os pequenos pacientes no tratamento da doença. Ao ler o subtítulo da resenha, que informações sobre o jogo o leitor obtém?

b) Em sua opinião, é importante para a resenha informar que o jogo recebeu reconhecimento internacional? Por quê?

c) Vamos analisar como é estruturado o subtítulo da resenha.
- Quantas orações formam o período?
- Qual delas é a oração principal?
- Que elemento estabelece a relação entre as orações do período?
- Que palavra da oração anterior esse pronome retoma?
- A oração introduzida pelo pronome relativo pode ser substituída pelo adjetivo **premiado**? Experimente e veja se o sentido da frase se mantém.

Na oração que você criou, **premiado** caracteriza, ou seja, determina o substantivo **jogo**, núcleo do sujeito. Observe:

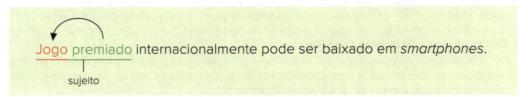

Jogo premiado internacionalmente pode ser baixado em *smartphones*.
sujeito

Nessa oração, o adjetivo **premiado** exerce a função de adjunto adnominal do núcleo do sujeito **jogo**.

> A oração que, no período composto, exerce função de adjunto adnominal, isto é, determina um substantivo ou pronome da oração anterior, denomina-se **oração subordinada adjetiva**.

Como você observou, as **orações subordinadas adjetivas** são introduzidas pelos **pronomes relativos**: que, o(s) qual(is), a(s) qual(is), quem, cujo(s), cuja(s), onde.

Classificação das orações subordinadas adjetivas

Há dois tipos de orações subordinadas adjetivas: **adjetivas restritivas** e **adjetivas explicativas**.

Orações subordinadas adjetivas restritivas

Restringem, particularizam o sentido do nome ou pronome antecedente.

1. Leia mais um trecho da resenha para entender essa classificação.

> Apesar de ter sido idealizado para crianças de 4 a 11 anos com câncer infantil, o *game* tem feito sucesso entre médicos, pequenos **que não têm a doença**, e principalmente, mães e pais.

A oração adjetiva, nesse exemplo, está particularizando ou restringindo o sentido do substantivo **pequenos**, pois ela se refere a um subconjunto do conjunto dos pequenos: aqueles que não são acometidos da doença.

2. Veja a seguir mais um exemplo extraído da resenha.

> A ideia do *game*, **que pode ser baixado gratuitamente em smartphones com os sistemas <u>Android</u> ou <u>IOS</u>**, surgiu em 2014 em uma conversa entre Ludmilla Rossi, diretora de *Marketing* da Mkt Virtual [...].

a) A oração subordinada adjetiva em destaque particulariza um subconjunto dos *games* ou acrescenta uma informação adicional a respeito deles?

A oração destacada introduz uma informação suplementar ao termo a que ela se refere, **game**. Assim, como não tem a função de delimitar o subconjunto "*games*" dentro de um conjunto, e sim a de acrescentar um dado, essa oração é denominada **oração subordinada adjetiva explicativa.**

Orações subordinadas adjetivas explicativas

Acrescentam uma explicação a um termo já especificado. Não serve para identificar nenhum subconjunto.

As **orações subordinadas adjetivas explicativas**, ao contrário das restritivas, são isoladas por vírgulas. Assim como as substantivas, as orações subordinadas adjetivas restritivas também podem se apresentar na forma **reduzida de gerúndio e de particípio.**

Observe os exemplos:

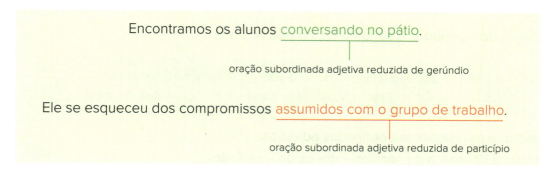

125

ATIVIDADES

1. Leia o fragmento extraído de uma resenha do livro *O teorema de Katherine*, de John Green, publicada em uma revista semanal, e responda no caderno às questões a seguir.

Ele acredita na rapaziada

O romancista americano John Green tornou-se um fenômeno do segmento jovem com livros que prestam homenagem à inteligência dos adolescentes.

Os personagens de John Green costumam ser adolescentes – e muito inteligentes. Colin Singleton, o herói de *O teorema de Katherine* [...], recém-lançado no Brasil, é um gênio matemático com estranhas fixações verbais: só namora meninas chamadas Katherine (a narrativa começa, aliás, quando o personagem leva um fora da décima nona namorada da série). [...]

↑ Capa do livro *O teorema de Katherine*.

Jerônimo Teixeira. Ele acredita na rapaziada. *Veja*, ano 46, n. 17, p. 128, 24 abr. 2013.

a) Esse fragmento provocou seu interesse pelas obras do escritor John Green?

b) Que recursos da língua o resenhista Jerônimo Teixeira emprega no olho para atrair a atenção do leitor?

c) Qual é, em sua opinião, o público-alvo dessa resenha?

d) Sabendo que a resenha foi publicada em uma revista semanal dirigida ao público adulto, você concorda com sua resposta anterior ou prefere reformulá-la?

e) No fragmento lido, há duas orações subordinadas adjetivas: uma desenvolvida e outra reduzida.
   - Transcreva do olho a oração subordinada adjetiva e identifique o substantivo da oração principal que a oração adjetiva está caracterizando.
   - A oração amplia ou restringe o sentido do nome a que ela se refere?
   - Como se classifica essa oração?

f) No último período do fragmento, há uma oração subordinada adjetiva reduzida. Transcreva-a no caderno e, em seguida, desenvolva-a.
   - Em sua opinião, qual das formas é mais adequada ao contexto da resenha?

2. Observe os dois períodos a seguir e faça o que se pede.

> Os alunos que não têm mais dúvidas sobre a matéria estão dispensados.
> Os alunos, que não têm mais dúvidas sobre a matéria, estão dispensados.

a) Classifique as orações subordinadas adjetivas.

b) Explique a diferença de sentido entre os dois períodos.

3. A seguir, leia as informações sobre Manaus, extraídas do *site* Viaje na Viagem.

Manaus, capital da floresta

Falar em turismo na Amazônia sempre evoca Elis Regina cantando "Querelas do Brasil", de João Bosco e Aldir Blanc: *o Brazil não conhece o Brasil / o Brazil nunca foi ao Brasil*. O que estamos perdendo? Uma viagem riquíssima, que mistura resquícios da mitológica Manaus da época da borracha – quando atendia pela alcunha de **Paris dos trópicos** – com uma forte cultura indígena, manifestada sobretudo na culinária. A **selva** está à porta; Manaus pode servir tanto de base para rápidos passeios pela região, como de ponto de partida para um cruzeiro fluvial ou uma temporada num hotel de selva.

[...]

↑ Vista aérea da cidade de Manaus (AM). No centro, o Teatro Amazonas.

O que fazer

O centro da cidade é facilmente visitável. O entorno imediato do Teatro Amazonas é **organizado** e seguro. Depois de visitar o teatro (as visitas são guiadas e ocorrem a toda hora), dê um pulinho ao Palácio de Justiça, que fica atrás, e à casa onde morou Eduardo Ribeiro, na rua transversal. Volte à **praça** para um tacacá no quiosque da Gisela (a partir do meio da tarde), um sanduíche de pernil no Bar do Armando (que ferve à noite) e um sorvete na Glacial (que tem ótimos sabores amazônicos, na quina da praça). Faça compras na Galeria Amazônica, na mesma calçada da Glacial, que tem uma coleção espetacular de artefatos indígenas com origem documentada e preços ótimos. Se não quiser fazer o passeio do Encontro das Águas com agência, trate um barco no Porto da **Ceasa**. Não deixe de visitar o Museu do Seringal Vila Paraíso; o ponto de partida é a **Marina do Davi**, passando o hotel Tropical (e na volta dá para tomar um banho na **Praia da Lua**).

Ricardo Freire. *Viaje na Viagem*, 27 jul. 2018. Disponível em: <www.viajenaviagem.com/destino/manaus>. Acesso em: 21 out. 2018.

a) Qual é a intenção comunicativa do autor do texto?
b) O texto apresenta um registro mais coloquial ou mais formal?
c) Você considera essa escolha adequada?
d) Para alcançar seu objetivo, como o guia caracteriza o lugar?
e) Além dos adjetivos, o autor do guia usa outro recurso linguístico importante: as orações subordinadas adjetivas, ora para destacar o lugar resenhado, ora para identificar um aspecto do ponto turístico recomendado. No caderno, copie duas delas.
f) Você reparou que, no subtítulo "O que fazer", para caracterizar bem os lugares, o autor empregou muitas orações subordinadas adjetivas iniciadas pelo pronome relativo **que**? A repetição exagerada desse termo pode comprometer a coesão do texto.

> [...] O entorno imediato do Teatro Amazonas é organizado e seguro. Depois de visitar o teatro (as visitas são guiadas e ocorrem a toda hora), dê um pulinho ao Palácio de Justiça, que fica atrás, e à casa onde morou Eduardo Ribeiro, na rua transversal. Volte à praça para um tacacá no quiosque da Gisela (a partir do meio da tarde), um sanduíche de pernil no Bar do Armando (que ferve à noite) e um sorvete na Glacial (que tem ótimos sabores amazônicos, na quina da praça). Faça compras na Galeria Amazônica, na mesma calçada da Glacial, que tem uma coleção espetacular de artefatos indígenas com origem documentada e preços ótimos. [...]

- Reescreva o trecho tentando eliminar o máximo de **que** possível. Para isso, empregue orações subordinadas adjetivas reduzidas, adjetivos ou outros pronomes e faça as alterações necessárias. É importante, contudo, respeitar as informações do texto.

4. Suponha que uma escola passou o comunicado a seguir a seus alunos.

> A SECRETARIA DA ESCOLA INFORMA QUE OS ALUNOS, QUE NÃO ENTREGARAM A FICHA DE INSCRIÇÃO NOS CURSOS OPCIONAIS, DEVERÃO PREENCHER FORMULÁRIO NO *SITE* PARA REALIZAR A ESCOLHA. INFORMA TAMBÉM QUE OS ALUNOS QUE ENTREGARAM A FICHA RECEBERÃO POR *E-MAIL* AS INFORMAÇÕES SOBRE O CURSO.

Há duas orações subordinadas adjetivas no texto: "que não entregaram a ficha de inscrição nos cursos opcionais" e "que entregaram a ficha".
- Identifique o problema de clareza que essas orações causam à compreensão do texto.

5. Transforme as orações subordinadas adjetivas desenvolvidas em orações subordinadas adjetivas reduzidas. Se necessário, faça adaptações.
a) Os políticos, que são eleitos diretamente pelo voto democrático, devem respeitar seus eleitores.
b) O trabalho em que se identificou cópia foi desprezado pela banca examinadora.
c) O cuidado que certas espécies dedicam a seus filhotes assemelha-se ao dos humanos.
d) Os cientistas desvendaram o código genético que contém várias informações fundamentais para a cura de inúmeras doenças.

PRODUÇÃO ESCRITA

Resenha

Para começar

Escolha um objeto cultural de seu interesse. Seu contato com esse objeto pode ter sido recente ou mais antigo. Pode ser livro, CD/música, *show*, peça de teatro, local de passeio ou exposição, entre outros. Veja algumas sugestões.

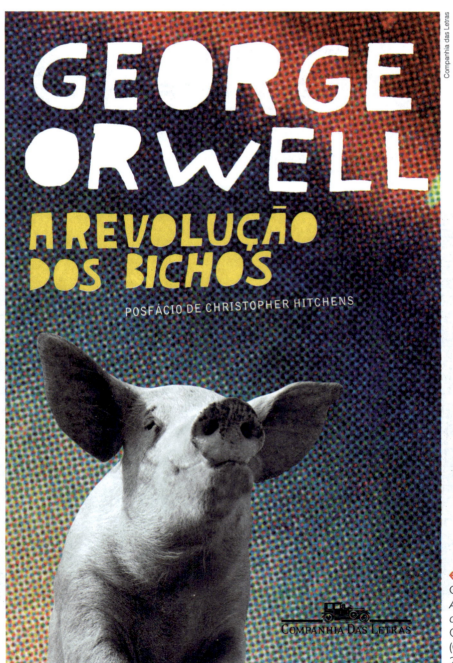

← Capa do livro *A revolução dos bichos*, de George Orwell (Cia. das Letras, 2006).

↑ Cartaz da exposição *Chico da Silva, um índio brasileiro reinventa a pintura*, de 2017.

Disponível em: <www.fortaleza.ce.gov.br/noticias/centro-cultural-belchior-recebe-exposicao-de-chico-da-silva>.
Acesso em: set. 2018.

↑ Apresentação do espetáculo de dança *Tentação*, do Teatro de Dança de São Petersburgo.

Disponível em: <https://pt.dreamstime.com/fotos-de-stock-royalty-free-teatro-de-dança-contemporâneo-na-cena-image35378458>.
Acesso em: nov. 2018.

↑ Capa do CD *Livro*, de Caetano Veloso, lançado em 1997 pela gravadora Universal.

Faça uma resenha para aconselhar ou desaconselhar os colegas a ouvirem ou lerem o objeto cultural escolhido ou assistirem a ele. Argumente bem para fundamentar sua opinião.

Você escolherá um objeto cultural com o qual tenha mais afinidade: filme, livro, peça teatral, música, arte plástica etc. Em seguida, sob orientação do professor, a turma será organizada em grupos de cinco alunos, de acordo com a opção cultural de cada um.

Assim, você e os colegas de seu grupo montarão um guia digital com, no mínimo, cinco resenhas: de filme, de banda (ou música), de livro etc. Certamente, haverá opções de objetos culturais repetidos. O importante é variar o gênero ou tema, por exemplo: bandas de *rock*, canções de amor, MPB de alguma década específica, filmes de aventura, filmes de ficção científica, documentários e outros.

Esse guia ficará disponibilizado na internet para acesso de todos. Converse com a direção da escola para divulgar o *link* do guia na página da internet da escola ou peça a ela, por meio de carta de solicitação, autorização para divulgar esse *link* nos murais da escola.

Desenvolver

1. Escolham, em grupo, o objeto cultural que cada um ficará responsável por resenhar.

2. Individualmente, pesquise e anote informações sobre o filme, a música, o livro etc. pelo qual você ficou encarregado, tais como:
   - dados técnicos;
   - outras obras do mesmo autor, músico, pintor etc.;
   - prêmios conquistados pelo autor do objeto cultural e/ou pelo objeto em si.

3. Registre curiosidades sobre o autor e o objeto, por exemplo:
   - o primeiro filme;
   - reflexões do(s) autor(es);
   - países em que a obra foi publicada ou o filme exibido etc.

4. Resuma o objeto cultural que você está resenhando.
   - liste alguns dados técnicos da obra como diretor, elenco, duração etc.
   - no caso de livros e filmes, descreva brevemente os protagonistas;
   - relate os fatos principais da história sem contar o final;
   - se for um jogo, uma exposição, música ou banda, descreva algumas características de maneira geral;
   - comente detalhes que achar interessantes para despertar a atenção do leitor.

5. Elabore parágrafos em que fique clara sua opinião sobre o objeto em destaque na resenha.
   - construa argumentos sólidos para sustentar sua opinião;
   - para justificar seu ponto de vista, mencione aspectos do enredo, da produção, da interpretação dos artistas (atores, cantores, músicos) etc.

6. Lembre-se de apontar tanto os aspectos positivos quanto os negativos do material resenhado.

7. Faça um parágrafo para comentar e comparar outras obras do mesmo autor.
   - No caso dos filmes, comente outros filmes dos quais um mesmo ator ou atriz tenha participado, por exemplo.

8. Escolha um título bem atraente para o leitor (seu público-alvo principal é a comunidade escolar).

9. Se quiser, escreva um olho para capturar definitivamente o leitor.

Revisar

1. Depois de criar sua resenha, troque-a com os colegas de grupo.

2. Ao ler o texto do colega, registre em uma folha de papel à parte suas observações, com base nas perguntas a seguir:
   - Está claro para o leitor de que trata a obra resenhada?
   - Identifica-se no texto a opinião do resenhista?
   - Há avalições positivas e/ou negativas da obra?
   - Ao ler o resumo, o leitor entenderá qual é o assunto da obra?

- Há informações técnicas sobre os objetos culturais resenhados?
- Há comparações a outros trabalhos dos envolvidos com o produto cultural analisado?

3. Ao receber sua resenha comentada por um colega, avalie as observações e faça as alterações que julgar apropriadas.

Compartilhar

1. Escolha uma imagem para ilustrar sua resenha, por exemplo:
    - o cartaz do filme;
    - a capa do livro;
    - imagem da banda comentada etc.
2. Um dos elementos do grupo redige a apresentação do guia, com base nas perguntas a seguir.
    - O que guiou as escolhas do grupo?
    - Qual foi a intenção comunicativa do grupo ao elaborar as resenhas?
    - O que o grupo aconselha ao leitor?
3. Publiquem o guia na plataforma combinada com os colegas e o professor.
    - Não se esqueçam de lhe dar um título sugestivo.
4. Se possível, criem um espaço para comentários dos leitores.
5. Organizem um sistema de rodízio entre os colegas para responder às postagens.
6. Lembrem-se sempre de não responder a comentários ofensivos e de ser corteses e objetivos em suas respostas.

DICAS

ACESSE

Acubens – Museu Virtual do Câncer: <http://acubens.com.br>. Criado pelo Núcleo de Divulgação do Programa de Oncobiologia da UFRJ, o Acubens é um museu virtual focado em abordar o tema "Câncer" de forma interativa e diferente. O site apresenta jogos, vídeos e divulga informações de forma clara. Seu objetivo é alertar sobre os riscos da doença e incentivar um estilo de vida mais saudável.

Cinema do Brasil. Disponível em: <www.cinemadobrasil.org.br>. Acesso em: nov. 2018. O site reúne a produção cinematográfica brasileira dos últimos anos.

ASSISTA

Billy Elliot, Reino Unido, 1999. Direção: Stephen Daldry, 110 min. Billy Elliot é um menino de apenas 11 anos. Seu pai trabalha em uma mina da cidade e tem um comportamento bastante bruto. O adulto obriga o filho a treinar boxe, mas o garoto detesta o esporte e, escondido, faz aulas de balé. Bailarino talentoso, ele é incentivado pela professora de balé, que reconhece seu potencial e o ajuda a enfrentar o preconceito do pai e do irmão.

Eu não quero voltar sozinho, Brasil, 2010. Direção: Daniel Ribeiro, 17 min. Assim como o longa-metragem apresentado na resenha desta unidade, o curta-metragem conta sobre Leonardo, deficiente visual cuja rotina com a amiga Giovanna é modificada pela chegada de Gabriel, aluno novo pelo qual Leonardo se apaixona.

LEIA

Do jeito que a gente é, de Márcia Leite. Ática, 2009. Os personagens apresentam relatos leves e verdadeiros sobre a importância do respeito à diversidade.

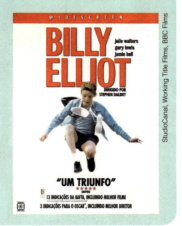

↑ Cartaz do primeiro filme de ficção científica, *Viagem à Lua*, de Georges Méliès, 1902.

UNIDADE 5

Além do céu e da Terra

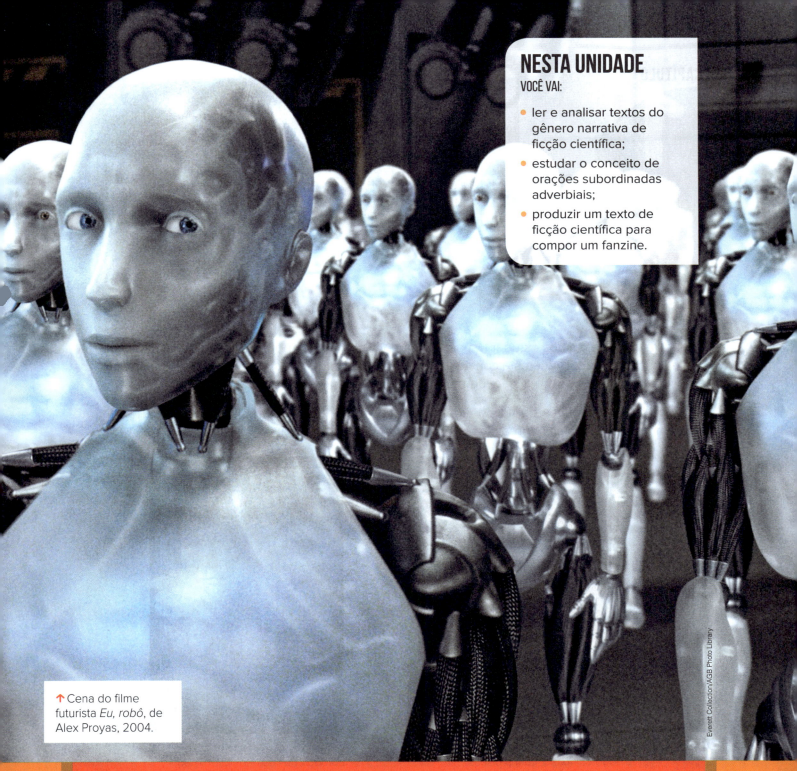

↑ Cena do filme futurista *Eu, robô*, de Alex Proyas, 2004.

NESTA UNIDADE
VOCÊ VAI:

- ler e analisar textos do gênero narrativa de ficção científica;
- estudar o conceito de orações subordinadas adverbiais;
- produzir um texto de ficção científica para compor um fanzine.

1. Como é a imagem que aparece na página à esquerda? Você leu a legenda e descobriu do que se trata?
2. E a imagem desta página, a qual filme se refere? Em que ano foi produzido?
3. Mais de 100 anos separam esses filmes de ficção científica. Que indícios nos dois cartazes destacam essa diferença de tempo?

CAPÍTULO 7

Neste capítulo, você vai ler alguns fragmentos do livro *2001: Uma odisseia no espaço*, de Arthur C. Clarke, e conhecer as características do gênero textual narrativa de ficção científica. Vai também refletir sobre a linguagem não verbal por meio da ilustração de uma capa do livro e ler o posicionamento do físico Stephen Hawking sobre a inteligência artificial. Além disso, estudará algumas orações subordinadas adverbiais.

ANTES DE LER

Nesta unidade, vamos estudar um gênero que vai abrir-lhe as portas do espaço infinito: a narrativa de ficção científica. Você está convidado a fazer novos contatos, a adentrar em mundos estranhos e desconhecidos, que só a ficção, de mãos dadas com a Ciência, permite vivenciar.

1. Você já leu narrativas de ficção científica ou assistiu a filmes desse gênero? Quais? Comente com os colegas suas impressões.

↑ Capa da coleção de DVDs *Star Wars: a saga completa*, com 9 discos.

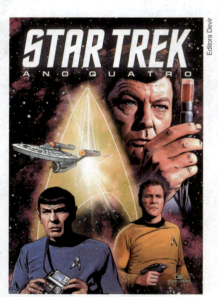

↑ David Tischman e Len O'Grady. *Jornada nas estrelas (Star Trek)*. História em quadrinhos, 2008.

2. Você já se imaginou viajando em uma nave espacial?

3. O que será que sente um astronauta ao avistar a Terra como um pequeno ponto no Universo? Como será viver dentro dos limites fechados de uma nave, vislumbrando a amplidão infinita do Universo?

4. Como você imagina que seria a longa convivência entre os tripulantes? Harmoniosa ou problemática?

Para responder a essas questões, nada melhor que acompanhar as experiências dos personagens do livro de Arthur Clarke.

15 – "Discovery"

Só fazia trinta dias que a nave havia partido da Terra e, no entanto, David Bowman às vezes achava difícil acreditar já ter conhecido outra existência além do mundinho fechado da Discovery. Todos os anos de treinamento, todas as primeiras missões para a Lua e para Marte pareciam pertencer a outro homem, em outra vida.

Frank Poole admitia ter os mesmos sentimentos, e às vezes lamentava, brincando, que o psiquiatra mais próximo estivesse a cerca de cento e cinquenta milhões de quilômetros de distância. Mas aquela sensação de isolamento e estranhamento era bastante fácil de compreender e, certamente, não indicava nenhuma anormalidade. Nos cinquenta anos desde que o homem se aventurara pelo espaço, nunca houve missão como aquela.

Ela havia começado, cinco anos antes, como o Projeto Júpiter – a primeira missão tripulada de ida e volta ao maior dos planetas. A nave estava quase pronta para a viagem de dois anos quando, de um modo um tanto brusco, o perfil da missão mudou.

A Discovery ainda iria para Júpiter; mas não iria parar lá. Nem sequer reduziria a velocidade ao disparar pelo enorme sistema de satélites jovianos. Pelo contrário: iria utilizar o campo gravitacional do mundo gigante como um estilingue, para lançá-la ainda mais longe do Sol. Como um cometa, cortaria as vastidões exteriores do Sistema Solar até seu objetivo final, a glória dos anéis de Saturno. E nunca mais voltaria.

Para a Discovery, seria uma viagem sem volta, mas sua tripulação não tinha nenhuma intenção de cometer suicídio. Se tudo corresse bem, eles estariam de volta à Terra em sete anos – cinco dos quais se passariam como um relâmpago no sono sem sonhos da hibernação, enquanto aguardavam o resgate na ainda não construída Discovery II.

[...]

↑ Cena de *2001: Uma odisseia no espaço*, de Stanley Kubrick, 1968. Vista externa da nave Discovery.

Era um risco calculado, como todas as viagens ao desconhecido. Mas meio século de pesquisas provara que a hibernação humana induzida artificialmente era perfeitamente segura e abria novas possibilidades nas viagens espaciais. Mas, até aquela missão, elas nunca tinham sido exploradas ao máximo.

Os três membros da equipe de exploração, que não seriam necessários até que a nave entrasse em sua órbita final ao redor de Saturno, dormiriam durante todo o voo externo. Assim, toneladas de alimentos e outros bens de consumo seriam economizados; quase tão importante quanto isso, a equipe estaria descansada e alerta, e não esgotada pela viagem de dez meses, quando partisse para a ação.

A Discovery entraria em órbita de estacionamento ao redor de Saturno, tornando-se uma nova lua do planeta gigante. Ela iria girar de um lado a outro ao longo da elipse de dois milhões e meio de quilômetros que a aproximava de Saturno, e depois atravessaria as órbitas de todas as suas maiores luas. Eles teriam cem dias para mapear e estudar um mundo com oitenta vezes a área da Terra, e cercado por um séquito de pelo menos quinze satélites conhecidos – um deles do tamanho do planeta Mercúrio.

[...]

Ao final dos cem dias, a Discovery encerraria as suas atividades. Toda a tripulação entraria em hibernação; somente os sistemas essenciais continuariam a operar, observados pelo incansável cérebro eletrônico da nave. Ela continuaria a girar ao redor de Saturno, em uma órbita agora tão bem determinada que os homens saberiam exatamente onde procurar por ela ainda que dali a mil anos. Mas em somente cinco anos, de acordo com os planos atuais, a Discovery II chegaria. Mesmo que seis, sete ou oito anos se passassem, seus passageiros adormecidos jamais saberiam a diferença. Para todos eles, o relógio teria parado – como já havia parado para Whitehead, Kaminski e Hunter.

Às vezes, Bowman, como Primeiro Capitão da Discovery, invejava seus três colegas inconscientes na paz congelada do Hibernáculo. Estavam livres de todo o tédio e de toda a responsabilidade; até chegarem a Saturno, o mundo externo não existia.

[...]

O mais fascinante de tudo eram os monitores de EEG – as assinaturas eletrônicas de três personalidades que um dia haviam existido, e um dia voltariam a existir. Eles quase não exibiam os picos e os vales, as explosões elétricas que marcavam a atividade do cérebro desperto – ou mesmo do cérebro no sono normal. Se houvesse algum vestígio de consciência remanescente, estava além do alcance dos instrumentos e da memória.

Este último fato Bowman sabia por experiência pessoal. Antes de ser escolhido para essa missão, suas reações à hibernação haviam sido testadas. Ele não tinha certeza se havia perdido uma semana de sua vida, ou se havia adiado sua futura morte pela mesma quantidade de tempo.

[...]

Embora tivesse voltado a salvo das fronteiras mais longínquas do sono, e das fronteiras mais próximas da morte, ele só havia partido por uma semana. Quando saísse do Hibernáculo, não veria o céu frio de Saturno; isso estava a mais de um ano no futuro e a mais de um bilhão de quilômetros de distância. Ele ainda estava no módulo de treinamento da tripulação do Centro de Voo Espacial de Houston, sob o sol quente do Texas.

16 – HAL

Mas agora o Texas estava invisível, e até mesmo os Estados Unidos eram difíceis de ver. Embora o propulsor de plasma de baixo impulso tivesse há muito tempo sido desativado, a Discovery ainda planava com seu corpo esbelto, em forma de flecha, apontado para longe da Terra, e todo o seu equipamento óptico de alta intensidade estava orientado na direção dos outros planetas onde se localizava seu destino.

[...]

Pelo menos uma vez em cada período de vigília, Bowman olhava na direção de casa pelo telescópio de alinhamento de antenas. Como a Terra estava agora bem distante na direção do Sol, seu hemisfério escurecido estava de frente para a Discovery, e, na tela central, o planeta aparecia como um impressionante crescente prateado, como outro Vênus.

← Cena de *2001: Uma odisseia no espaço*, de Stanley Kubrick, 1968. Frank Poole em traje de astronauta passando por parte iluminada da nave.

Era raro identificar quaisquer características geográficas naquele arco de luz que encolhia cada vez mais, pois nuvens e neblina as escondiam, mas até mesmo a parte escurecida do disco era infinitamente fascinante. Estava salpicada de cidades brilhantes; às vezes, elas ardiam com uma luz firme, às vezes cintilavam como vaga-lumes, quando tremores atmosféricos passavam sobre elas.

Também havia períodos em que a Lua, quando girava para a frente e para trás em sua órbita, brilhava como uma grande luminária sobre os mares e os continentes escurecidos da Terra. Então, com a emoção do reconhecimento, Bowman frequentemente conseguia vislumbrar linhas costeiras familiares, brilhando àquela luz lunar espectral. E, às vezes, quando o Pacífico estava calmo, ele podia até ver o luar tremeluzindo sobre sua face, e se lembrava de noites sob as palmeiras de lagoas tropicais.

Mas não lamentava essas belezas perdidas. Havia desfrutado de todas, em seus trinta e cinco anos de vida, e estava determinado a desfrutar delas novamente, quando retornasse rico e famoso. Enquanto isso, a distância as tornava ainda mais preciosas.

O sexto membro da tripulação não se importava com nenhuma dessas coisas, pois não era humano. Era o altamente avançado computador HAL 9000, o cérebro e o sistema nervoso da nave.

HAL (nada menos que computador de programação Heurístico-ALgorítmica) era uma obra-prima da terceira revolução informática. [...]

[...]

O treinamento de HAL para essa missão tinha sido tão meticuloso quanto o de seus colegas humanos — e com uma taxa de *input* muito maior do que a deles, pois, além de sua velocidade intrínseca, ele nunca dormia. Sua tarefa primordial era monitorar os sistemas de suporte de vida, verificando constantemente a pressão do oxigênio, a temperatura, vazamentos no casco, radiação e todos os outros fatores interconectados dos quais as vidas da frágil carga humana dependiam. Ele podia efetuar intrincadas correções navegacionais e executar as manobras de voo necessárias, quando chegasse a hora de mudar de curso. E podia vigiar os hibernadores, fazendo todos os ajustes necessários em seu ambiente e controlando as pequenas quantidades de fluidos intravenosos que os mantinham vivos.

[...]

↑ Cena de *2001: Uma odisseia no espaço*, de Stanley Kubrick, 1968. David Bowman e HAL 9000.

Poderia até chegar o momento em que HAL tivesse de assumir o comando da nave. Em uma emergência, se ninguém atendesse aos seus sinais, ele tentaria despertar os membros adormecidos da tripulação, por meio de estímulos elétricos e químicos. Se não respondessem, ele enviaria uma mensagem de rádio à Terra solicitando mais ordens.

E então, se não houvesse resposta da Terra, ele tomaria todas as medidas necessárias para salvaguardar a nave e continuar a missão, cujo propósito verdadeiro só ele sabia, e que seus colegas humanos jamais teriam imaginado.

Poole e Bowman haviam muitas vezes se referido jocosamente a si mesmos como cuidadores ou zeladores a bordo de uma nave que, na verdade, poderia funcionar sozinha. Teriam ficado surpresos, e bastante indignados, ao descobrir o quanto de verdade essa piada continha.

↑ Cena do filme *2001: Uma odisseia no espaço*, de Stanley Kubrick, 1968. Frank Poole saindo da Discovery.

Arthur C. Clarke. *2001: Uma odisseia no espaço*. São Paulo: Aleph, 2013. p. 125-134.

GLOSSÁRIO

Algorítmico: que se expressa por algoritmo (sequência de regras, raciocínios ou operações que, aplicada a um número, permite solucionar classes semelhantes de problemas).
Campo gravitacional: é uma região no espaço onde um corpo sofre uma força de atração em relação a outro.
Espectral: relativo ao espectro luminoso.
Heurístico: que serve para a descoberta e a investigação de fatos.
Hibernação: estado de adormecimento.
Input: palavra inglesa que significa "entrada"; algo que é colocado em outro equipamento (dentro); energia em uma máquina ou sistema; informação em um sistema de processamento de dados.
Intrincado: obscuro; confuso; complicado.

Intrínseco: que faz parte ou que constitui a essência; inerente.
Jocosamente: de modo que faz rir; de modo jocoso (zombaria).
Joviano: relativo ao planeta Júpiter; jupiteriano.
Longínquo: que está muito longe no espaço ou no tempo.
Meticuloso: cauteloso; minucioso; preso a detalhes.
Órbita: trajetória que um astro, sob influência da força gravitacional, percorre ao redor de outro astro.
Remanescente: que remanesce; que resta ou sobra; restante.
Séquito: conjunto de pessoas que acompanham outra; cortejo.
Tremeluzir: brilhar com uma luz trêmula; cintilar; piscar.
Vastidão: extensão enorme; área muito grande.
Vislumbrar: ver sem nitidez; entrever.

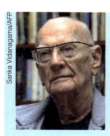 **Arthur Charles Clarke** nasceu em 1917, na Inglaterra, porém passou boa parte de sua vida no Sri Lanka, na Ásia. Além de obras de ficção científica, escreveu artigos de divulgação científica e foi inventor. Clarke era fascinado por Astronomia e, em 1936, mudou-se para Londres para associar-se à Sociedade Britânica Interplanetária. Quando criança, desenhou um mapa da Lua usando um telescópio caseiro. Formou-se também em Física e Matemática, em Londres, em 1948. Faleceu em 2008, aos 90 anos de idade.

ESTUDO DO TEXTO

Apreciação

1. Você já havia lido uma narrativa de ficção científica?

2. A leitura desse gênero narrativo lhe trouxe desafios? Quais? Explique.

3. Que impressões/sensações lhe causou a leitura?

4. Houve alguma sensação de estranhamento? O que, na narrativa, provocou essa sensação?

5. O que lhe despertou mais interesse na narrativa? Por quê?

Interpretação

1. Releia o primeiro parágrafo para responder às questões.

> Só fazia trinta dias que a nave havia partido da Terra e, no entanto, David Bowman às vezes achava difícil acreditar já ter conhecido outra existência além do mundinho fechado da Discovery. Todos os anos de treinamento, todas as primeiras missões para a Lua e para Marte pareciam pertencer a outro homem, em outra vida.

   a) Em que pessoa está o foco narrativo?

   b) O que está sendo narrado? Ações internas ou externas do personagem?

   c) Você já estudou foco narrativo e tipos de narrador. Como você classifica o narrador do texto? Explique.

   d) Qual é a contribuição desse tipo de narrador para a narrativa apresentada?

2. A partir do terceiro parágrafo, a história é narrada em *flashback*. Essa palavra vem do inglês *flash*, que significa "iluminar repentinamente", e *back*, que significa "o que está atrás". Assim, iluminando o passado, o *flashback* conta fatos passados, interrompendo os que estão sendo narrados.

   • Identifique a frase que marca o início do *flashback*.

3. Durante o *flashback* narram-se fatos anteriores à missão da Discovery: os avançados recursos tecnológicos da hibernação, o preparo dos astronautas etc.

   a) Quais foram as alterações da viagem da Discovery em relação ao Projeto Júpiter? Copie e preencha a tabela no caderno.

	OBJETIVO FINAL	VIAGEM	DURAÇÃO
PROJETO JÚPITER			
DISCOVERY			

142

b) Qual é a estratégia para chegar a Saturno?

c) O que aconteceria com a Discovery ao se aproximar de Saturno?

d) Em que consiste o processo de hibernação? Com que finalidade foi empregado na Discovery?

e) O que eram os monitores de EEG? Para que serviam?

f) Qual era a função de HAL 9000 na espaçonave?

g) Quem sabia o verdadeiro propósito da missão?

4. Qual é a importância do *flashback* para a construção da plausibilidade, isto é, para que o leitor aceite a ficção como uma verdade possível?

> **Narrativas de ficção científica** baseiam a **verossimilhança** nas descrições espaçotemporais e técnicas, para que o leitor possa compreender e aceitar a ficção científica como uma possibilidade. Essas descrições servem-se de recursos para mostrar a estranheza de formas, lugares, criaturas e objetos. Há criação de imagens por meio de metáforas e comparações e de neologismos nomeando elementos que existem apenas na narrativa.

5. Ainda sobre o *flashback*, responda às questões a seguir.

a) Onde termina o *flashback*?

b) Que marcas linguísticas indicam a volta ao momento inicial da narrativa? Justifique sua resposta.

c) O que se narra nesse parágrafo e no seguinte?

6. Sequências descritivas podem permear as narrativas. É o que acontece no segundo, no terceiro e no quarto parágrafos do capítulo 16. Releia o fragmento e responda às questões.

Pelo menos uma vez em cada período de vigília, Bowman olhava na direção de casa pelo telescópio de alinhamento de antenas. Como a Terra estava agora bem distante na direção do Sol, seu hemisfério escurecido estava de frente para a Discovery, e, na tela central, o planeta aparecia como um impressionante crescente prateado, como outro Vênus.

Era raro identificar quaisquer características geográficas naquele arco de luz que encolhia cada vez mais, pois nuvens e neblina as escondiam, mas até mesmo a parte escurecida do disco era infinitamente fascinante. Estava salpicada de cidades brilhantes; às vezes, elas ardiam com uma luz firme, às vezes cintilavam como vaga-lumes, quando tremores atmosféricos passavam sobre elas.

Também havia períodos em que a Lua, quando girava para a frente e para trás em sua órbita, brilhava como uma grande luminária sobre os mares e os continentes escurecidos da Terra. Então, com a emoção do reconhecimento, Bowman frequentemente conseguia vislumbrar linhas costeiras familiares, brilhando àquela luz lunar espectral. E, às vezes, quando o Pacífico estava calmo, ele podia até ver o luar tremeluzindo sobre sua face, e se lembrava de noites sob as palmeiras de lagoas tropicais.

a) O que está sendo descrito?

b) Trata-se de uma descrição objetiva ou subjetiva? Por quê?

c) De quem é o ponto de vista?

7. Após essa descrição, o narrador introduz o personagem HAL. Em que ele difere de David Bowman?

143

> A ficção científica possibilita alteração completa da realidade, criando um mundo de estranhamento. São alterações (ou distorções):
> - **do espaço:** o leitor é transportado para um espaço estranho – galáxias e/ou planetas longínquos – ou para um mundo de eras passadas, por exemplo. Criam-se cenários espetaculares, muito diferentes do mundo real;
> - **da tecnologia:** a tecnologia está mais avançada do que a do tempo real do leitor. Daí a presença de termos técnicos e/ou a criação de neologismos;
> - **da Ciência:** para criar a plausibilidade, ou seja, para que o leitor aceite ser possível o que se inventou, a narrativa parte de uma verdade científica ou de uma "pseudoverdade" científica, criada para dar aparência de verdade à história (verossimilhança);
> - **do personagem:** criação de personagens não humanos: um computador, um extraterrestre etc.

8. Como é próprio do gênero ficção científica, em *2001: Uma odisseia no espaço*, o mundo real foi alterado. Em dupla, identifiquem em cada fragmento abaixo qual(quais) alteração(ões) foi(foram) empregada(s) para criar o estranhamento. Depois de responderem às questões, troquem ideias com os colegas de sala e esclareçam as dúvidas.

a) A Discovery ainda iria para Júpiter; mas não iria parar lá. Nem sequer reduziria a velocidade ao disparar pelo enorme sistema de satélites jovianos. Pelo contrário: iria utilizar o campo gravitacional do mundo gigante como um estilingue, para lançá-la ainda mais longe do Sol. Como um cometa, cortaria as vastidões exteriores do Sistema Solar até seu objetivo final, a glória dos anéis de Saturno. E nunca mais voltaria.

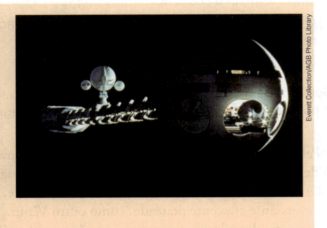

b) O sexto membro da tripulação não se importava com nenhuma dessas coisas, pois não era humano. Era o altamente avançado computador HAL 9000, o cérebro e o sistema nervoso da nave. HAL (nada menos que computador de programação Heurístico-ALgorítmica) era uma obra-prima da terceira revolução informática.

c) Era um risco calculado, como todas as viagens ao desconhecido. Mas meio século de pesquisas provara que a hibernação humana induzida artificialmente era perfeitamente segura e abria novas possibilidades nas viagens espaciais. Mas, até aquela missão, elas nunca tinham sido exploradas ao máximo.

144

9. Leia o trecho a seguir e responda às questões, trocando ideias com um colega.

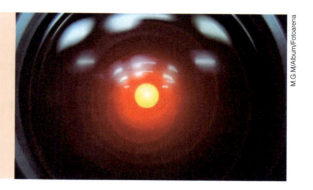

> Poole e Bowman haviam muitas vezes se referido jocosamente a si mesmos como **cuidadores** ou **zeladores** a bordo de uma nave que, na verdade, poderia funcionar sozinha. Teriam ficado surpresos, e bastante indignados, ao descobrir o quanto de verdade essa piada continha.

a) Como você entende a piada de Poole e Bowman?

b) Qual é o fato que denota a importância máxima de HAL?

c) Para terminar, o narrador anuncia a surpresa que posteriormente os dois astronautas teriam. Que hipóteses você levantaria sobre ela?

Linguagem

1. Leia o fragmento abaixo.

> Nos cinquenta anos desde que o homem se aventurara pelo espaço, nunca houve missão como aquela.
> Ela havia começado, cinco anos antes, como o Projeto Júpiter – a primeira missão tripulada de ida e volta ao maior dos planetas. A nave estava quase pronta para a viagem de dois anos quando, de um modo um tanto brusco, o perfil da missão mudou.

a) Observe que o fragmento é rico em indicadores de tempo: advérbios, expressões adverbiais e conjunções. Identifique-os.

b) O que justifica a presença dessas palavras e expressões do fragmento?

2. No mesmo fragmento da atividade anterior, empregam-se tempos variados do pretérito: o pretérito perfeito, o imperfeito e o pretérito mais-que-perfeito.

a) Reflita e justifique o emprego do pretérito mais-que-perfeito em:

> Nos cinquenta anos desde que o homem se **aventurara** pelo espaço, nunca houve missão como aquela.
> Ela **havia começado**, cinco anos antes, como o Projeto Júpiter [...].

b) Justifique também o emprego do pretérito imperfeito e o pretérito perfeito em:

> A nave **estava** quase pronta para a viagem de dois anos quando, de um modo um tanto brusco, o perfil da missão **mudou**.

3. Leia o fragmento. Para obter a coesão textual, foram empregados alguns recursos coesivos: advérbio, epíteto e pronome.

> A Discovery ainda iria para Júpiter; mas não iria parar lá. Nem sequer reduziria a velocidade ao disparar pelo enorme sistema de satélites jovianos. Pelo contrário: iria utilizar o campo gravitacional do mundo gigante como um estilingue, para lançá-la ainda mais longe do Sol. Como um cometa, cortaria as vastidões exteriores do Sistema Solar até seu objetivo final, a glória dos anéis de Saturno. E nunca mais voltaria.

a) "Mas não iria parar **lá**."
- O que retoma o advérbio **lá**?

b) "Pelo contrário: iria utilizar o campo gravitacional **do mundo gigante** como um estilingue, para lançá-**la** ainda mais longe do Sol."
- A que **mundo** se refere o narrador? O que substitui o pronome **la**?

4. No trecho apresentado na atividade anterior, o narrador serve-se de uma figura de linguagem como referência.

a) Identifique qual é a figura de linguagem e transcreva-a.

b) Quais são os termos comparados em cada uma delas?

c) O que se pode entender com o auxílio das comparações?

5. Para descrever HAL, o narrador utiliza metáforas como: "Ele é o **cérebro e o sistema nervoso da nave**". Explique essas metáforas.

6. Ainda em relação ao sexto tripulante, o narrador comenta:

> HAL (nada menos que computador de programação Heurístico-ALgorítmica) era uma obra-prima da terceira revolução informática.

a) Que palavras ou expressões do trecho aproximam o conhecimento científico do leitor?

b) Reescreva no caderno a metáfora presente no trecho e explique-a.

7. Releia este fragmento extraído do final do capítulo anterior.

> Poderia até chegar o momento em que HAL tivesse de assumir o comando da nave. Em uma emergência, se ninguém atendesse aos seus sinais, ele tentaria despertar os membros adormecidos da tripulação, por meio de estímulos elétricos e químicos. Se não respondessem, ele enviaria uma mensagem de rádio à Terra solicitando mais ordens.
>
> E então, se não houvesse resposta da Terra, ele tomaria todas as medidas necessárias para salvaguardar a nave e continuar a missão, cujo propósito verdadeiro só ele sabia, e que seus colegas humanos jamais teriam imaginado.

a) Nesse trecho, quais palavras ou expressões pertencem ao campo da ciência?

b) No fragmento, projetam-se fatos que seriam possíveis de se realizar num tempo futuro caso algumas condições ocorressem.
- Que tempos e modos verbais são empregados predominantemente no fragmento?
- Em sua opinião, que expectativa esse trecho narrado provoca no leitor? Que trecho do fragmento pode confirmar sua hipótese?

CURIOSO É...

Sobre *2001: Uma odisseia no espaço*

Os textos dos capítulos 1 e 2 desta unidade fazem parte de uma clássica narrativa de ficção científica, *2001: Uma odisseia no espaço*, imortalizada nas telas de cinema pelo conceituado diretor americano Stanley Kubrick (1928-1999).

Ao contrário do que costuma acontecer, foi escrito primeiro o roteiro original do filme, assinado por Kubrick e pelo escritor Arthur Clarke. Logo depois, Clarke transpôs a história, em versão mais extensa e detalhada, para as páginas de um livro, do qual selecionamos alguns capítulos.

Considerada um marco do gênero ficção científica, essa obra, tantas vezes premiada, foi escrita em 1968, apenas um ano antes de o homem pisar na Lua.

Parcialmente inspirado no conto *A Sentinela*, de Clarke, *2001: Uma odisseia no espaço* trata, com apuro científico e arte, de temas como a evolução humana, a tecnologia, a inteligência artificial, a vida extraterrestre. E mais: as eternas questões filosóficas que inquietam o ser humano. O pioneirismo e a qualidade dos efeitos especiais do filme foram premiados com o Oscar e criaram um novo (e alto) parâmetro para as produções cinematográficas de ficção científica.

Do passado distante ao ano de 2001, da África a Júpiter, dos homens-macaco à inteligência artificial HAL 9000, o espectador/leitor é levado a um futuro alternativo, numa sofisticada e poética alegoria sobre a história do mundo arquitetada pelas mentes brilhantes de dois expoentes: Clarke e Kubric.

Em 2018, a obra completou 50 anos sendo ainda considerada uma das mais aclamadas da história do cinema, e permanece atual, apesar de destoar das produções modernas, pois quase não tem diálogos ou ação.

↑ Stanley Kubrick em seu ofício.

147

AQUI TEM MAIS

Robôs inteligentes

Stephen Hawking foi um cientista responsável por grandes contribuições ao estudo dos buracos negros. De 1979 a 2009, ocupou a cadeira principal de professor de Matemática na Universidade de Cambridge, Inglaterra. Aposentou-se em 2009, quando completou 67 anos, idade-limite para o cargo.

Com 21 anos, Hawking graduou-se em Física pela University College, em Oxford, Inglaterra. Nesse mesmo ano, foi diagnosticado com esclerose lateral amiotrófica (ELA), uma doença degenerativa sem cura que enfraquece e paralisa os músculos do corpo, sem atingir as funções cerebrais.

De 1985 até sua morte, em 2018, utilizou um sintetizador de voz para se comunicar e, gradualmente, foi perdendo o movimento de seus membros, até ficar quase imobilizado. Mesmo precisando de cuidados constantes, o cientista atuou como diretor de pesquisa do Departamento de Matemática Aplicada e Física Teórica da Universidade de Cambridge e conciliou a vida em família com a pesquisa em Física Teórica, o que incluía lecionar e viajar para participar de eventos e conferências.

↑ Físico inglês Stephen Hawking, 2001.

Agora que você conheceu um pouco da trajetória de Hawking e de sua grande contribuição para a Ciência, que tal saber o que ele pensava sobre inteligência artificial e como ela pode afetar o futuro da humanidade? Leia a seguir uma reportagem a respeito desse assunto.

www1.folha.uol.com.br/ciencia/2014/12/1562824-robos-inteligentes-podem-levar-ao-fim-da-raca-humana-diz-stephen-hawking.shtml

Robôs inteligentes podem levar ao fim a raça humana, diz Stephen Hawking

O físico britânico Stephen Hawking está causando novamente. Em entrevista à rede BBC, ele alertou para os perigos do desenvolvimento de máquinas superinteligentes.

"As formas primitivas de inteligência artificial que temos agora se mostraram muito úteis. Mas acho que o desenvolvimento de inteligência artificial completa pode significar o fim da raça humana", disse o cientista. [...]

Recentemente, outro luminar a se pronunciar foi Elon Musk, sul-africano que fez fortuna ao criar um sistema de pagamentos para internet e agora desenvolve foguetes e naves para o programa espacial americano. [...]

Para Musk, a coisa é tão grave que ele acredita na necessidade de desenvolver mecanismos de controle, talvez em nível internacional, "só para garantir que não vamos fazer algo bem idiota".

Superinteligência

A preocupação vem de longe. Em 1965, Gordon Moore, cofundador da Intel, notou que a capacidade dos computadores dobrava a cada dois anos, aproximadamente.

Como o efeito é exponencial, em pouco tempo conseguimos sair de modestas máquinas de calcular a supercomputadores capazes de simular a evolução do Universo. Não é pouca coisa.

Os computadores ainda não ultrapassaram a capacidade de processamento do cérebro humano. Por pouco. [...]

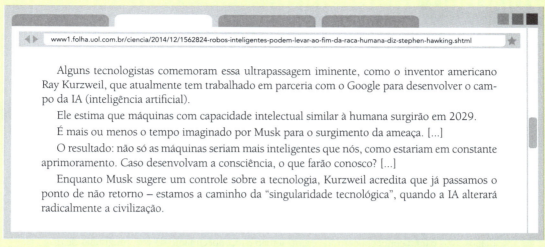

Salvador Nogueira. *Folha de S.Paulo*, 16 dez. 2014. Disponível em: <www1.folha.uol.com.br/ciencia/2014/12/1562824-robos-inteligentes-podem-levar-ao-fim-da-raca-humana-diz-stephen-hawking.shtml>.
Acesso em: 5 nov. 2018.

GLOSSÁRIO

Exponencial: que aumenta segundo a potência.
Iminente: prestes a acontecer; imediato.
Luminar: que espalha luz; pessoa de grande ilustração e saber.

1. No primeiro parágrafo do texto, lemos: "O físico britânico Stephen Hawking está causando novamente".

   a) A expressão "estar causando" é uma gíria, própria da linguagem coloquial. O que essa gíria significa?

   b) De acordo com o texto, que afirmação do físico provocou essa sensação no meio científico?

2. No caderno, copie a(s) alternativa(s) que justifica(m) a afirmação do jornalista a respeito do pronunciamento do físico.

   a) As observações do físico põem em dúvida a validade do desenvolvimento de máquinas pensantes.

   b) As observações do físico alertam sobre a ameaça que essas máquinas representam para a humanidade.

   c) As observações do físico desconsideram a importância dessas máquinas para o desenvolvimento da humanidade.

3. Por que, segundo Stephen Hawking, a inteligência artificial pode ameaçar a existência humana?

4. Quem é o especialista que concorda com o ponto de vista de Hawking?

5. Qual é a opinião desse tecnologista sobre a questão?

6. Há quem tenha uma visão otimista do rápido desenvolvimento da inteligência artificial? Quem? Qual é seu ponto de vista?

149

DIÁLOGO

Inteligência artificial e os seres humanos

Agora leia o texto a seguir para entender um pouco mais de inteligência artificial.

www.tecmundo.com.br/intel/1039-o-que-e-inteligencia-artificial-.htm

Inteligência Artificial (IA) é um ramo da ciência da computação que se propõe a elaborar dispositivos que simulem a capacidade humana de raciocinar, perceber, tomar decisões e resolver problemas, enfim, a capacidade de ser inteligente. [...]

Hoje em dia, são várias as aplicações na vida real da Inteligência Artificial: jogos, programas de computador, aplicativos de segurança para sistemas informacionais, robótica (robôs auxiliares), dispositivos para reconhecimentos de escrita a mão e reconhecimento de voz, programas de diagnósticos médicos e muito mais. [...]

Baseando-se em histórias fictícias [...], não é difícil imaginar o caos que poderá ser causado por seres de metal, com um enorme poder físico e de raciocínio, agindo independentemente da vontade humana. Guerras desleais, escravidão e até mesmo a extinção da humanidade estão no rol das consequências da IA.

Por outro lado, robôs inteligentes podem ser de grande utilidade na Medicina, diminuindo o número de erros médicos; na exploração de outros planetas; no resgate de pessoas soterradas por escombros, além de sistemas inteligentes para resolver cálculos e realizar pesquisas que poderão encontrar cura de doenças.

Como pode ser notado, a Inteligência Artificial é um tema complexo e bastante controverso. São diversos os pontos a favor e contra e cada lado tem razão em suas afirmações. Cabe a nós esperar que, independente dos rumos que os estudos sobre IA tomem, eles sejam guiados pela ética e pelo bom senso.

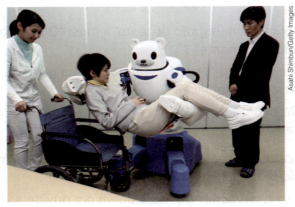

→ Riba II, robô de suporte de cuidados médicos.

Douglas Ciriaco. O que é inteligência artificial. *Tecmundo*, 25 nov. 2008. Disponível em: <www.tecmundo.com.br/intel/1039-o-que-e-inteligencia-artificial-.htm>. Acesso em: 5 nov. 2018.

1. Discuta esse assunto com as pessoas que moram com você ou com outros colegas. Pergunte o que pensam dessa pesquisa, que frutos ela poderá trazer. Depois, reflita a respeito da opinião deles e acrescente essas informações a seus argumentos.

2. O que você acha da inteligência artificial? Quais seriam as vantagens do desenvolvimento desse tipo de inteligência? A inteligência artificial pode ser considerada uma ameaça à humanidade?

3. Reúna-se com os colegas em uma roda de conversa e, juntos, discutam os prós e os contras da inteligência artificial. Pensem nas diversas áreas do conhecimento humano, como a Medicina, a Física e a Química. Ao final, responda: A que conclusão chegaram?

ENTRELAÇANDO LINGUAGENS

Observe as imagens de um texto visual: a capa de um livro do renomado autor Ray Bradbury, que se destacou entre os escritores do gênero ficção científica. Ele é autor do famoso livro *Fahrenheit 451*, que também fez sucesso nas telas de cinema.

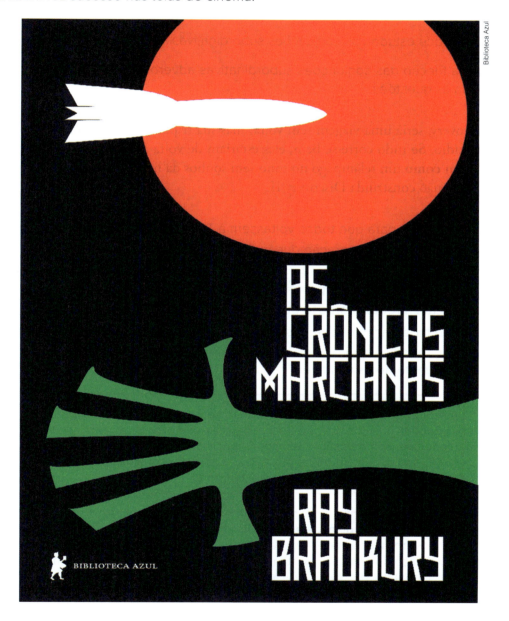

1. Quais são as imagens que compõem a capa do livro? Como estão dispostas? O que as cores sugerem?

2. Observe também o formato da letra empregada no título. De que forma a fonte escolhida colabora para expressar os sentidos do texto?

3. Você considera a capa coerente com o título do livro?

4. O que a capa já pode antecipar para o leitor?

ESTUDO DA LÍNGUA

Período composto por subordinação – orações subordinadas adverbiais

Na Unidade 2, você estudou as conjunções subordinativas adverbiais.

1. Vamos rever a função das conjunções subordinativas adverbiais. Leia o fragmento do capítulo 15 e responda às questões.

> Para a Discovery, seria uma viagem sem volta, mas sua tripulação não tinha nenhuma intenção de cometer suicídio. **Se** tudo corresse bem, eles estariam de volta à Terra em sete anos – cinco dos quais se passariam **como** um relâmpago no sono sem sonhos da hibernação, **enquanto** aguardavam o resgate na ainda não construída Discovery II.

a) Qual era a condição para que todos voltassem à Terra após sete anos?
  • Que conjunção introduz a oração que indica essa condição?

b) No trecho se estabelece uma comparação entre o período de hibernação e um fenômeno atmosférico. Identifique essa comparação.
  • Que conjunção introduz a oração que indica a comparação?

c) O processo de hibernação ocorreria simultaneamente a um fato. Que fato seria esse?
  • Que conjunção indica que os dois fatos – o mencionado anteriormente e a hibernação – ocorriam em um tempo simultâneo?

> As conjunções subordinativas adverbiais **se**, **como** e **enquanto** introduzem, nos períodos que compõem o trecho, orações que expressam circunstâncias de **condição**, **comparação** e **tempo**, respectivamente. Essas orações, na ordem em que aparecem no trecho, são denominadas **orações subordinadas adverbiais condicional, comparativa e temporal**.

> As **orações subordinadas adverbiais** introduzem no período uma circunstância adverbial, geralmente em relação à oração principal. Elas são classificadas de acordo com a circunstância expressa pela conjunção subordinativa que as introduz.

2. Leia agora este trecho do capítulo 16.

> oração principal
> Ele podia efetuar intrincadas correções navegacionais e executar as manobras de voo necessárias, / quando chegasse a hora / de mudar de curso.
> na hora (adjunto adverbial de tempo)

152

A oração destacada introduz no período uma circunstância de tempo. HAL poderia fazer manobras eficientes de voo no momento preciso: **quando chegasse a hora**. Essa oração desempenha a mesma função sintática de um **adjunto adverbial de tempo**, "na hora"; por isso, classifica-se como **oração subordinada adverbial temporal**.

3. Leia mais um fragmento do capítulo 15.

> Ao final dos cem dias [...] [ela] continuaria a girar ao redor de Saturno, em uma órbita agora tão bem determinada que os homens saberiam exatamente onde procurar por ela ainda que dali a mil anos.

a) A oração **que os homens saberiam exatamente** insere uma circunstância de tempo, causa ou consequência?

b) Que outra oração no período exprime a ideia de que um obstáculo não impedirá a nave de ser encontrada?

As orações subordinadas adverbiais presentes nesse fragmento do texto denominam-se, respectivamente, **oração subordinada adverbial consecutiva** (exprime uma consequência) e **oração subordinada adverbial concessiva** (no exemplo, essa oração expressa a realização de um fato, apesar da dificuldade apresentada).

4. Observe agora mais um fragmento do capítulo 16.

> Como a Terra estava agora bem distante na direção do Sol, seu hemisfério escurecido estava de frente para a Discovery [...].

a) Qual é a causa de o hemisfério escurecido da Terra estar de frente para a Discovery?

b) Que oração expressa a causa que você identificou no item anterior?

c) Que conjunção subordinativa introduz essa oração?

d) Como se classifica essa oração?

As orações que introduzem no período uma circunstância de causa, motivo, razão são chamadas de **orações subordinadas adverbiais causais**.

Há ainda mais três orações subordinadas adverbiais: conformativas, proporcionais e finais.

5. Vamos estudar a oração subordinada adverbial conformativa, extraída de um trecho do capítulo 25.

> HAL havia executado a ordem, mas não anunciaria isso, **como fazia sempre**.

a) De acordo com o trecho, qual era o hábito de HAL?

b) Que oração expressa que ele não agiu em conformidade com tal hábito?

c) A oração que você identificou no item anterior está relacionada a que outra oração do período?

A oração destacada no trecho exprime uma circunstância de conformidade, isto é, de concordância com o fato expresso na oração "mas não anunciaria isso".

As **orações subordinadas adverbiais conformativas** exprimem uma circunstância de conformidade ou de concordância com um fato expresso na oração a ela relacionada.

Veja estes exemplos extraídos do mesmo capítulo do trecho anterior.

> [...] que ele estava usando **para preencher as sombras lançadas pelo Sol** [...].

No trecho, a oração destacada expressa o objetivo de Poole: ele usava os dois faróis do casulo com o objetivo de preencher as sombras lançadas pelo Sol.

> A oração que expressa uma circunstância de finalidade, objetivo, é denominada **oração subordinada adverbial final**. As **orações subordinadas adverbiais finais** geralmente se apresentam em sua forma reduzida (ausência de conjunção e verbo na forma nominal infinitiva).

Como podemos ver neste exemplo, os reflexos do personagem vão diminuindo na mesma proporção que o monstro (o casulo espacial) avança em sua direção.

> Os reflexos de Bowman diminuíam à medida que o monstro avançava sobre ele.

> As **orações subordinadas adverbiais proporcionais** expressam uma circunstância de proporção em relação ao fato apresentado na oração principal.

As **orações subordinadas adverbiais** também apresentam **forma reduzida**: verbo (no gerúndio, infinitivo ou particípio) e ausência de conjunções. Observe:

- Encerrado o campeonato, ele deixou de treinar. (= Quando encerrou o campeonato)

  oração subordinada adverbial temporal reduzida de particípio

- Participando das aulas, você aprenderá muito mais. (= Se participar das aulas)

  oração subordinada adverbial condicional reduzida de gerúndio

- Saímos mais cedo para viajar. (= para que viajássemos)

  oração subordinada adverbial final reduzida de infinitivo

ATIVIDADES

1. Releia este trecho do capítulo 15.

> Mas não lamentava essas belezas perdidas. Havia desfrutado de todas, em seus trinta e cinco anos de vida, e estava determinado a desfrutar delas novamente, quando retornasse rico e famoso.

a) Escreva no caderno a oração que exprime circunstância de tempo.

b) Agora grife, também no caderno, a conjunção adverbial que a introduz e classifique essa oração.

c) Reescreva a oração subordinada na sua forma reduzida.

d) Em sua opinião, que forma – desenvolvida ou reduzida – expressa mais a expectativa de Bowman?

2. Releia um trecho do capítulo 16 do livro *2001: Uma odisseia no espaço*.

154

> O sexto membro da tripulação não se importava com nenhuma dessas coisas, pois não era humano. Era o altamente avançado computador HAL 9000, o cérebro e o sistema nervoso da nave.

a) Uma das diferenças do sexto membro da tripulação da Discovery é o fato de ele não se importar com nenhuma beleza deixada na Terra.
- Que oração justifica essa característica?

b) Que tipo de circunstância essa conjunção adverbial exprime? Classifique-a.

c) Reescreva a oração subordinada empregando outra conjunção de mesmo valor semântico.

3. Leia mais um trecho sobre HAL, o avançado computador da nave Discovery.

> Poderia até chegar o momento em que HAL tivesse de assumir o comando da nave. Em uma emergência, se ninguém atendesse aos seus sinais, ele tentaria despertar os membros adormecidos da tripulação, por meio de estímulos elétricos e químicos. Se não respondessem, ele enviaria uma mensagem de rádio à Terra solicitando mais ordens.

a) Transcreva no caderno as orações que, no trecho, expressam circunstância de condição.

b) Copie a resposta correta no caderno.

Essas orações no trecho são importantes para indicar ao leitor:
I. as funções do avançado computador em caso de emergência.
II. que HAL tinha poderes sobre a tripulação se fosse necessário.

4. As orações subordinadas dos períodos a seguir, embora sejam introduzidas pela mesma conjunção, têm sentidos diferentes. Identifique a circunstância expressa em cada oração subordinada adverbial.

a) **Desde que** você entregue o trabalho no dia combinado, eu o corrigirei.

b) **Desde que** eu li seu primeiro livro, soube que você se tornaria um grande escritor.

c) **Desde que** o programa está cancelado, vamos ao cinema?

5. As relações de causa e consequência são estabelecidas por meio da intencionalidade do autor. Observe.

> O turista não chegou à praia porque o acesso ao ponto turístico estava congestionado.
>
> O acesso à praia estava tão congestionado que o turista não chegou ao ponto turístico.

a) Agora responda.
I. A oração principal do primeiro período expressa uma consequência ou a causa do fato?
II. No segundo período, a oração principal expressa a causa ou a consequência do fato?

b) Nos períodos a seguir, transforme as relações de causa em relações consecutivas e vice-versa. Faça as adaptações necessárias.
I. Perdi a aula experimental de dança porque acordei tarde.
II. Ela comeu tanto o doce que enjoou.

CAPÍTULO 2

Neste capítulo, você vai dar continuidade à leitura do livro de Arthur C. Clarke e aprofundar o estudo, conhecendo outras características do gênero textual narrativa de ficção científica. Além disso, vai produzir um **fanzine** com narrativa também desse gênero.

LEITURA

Leia integralmente o Capítulo 25. Você está prestes a vivenciar um dos momentos mais tensos de *2001: Uma odisseia no espaço!*

Porém, antes de prosseguir a leitura, leia o quadro a seguir para contextualizar o capítulo.

Para entender o capítulo

Neste capítulo, o astronauta Frank Poole, pela segunda vez, sai da nave Discovery para substituir a unidade AE 35, instalada na base da antena e componente vital para estabelecer o contato com a Terra.

Falhas nessa unidade tinham sido apontadas por HAL 9000; no entanto, nem Frank, David ou o Controle da Missão na Terra, nem mesmo as outras duas réplicas dos computadores HAL 9000 detectaram problemas nos testes com a AE 35 retirada por Frank. A unidade está perfeita.

Tudo indica um erro de HAL 9000.

O Controle da Missão entra em contato e manda os astronautas desconectá-lo e passar para o Modo de Controle da Terra.

Estranhamente, nesse exato momento, a voz do Controle vai sumindo até silenciar por completo. Em seu lugar, a voz rouca de HAL 9000 anuncia novo defeito na antena.

O alerta amarelo soou...

1. Pelo que já lemos sobre HAL e pela sinopse apresentada anteriormente, que hipóteses você levantaria sobre os acontecimentos que estão por vir na Leitura 2?

2. Qual será o conflito principal? O que motivará o conflito?

3. Quem será o protagonista? E quem será o antagonista?

4. De que recursos poderá se valer o antagonista? E o protagonista?

→ Cena do filme *2001: Uma odisseia no espaço*, de Stanley Kubrick, 1968. Astronauta Frank sai do módulo espacial em direção à antena da nave Discovery.

156

25 – O primeiro homem em Saturno

Frank Poole havia passado por toda aquela rotina antes, mas, para ele, nada era considerado garantido [...]. Fez sua costumeira checagem completa de Betty e seu suprimento de itens de consumo; embora só fosse ficar do lado de fora por menos de trinta minutos, certificou-se de que tinha o suprimento normal de vinte e quatro horas para tudo. Então mandou HAL abrir a comporta e se impulsionou para o abismo.

> "Betty" é o nome de um dos três casulos espaciais da nave. Os casulos – Anna, Betty e Clara – são o transporte para construção e manutenção no vácuo.

A nave estava exatamente como em sua última excursão – com uma importante diferença. Antes, o grande prato da antena de longo alcance estava apontando na direção da estrada invisível pela qual a Discovery vinha viajando – na direção da Terra, orbitando tão perto dos fogos ardentes do Sol.

Agora, sem nenhum sinal direto para orientá-lo, o prato raso havia se colocado automaticamente na posição neutra. Ele estava apontado para a frente, ao longo do eixo da nave – e, portanto, apontando muito perto do farol brilhante de Saturno, ainda a meses de distância. Poole se perguntou quantos problemas mais surgiriam até a Discovery chegar ao seu destino ainda distante. Se ele olhasse com cuidado, poderia simplesmente ver que Saturno não era um disco perfeito; de cada lado havia uma coisa que nenhum olho humano sem instrumentos tinha visto antes: a ligeira curvatura provocada pela presença dos anéis. "Como seria maravilhoso", ele disse a si mesmo, "quando esse incrível sistema de poeira e gelo orbitais preenchesse o céu deles, e a Discovery se tornasse uma eterna lua de Saturno!". Mas essa conquista seria em vão, a menos que conseguissem restabelecer comunicações com a Terra.

Mais uma vez, estacionou Betty a cerca de cinco metros da base do suporte da antena, e passou o controle para HAL antes de abri-la.

↑ Cena do filme *2001: Uma odisseia no espaço*, de Stanley Kubrick, 1968. Frank Poole diante de Betty.

— Estou saindo agora — ele relatou a Bowman. — Tudo sob controle.

— Espero que tenha razão. Estou ansioso para ver essa unidade.

— Você vai tê-la na bancada de testes em vinte minutos. Eu prometo.

Houve um silêncio por algum tempo, enquanto Poole completava seu vagaroso passeio na direção da antena. Então Bowman, em pé no Convés de Controle, ouviu vários bufos e grunhidos.

— Posso ter que voltar atrás na promessa; uma das porcas travou. Devo ter apertado demais... epa... lá vai ela!

Houve outro longo silêncio; depois Poole chamou: — HAL, gire a luz do casulo vinte graus para a esquerda... Obrigado, está bom assim.

O mais fraco dos sinais de alerta soou em algum lugar bem nas profundezas da consciência de Bowman. Havia algo estranho — nada de realmente alarmante, apenas incomum. Preocupou-se com isso por alguns segundos antes de localizar a causa.

HAL havia executado a ordem, mas não anunciara isso, como invariavelmente fazia. Quando Poole terminasse, teriam de dar uma olhada nisso...

Lá fora, na base da antena, Poole estava ocupado demais para perceber qualquer coisa incomum. Ele apanhara a placa fina de circuito com ambas as mãos, e a estava retirando de sua ranhura.

A placa saiu, e ele a ergueu na pálida luz do Sol.

— Aqui está a desgraçadinha — ele disse para o universo em geral, e para Bowman em particular. — Ainda me parece perfeitamente ok.

Então ele parou. Um movimento súbito atraiu sua atenção, lá fora, onde nenhum movimento era possível.

Levantou a cabeça, assustado. O padrão de iluminação dos dois faróis do casulo espacial, que ele estava usando para preencher as sombras lançadas pelo Sol, havia começado a mudar ao seu redor.

Talvez Betty tivesse se soltado; ele poderia ter sido descuidado na hora de ancorá-la. Então, com uma surpresa tão grande que não deixou espaço para medo, ele viu que o casulo espacial estava indo bem na sua direção, a todo impulso.

↑ Cena do filme *2001: Uma odisseia no espaço*, de Stanley Kubrick, 1968. Frank Poole e o módulo espacial.

A visão era tão incrível que congelou seu padrão normal de reflexos; não tentou evitar o monstro que avançava sobre ele. No último instante, recuperou a voz e gritou: – HAL! Freios no máximo... – Era tarde demais.

No momento do impacto, Betty ainda estava se movendo razoavelmente devagar; ela não havia sido construída para altas acelerações. Mas, mesmo a meros quinze quilômetros por hora, meia tonelada de massa pode ser muito letal, na Terra ou no espaço...

Dentro da Discovery, aquele grito truncado no rádio fez Bowman levar um susto tão violento que só o cinto de segurança o segurou em sua cadeira.

– O que aconteceu, Frank? – ele chamou.

[...]

Então, do lado de fora das amplas janelas de observação, alguma coisa se moveu no seu campo de visão. Ele viu, com um espanto tão grande quanto fora o de Poole, que era o casulo espacial a toda velocidade, se dirigindo para as estrelas.

– HAL! – ele gritou. – O que aconteceu? Força total de frenagem na Betty! Força total de frenagem!

Nada aconteceu. Betty continuou a acelerar em seu curso desgovernado.

Então, arrastado atrás dela na ponta do cabo de segurança, apareceu um traje espacial. Um olhar de relance bastou para dizer a Bowman o pior. Não havia como confundir os traços flácidos de um traje que havia perdido pressão e estava aberto no vácuo.

Mesmo assim, ele chamou estupidamente, como se um encantamento pudesse trazer os mortos de volta: – Alô, Frank... Alô, Frank... Pode me ouvir? Pode me ouvir?... Balance os braços se puder me ouvir... Talvez seu transmissor esteja quebrado... Balance os braços!

E então, quase como que em resposta ao seu pedido, Poole acenou de volta.

Por um instante, Bowman sentiu a pele arrepiar na base da nuca. As palavras que estava prestes a dizer morreram em seus lábios subitamente secos. Pois ele sabia que seu amigo não podia estar vivo; e, no entanto, havia acenado...

O espasmo de esperança e medo passou num instante, quando a lógica fria substituiu a emoção. O casulo ainda em aceleração estava meramente sacudindo o fardo que arrastava atrás de si. O gesto de Poole era um eco do gesto do Capitão Ahab quando, amarrado aos flancos da baleia branca, seu cadáver havia acenado à tripulação do Pequod para o destino cruel que os aguardava.

Em cinco minutos, o casulo e seu satélite haviam desaparecido entre as estrelas. Por um longo tempo, David Bowman ficou olhando para ele no vazio que ainda se estendia, por tantos milhões de quilômetros à frente, para o objetivo que ele agora tinha certeza de que jamais poderia alcançar. Só um pensamento ficava martelando em sua cabeça.

Frank Poole seria o primeiro de todos os homens a chegar a Saturno.

Arthur C. Clarke. *2001: Uma odisseia no espaço*. São Paulo: Aleph, 2013. p. 187-190.

> **GLOSSÁRIO**
>
> **Espasmo:** contração muscular involuntária.
> **Flanco:** parte lateral do tórax.
> **Frenagem:** ação de frenar um veículo; ato ou efeito de frear.

Apreciação

1. Que diferenças você notou entre este capítulo e o anterior?

2. A narrativa provocou expectativa em você? Explique.

3. Há indícios de que HAL será o personagem antagonista. Quais são?

Interpretação

1. Além das precauções de Frank para sair com segurança da nave e impulsionar-se no espaço, o parágrafo inicial revela tensão?

2. Leia novamente o segundo parágrafo. Pode-se dizer que ele prenuncia a tensão que está por vir? Como?

3. Um sinal, que soa no mundo interior de David, coloca este e o leitor em estado de alerta.
   a) Identifique e escreva a frase que sinaliza o conflito.
   b) Qual é o fato que causa o estranhamento de David?

4. Identifique no texto o parágrafo que anuncia o clímax da narrativa.
   a) Escreva-o.
   b) Qual é a frase que indica ao leitor que o momento mais tenso da narrativa está por vir?
   c) Explique como ela cria a tensão.

5. Qual fato assusta Frank?

6. A sonoridade contribui para a tensão narrativa.
   a) Identifique o som que revela a tensão máxima de David.
   b) O que se ouve depois?

7. A sequência do desfecho, predominantemente descritiva, mas entremeada de sequências dialogais, possibilita ao leitor visualizar a cena de Frank sendo arrastado pelo espaço.
   a) Bowman temia a morte do amigo. Que visão confirma esse temor?
   b) Qual é o ponto mais dramático dessa sequência?

8. Releia os parágrafos que narram o clímax da narrativa.

> Então, com uma surpresa tão grande que não deixou espaço para medo, ele viu que o casulo espacial estava indo bem na sua direção, a todo impulso.
> A visão era tão incrível que congelou seu padrão normal de reflexos; não tentou evitar o monstro que avançava sobre ele. No último instante, recuperou a voz e gritou: – HAL! Freios no máximo – Era tarde demais.

   a) Copie as respostas corretas no caderno.
   Segundo o fragmento, podemos dizer que, diante da tragédia iminente, Frank:
   I. é imediatamente tomado pelo medo.
   II. reage imediatamente para evitá-la.
   III. mantém-se imobilizado tamanha a surpresa.
   IV. reage no último instante.
   V. tenta convencer HAL a desviar o casulo.
   b) Identifique e copie do penúltimo parágrafo do fragmento as palavras e/ou expressões que intensificam a dramaticidade da cena.
   c) Que efeito de sentido é obtido pelo emprego das reticências? Em que frase esse mesmo sentido está reafirmado?

9. HAL tem o comando total da nave e sabe tudo o que se passa na Discovery. Suas ações têm importância fundamental para o desfecho do capítulo. Releia o trecho que antecede o capítulo e responda.

a) O que aconteceu antes da saída de Poole?

b) Com base nessas informações, é possível afirmar que HAL tenha assassinado Frank?
- Quais atitudes denunciam o computador?

Linguagem

O Capítulo 25, que você leu e analisou, é um dos mais tensos de *2001: Uma odisseia no espaço*. A construção da tensão narrativa é usada para criar expectativa no leitor e instigar sua curiosidade.

Acelerar, retardar ou mesmo suspender as ações são técnicas utilizadas para captar a atenção do leitor. Ações mais lentas, entremeadas de descrições, aguçam a expectativa de quem lê. Um ritmo acelerado envolve o leitor no clima vertiginoso das ações e causa a ansiedade que o leva, muitas vezes, a pular as páginas do livro para descobrir o desfecho da história.

> Conheça alguns recursos para:
> - **retardar a ação e preparar o suspense** – presença de sequências descritivas que parecem "parar" o tempo; verbos de estado; tempos do indicativo (o presente e os tempos do imperfeito); períodos compostos longos; emprego de vírgulas; discurso indireto livre etc.;
> - **acelerar as ações** – presença de sequências narrativas; sequências dialogais curtas (discurso direto); verbos de ação; tempos do pretérito, principalmente do pretérito perfeito; frases nominais; períodos simples; orações coordenadas; na pontuação, o emprego de pontos finais etc.

1. Volte ao texto e localize trechos em que há tentativa de retardar a ação.

O QUE APRENDEMOS COM O ESTUDO DE NARRATIVAS DE FICÇÃO CIENTÍFICA

- As narrativas de ficção científica baseiam-se na verossimilhança das descrições espaçotemporais e técnicas que facilitam ao leitor compreender e aceitar os fatos narrados como uma possibilidade.
- As descrições são recursos empregados para mostrar a estranheza de formas, lugares, criaturas e objetos e relentar (retardar) as ações, provocando a curiosidade do leitor.
- As metáforas e comparações são recorrentes nas descrições. O emprego de neologismos também é frequente para nomear elementos que existem apenas na narrativa.

DICAS

▶ ASSISTA

Jurassic World – Reino ameaçado. EUA, 2018. Direção: J. A. Bayona, 128 min. O antigo parque de dinossauros, Jurassic Park, foi fechado. Os humanos não interagem mais com esses animais, que vivem livremente em uma ilha. No entanto, a erupção de um vulcão vai colocar em risco a vida dessas espécies, e é preciso decidir entre abandoná-las ou resgatá-las.

Uma dobra no tempo. EUA, 2018. Direção: Ava Duvernay, 110 min. Dois irmãos tentam encontrar o pai, cientista desaparecido durante o trabalho em um misterioso projeto do governo. Para isso, eles, um amigo e três mulheres fortes e misteriosas fazem uma viagem a planetas estranhos.

📖 LEIA

As crônicas marcianas, de Ray Bradbury (Biblioteca Azul). Além de ser uma ficção científica, trata-se de uma história de aprendizado e tolerância. O leitor é convidado a embarcar em uma viagem espacial que retrata a chegada do homem a Marte e a colonização do planeta pelos humanos.

PRODUÇÃO ESCRITA

Fanzine

Você e sua equipe vão aplicar os conhecimentos adquiridos no estudo do gênero ficção científica e usar a criatividade para produzir um fanzine.

Para começar

Fanzine é uma abreviação de FANatic magaZINE. Em inglês, **fanatic** significa "fanático" e **magazine** significa "revista". A palavra **fanático** deu origem à palavra **fã** por meio da sua abreviação em inglês. Então, traduzindo: fanzine é uma revista feita por fãs (ou *fans*, em inglês).

Ele pode ser uma publicação sofisticada ou bem rústica; pode falar sobre qualquer tema, mas, em geral, vem acompanhada de quadrinhos (tirinhas, charges, cartuns).

O fanzine começou a ser produzido nos Estados Unidos, em 1929. No entanto, teve um papel muito importante nos movimentos de contracultura na França, em 1968. Como são um meio de comunicação impresso com custo de produção baixo, eles podem circular com relativa facilidade.

> **Contracultura**: conjunto de movimentos que teve seu auge na década de 1960. Eles combatiam a cultura de massa questionando valores, normas, gostos e padrões de comportamento tradicionais e a cultura que era valorizada naquele tempo. Buscavam transformar a consciência das pessoas por meio de expressões individuais. Um exemplo de contracultura é o movimento *hippie*.

Organizar o trabalho

Com a ajuda do professor, a turma se organizará em grupos. Cada grupo ficará responsável por um fanzine, que conterá uma narrativa de ficção científica.

Depois de confeccionados, os fanzines serão compartilhados com a turma, ou mesmo com grupos de outras turmas.

Esperamos que todos se apaixonem pelo trabalho, como em geral costuma acontecer com os jovens.

Após a divisão dos grupos, de comum acordo, ouvindo e respeitando as opiniões dos integrantes da equipe:

1. Conversem entre si sobre as ficções científicas que conhecem: de quais são fãs, como elaborariam um fanzine dessas histórias etc.
2. Façam um projeto de texto, estabelecendo assunto, espaço e tempo, personagens, conflito etc. (ver item "Escrever a história").
3. Deem um título ao fanzine.
4. Dividam as tarefas entre os membros: edição, ilustração, pesquisa e coleta de material, diagramação etc.

↑ Fanzinada no Museu de Arte de São Paulo (Masp), cidade de São Paulo, SP, 2011.

Escrever a história

Escrever ficção científica é divertido. É criar um mundo diferente do real, com base em nossa imaginação e em noções científicas. Mas... de onde tirar as ideias?

Nada muito complicado. Elas podem vir de artigos científicos, publicações científicas mais especializadas, notícias de jornais e de revistas que abordem assuntos científicos ou, ainda, de uma ideia que vocês tenham na cabeça.

Atenção!

1. Antes de começarem a desenvolver a história, lembrem-se de que cada fanzine deverá ter **12 páginas**, mas não são todas de texto. Vocês deverão descontar a **capa** e a **contracapa** e prever a inclusão de ilustrações, colagens, desenhos etc. O texto deve ocupar o espaço restante.

2. Para fazer tudo isso, é indispensável elaborar um esboço, um rascunho. Pensem bem em como vocês vão organizar as páginas, no texto que vão utilizar, no tamanho da fonte etc.

3. A fantasia precisa ser plausível, verossímil. É preciso coerência e coesão entre os elementos desse mundo mirabolante da ficção científica – espaço, tempo, personagens, dados científicos – para que ele possa ser aceito pelo leitor. Estamos falando de **verossimilhança**. Nossa criação deve ser semelhante à verdade, parecer verdade. Tudo pode ser imaginado, mas é indispensável que faça sentido. Assim, cuidado ao introduzir os elementos científicos na história.

4. Cuidado também ao criar um extraterrestre ou qualquer outro personagem não humano. Primeiramente, imaginem o mundo ou o ambiente em que ele vive, revelem a personalidade dele. E **lembrem-se**: por mais estranho que ele seja, deve ter algumas características humanas.

5. Deem referências ao leitor. O mundo alterado da ficção científica pede descrições de cenários, de personagens, de objetos etc. Recursos estilísticos, como a metáfora e a comparação, ajudam o leitor a imaginar esse mundo estranho.

6. Por se caracterizarem pela inovação e descontração, os fanzines permitem a informalidade. Assim, não se espera que vocês empreguem a linguagem formal, mas que procurem adequar a linguagem ao contexto da história e a seus leitores.

7. Apliquem os conhecimentos adquiridos no estudo do gênero e usem a criatividade.

Avaliar a história

1. Antes de montar o fanzine, façam uma revisão da história. Verifiquem se as palavras estão grafadas corretamente, se a pontuação está coerente e se as características do gênero estão contempladas.

2. Lembrem-se de que o cuidado com as questões da língua, além das ilustrações e de uma boa história, é um elemento que valoriza sua produção.

Prever recursos necessários

Os produtores de fanzine usam a imaginação e a criatividade para imprimir sua personalidade aos textos. Tudo vale para construir o fanzine: textos, ilustrações, desenhos, colagens, fotografias etc.

Assim, providenciem folhas de papel sulfite A4, canetas, lápis, revistas e jornais para recortar, tesoura, grampeador, cola, tinta e demais materiais necessários para a produção do fanzine, além de fotocópias e acesso a computador.

Montar o fanzine

1. Cada fanzine terá 12 páginas (contando com a capa e a contracapa). Como os fanzines são feitos de folhas A4 dobradas ao meio, o número de páginas é sempre um múltiplo de 4 (4, 8, 12, 16, 20...). Vocês precisarão de 3 folhas de papel sulfite.
2. Dobrem as folhas de sulfite A4 ao meio e juntem-nas. Coloquem-nas umas dentro das outras, como se fossem montar um sanduíche. Lembrem-se de que cada folha significa quatro páginas, sempre utilizando a frente e o verso.
3. Enumerem as folhas do começo ao fim.
4. Escrevam indicações nas folhas que irão auxiliar no momento de fazer o fanzine, por exemplo, capa, texto, ilustrações, colagens etc.
5. Produzam a capa usando imagens (fotos, colagens e desenhos feitos por vocês mesmos).
6. Coloquem o título do fanzine (pode ser o nome do grupo criado por vocês).
7. Façam a diagramação do fanzine: o planejamento gráfico, ou seja, a distribuição adequada e integrada dos textos e das imagens nas páginas.

Vejam o seguinte passo a passo.

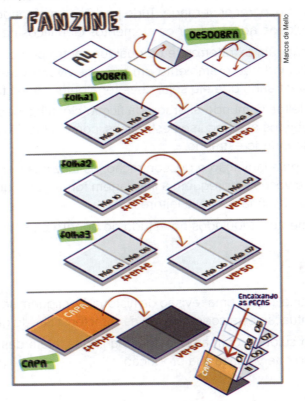

Compartilhar

Tirem cópias do fanzine do grupo e entreguem-nas aos colegas e funcionários da escola, amigos e familiares. Deixem também uma cópia na biblioteca da escola e, se possível, na biblioteca de mais uma escola do bairro.

Bom trabalho e divirtam-se!

AQUI TEM MAIS

Robô ajuda autor a escrever diálogo de ficção científica

Máquina alimentada com coleção de contos e clássicos do estilo cria suas próprias frases para o escritor Robin Sloan

11/11/2018 | 05h00
Por David Streitfeld – *The New York Times*

O escritor Robin Sloan tem um parceiro de trabalho em seu novo romance: um computador. Para ele, a ideia de que um romancista é alguém se esforçando sozinho em uma sala, equipado com nada mais que determinação e inspiração, pode ficar obsoleta em breve. Hoje, ele escreve seu próximo livro com a ajuda de um *software* caseiro, capaz de terminar suas frases com o apertar de uma tecla.

Talvez seja cedo para adicionar "romancista" à longa lista de empregos que a inteligência artificial vai eliminar – como motoristas de táxi, atendentes de telemarketing e balconistas. Mas, se você observar Sloan no trabalho, fica logo claro que os computadores vão redefinir a criatividade.

Ele tem um método de trabalho curioso: primeiro, escreve trechos de texto, que envia para si mesmo como mensagens. Depois, desdobra essas mensagens em passagens mais longas. Seu novo romance, ainda sem título, é ambientado em um futuro próximo, na Califórnia, onde a natureza ganha nova força. Outro dia, ele fez uma anotação: "Os bisões estão de volta. Manadas de mais de 80 quilômetros de comprimento".

Em seu escritório, em Berkeley, perto de São Francisco, ele expande essa noção, ainda não definida. Ele escreve: "os bisões estão reunidos ao redor do desfiladeiro". O que vem depois? Bate numa tecla especial, o computador faz um barulho parecido com "pock", analisa as últimas frases e acrescenta "pelo céu nu" à sequência. Sloan gosta disso. "É fantástico", diz. "Eu teria escrito isso sozinho? Talvez não. A linguagem simplesmente vem do computador e aceito".

Hoje, seu *software* não é rotulado como algo tão grandioso como inteligência artificial. É uma máquina aprendendo, facilitando e ampliando suas próprias palavras, sua própria imaginação. Em um certo nível, isso apenas o ajuda a fazer o que os escritores iniciantes sempre fizeram – mergulhar nas obras que querem imitar. Hunter Thompson, por exemplo, queria escrever como F. Scott Fitzgerald – e redigitou *O Grande Gatsby* várias vezes como um atalho para esse objetivo. Escritores são leitores, afinal. "Li um número incontável de palavras ao longo da vida. Tudo se misturou de formas imprevisíveis e desconhecidas", diz Sloan.

Autodeclarado inventor, Sloan começou a trabalhar na criação auxiliada por computadores há algum tempo, movido por uma "curiosidade nerd". Ele parte de um princípio simples: se as máquinas podem ler, então também podem escrever. [...]

Disponível em: <https://link.estadao.com.br/noticias/cultura-digital,robo-ajuda-autor-a-escrever-dialogo-de-ficcao-cientifica,70002602088>. Acesso em: 24 nov. 2018.

UNIDADE 6

Editorial: um ponto de vista

NEWS

NESTA UNIDADE VOCÊ VAI:

- ler editoriais e analisar as características do gênero;
- estudar a regência de alguns verbos e nomes;
- produzir um editorial;
- estudar o emprego da vírgula nas orações subordinadas substantivas e adverbiais.

Jean Galvão/Folhapress

1. Observe as pinturas do personagem. Quais são as diferenças entre representar algo que se vivencia e algo que se cria ou imagina?
2. Compare as representações com os comportamentos atuais em relação a notícias, informações etc. Há algo parecido? Em que meios esses comportamentos podem ser encontrados?
3. Qual foi a intenção do personagem ao alterar sua primeira pintura?
4. Você está familiarizado com o termo *fake news*? O que ele significa?
5. Qual é a crítica que o chargista faz? Qual é sua opinião sobre esse tema?

CAPÍTULO 1

Neste capítulo, você lerá um editorial publicado em um jornal sobre o perigo de compartilhar informações e notícias falsas em aplicativos de conversação instantânea e nas redes sociais. Estudará também a regência de certos verbos e nomes, comparando o uso com as regras estabelecidas pela norma-padrão em determinados casos.

ANTES DE LER

1. Observe como um jornal de São Paulo propõe o compartilhamento de suas matérias de forma icônica.

- De que forma o leitor faz uso dos ícones? Em quais redes a matéria pode ser compartilhada?

2. O que você sabe sobre aplicativos de conversação instantânea? Sabe utilizar algum? Já trocou mensagens instantâneas com alguém?

3. O aplicativo é utilizado para trocar mensagens instantâneas e fazer chamada de voz. Mas também serve para compartilhar informações e notícias. Converse com familiares ou responsáveis e lhes pergunte se utilizam o aplicativo com esse fim. Caso utilizem outro aplicativo ou rede social, indique qual.

4. Entre as matérias compartilhadas, há aquelas que só informam ou também aquelas que veiculam opinião? As pessoas que as compartilham geralmente verificam a origem, a credibilidade e a veracidade desses conteúdos? Discuta essas questões com o professor e os colegas.

5. Na abertura da unidade, foi mencionado o gênero textual que estudaremos: o editorial. Você já leu algum editorial?

A seguir, leia o editorial "O perigo do WhatsApp", publicado pelo jornal *O Estado de S. Paulo*. Com base no título, levante hipóteses sobre o tema do texto.

LEITURA

O perigo do WhatsApp

WhatsApp segue um território livre para os sensacionalistas e teóricos da conspiração que buscam, no mínimo, a admiração de seus amigos ou familiares

O Estado de S. Paulo
01 julho 2018 | 03h00

O *Reuters Institute Digital News Report 2018*, relatório anual elaborado pelo *Reuters Institute For The Study of Journalism*, em parceria com a Universidade de Oxford, traz dados preocupantes sobre o comportamento dos brasileiros no ambiente digital, no que concerne à informação.

Durante todo o mês de janeiro e o início de fevereiro deste ano, o *Reuters Institute For The Study of Journalism* realizou uma pesquisa *online* com 74 000 pessoas em 37 países, incluindo o Brasil, sobre seus meios preferidos para leitura de notícias, a confiança que depositam nos ditos veículos tradicionais de informação, o apoio que dão a ações governamentais para combate às chamadas *fake news*, além de outras questões relevantes para a compreensão da importância da atividade jornalística hoje.

Mais da metade dos brasileiros que têm acesso à internet (52%) prefere o Facebook para se informar sobre fatos relevantes da vida nacional e do mundo. O número ainda é bastante expressivo, mas o resultado de 2018 representa uma queda de 5% em relação ao ano passado.

Quando comparados os resultados das pesquisas feitas entre 2014 e 2018, é possível observar que as redes sociais estão em queda como meio preferencial de consumo de notícias. Tanto o Facebook como o Twitter experimentaram um período de crescimento entre 2014 e 2016; a partir de então, deu-se um declínio até o atual platô de estagnação. Do total de consultados pelo *Reuters Institute For The Study of Journalism* este ano, 36% disseram usar o Facebook para se informar, enquanto apenas 11% preferem o Twitter. O contrário é observado em relação ao WhatsApp, que, em média, registrou crescimento de 15% entre 2014 e 2018 nos 37 países onde a pesquisa foi realizada.

No Brasil, cerca de 48% dos respondentes em 2018 disseram usar o WhatsApp para se informar, um crescimento de 2% em relação ao ano passado.

Com base nas respostas dadas pelos consultados, o *Digital News Report 2018* revela que o Facebook se tornou uma rede social tão vasta e heterogênea que as pessoas simplesmente não se sentem mais confortáveis em compartilhar informações pessoais naquela plataforma e tampouco confiam no conteúdo que trafega pela rede. Este poderia ser um dado auspicioso caso a opção não fosse o WhatsApp, que é tão ou mais descontrolado do que o Facebook no que tange à confiabilidade das notícias que circulam por lá.

https://opiniao.estadao.com.br/noticias/geral,o-perigo-do-whatsapp,70002379101

Quando instados a dar suas percepções sobre as marcas Facebook e WhatsApp, os respondentes se referiram ao primeiro como uma rede social "egocêntrica", "assustadora", "multifacetada", "genérica" e voltada para os que passam por "crises de meia-idade". Já o WhatsApp é percebido como mais "amigável", "divertido", "agregador", "honesto", "discreto" e "confiável".

Paradoxalmente, a pesquisa revelou que os brasileiros são os mais preocupados com a disseminação de *fake news* no ambiente digital, sobretudo por se tratar de ano eleitoral. Quando solicitados a dizer o grau de concordância com a afirmação "Estou preocupado sobre o que é real ou falso na internet", 85% dos brasileiros consultados concordaram com a assertiva. Para ter uma ideia, este porcentual é de 64% nos Estados Unidos de Donald Trump e a campanha que seu governo faz contra os veículos de informação que ousam apresentar dados contrários aos interesses do governo.

Se a confiabilidade das informações no ambiente digital é um valor importante para os brasileiros, o que circula pelo WhatsApp deve ser recebido com a devida cautela.

Se redes como o Facebook têm sido fortemente cobradas, inclusive por órgãos de governo, a reforçar os mecanismos de identificação de postagens falsas, o mesmo não ocorre com o WhatsApp, que segue um território livre para os sensacionalistas e teóricos da conspiração que buscam, no mínimo, a admiração de seus amigos ou familiares, ainda que isso ocorra à custa da disseminação de informações falsas ou descontextualizadas. Ao contrário do Facebook, o WhatsApp ainda conta com o anonimato que oferece menor risco a quem divulga notícias que se provam falsas.

Disponível em: <https://opiniao.estadao.com.br/noticias/geral,o-perigo-do-whatsapp,70002379101>.
Acesso em: 17 ago. 2018.

GLOSSÁRIO

Assertiva: afirmativa; afirmação; aquilo que se afirma ou mantém-se como verdade.
Auspicioso: promissor; esperançoso; oportuno.
Disseminar: propagar por diferentes direções; espalhar; alastrar.
Platô: planalto; classificação dada a uma forma de relevo construída por uma superfície elevada, com cume mais ou menos nivelado, geralmente devido à erosão eólica ou pelas águas.

ESTUDO DO TEXTO

Apreciação

1. Em sua opinião, as redes sociais e os aplicativos deveriam ter mecanismos de identificação de postagens falsas ou os usuários deveriam ser mais responsáveis e verificar as notícias que compartilham?

2. Você acha que os mecanismos de identificação de postagens falsas podem censurar ou mesmo restringir o compartilhamento de informações necessárias para prevenir a distribuição de notícias falsas?

3. Você já compartilhou notícias sem verificar a origem, a veracidade, a credibilidade ou mesmo a data?

Interpretação

1. Quem assina o texto editorial lido?

2. Releia o segundo parágrafo e indique o fato que motivou a publicação desse editorial.

3. O editorial, como texto argumentativo, é construído com base em uma tese, ou seja, uma ideia a ser defendida. Segundo o texto lido, qual é o ponto de vista do jornal em que o editorial foi publicado a respeito do aplicativo de conversação instantânea? Justifique sua resposta com um trecho do texto.

4. Releia o trecho a seguir.

> [...] Com base nas respostas dadas pelos consultados, o *Digital News Report 2018* revela que o Facebook se tornou uma rede social tão vasta e heterogênea que as pessoas simplesmente não se sentem mais confortáveis em compartilhar informações pessoais naquela plataforma e tampouco confiam no conteúdo que trafega pela rede. **Este poderia ser um dado auspicioso** caso a opção não fosse o WhatsApp, que é tão ou mais descontrolado do que o Facebook no que tange à confiabilidade das notícias que circulam por lá. [...]

a) Em qual momento o editorialista contradiz o trecho em destaque?

b) De acordo com o editorial, por que as pessoas não se sentem confortáveis em compartilhar informações pessoais na rede social?

c) De acordo com o editorial, qual a opinião dos respondentes sobre a rede social? E sobre o aplicativo de conversação instantânea?

d) Você concorda com a opinião dos respondentes sobre a rede social? E o que acha do aplicativo de conversação instantânea?

171

5. Releia o oitavo parágrafo, no qual o editorialista chama a atenção para uma preocupação dos brasileiros.

> Paradoxalmente, a pesquisa revelou que os brasileiros são os mais preocupados com a disseminação de *fake news* no ambiente digital, sobretudo por se tratar de ano eleitoral. Quando solicitados a dizer o grau de concordância com a afirmação "Estou preocupado sobre o que é real ou falso na internet", 85% dos brasileiros consultados concordaram com a assertiva. Para ter uma ideia, este porcentual é de 64% nos Estados Unidos de Donald Trump e a campanha que seu governo faz contra os veículos de informação que ousam apresentar dados contrários aos interesses do governo.

a) Qual é essa preocupação?
b) Em sua opinião, essa preocupação é legítima?

6. Releia o trecho a seguir.

> [...] Se a confiabilidade das informações no ambiente digital é um valor importante para os brasileiros, o que circula pelo WhatsApp deve ser recebido com a devida cautela. [...]

a) Por que os brasileiros devem ter cautela com o que circula pelo aplicativo de conversação instantânea?
b) Segundo o editorialista, qual é o objetivo de quem divulga notícias falsas?

7. O texto indica que a rede social apresenta mecanismos de identificação de postagens falsas. O que você compreende com essa afirmação?

8. O editorial é constituído de uma sequência argumentativa, que começa na tese, segue para a apresentação de dados e a argumentação e termina na conclusão. Verifique a estrutura desse editorial, de modo a identificar os argumentos.

a) Transcreva no caderno a tese defendida pelo editorial.
b) Com base em seus conhecimentos sobre argumentos, copie no caderno as alternativas que representam os recursos empregados pelo editorialista para fundamentar seu ponto de vista.
   - [...] o WhatsApp, que é tão ou mais descontrolado do que o Facebook no que tange à confiabilidade das notícias que circulam por lá.
   - [...] o Facebook se tornou uma rede social tão vasta e heterogênea que as pessoas simplesmente não se sentem mais confortáveis em compartilhar informações pessoais [...].
   - [...] se redes como o Facebook têm sido fortemente cobradas, inclusive por órgãos de governo, a reforçar os mecanismos de identificação de postagens falsas, o mesmo não ocorre com o WhatsApp.
   - Ao contrário do Facebook, o WhatsApp ainda conta com o anonimato que oferece menor risco a quem divulga notícias que se provam falsas.
c) O editorial encerra-se com uma conclusão. A conclusão deve estimular o senso crítico do leitor, geralmente apresentando uma síntese do exposto na argumentação. Escreva no caderno um trecho da conclusão do editorial que apresente a síntese da ideia defendida no texto.

9. Qual é sua opinião sobre "O perigo do WhatsApp"? O editorial o convenceu de que ele pode ser um perigo? Justifique sua opinião.

> **Editorial** é um gênero textual argumentativo cuja finalidade é apresentar ao leitor o ponto de vista de um jornal ou revista a respeito de um assunto, tema ou questão em destaque no momento. Ele não é assinado, pois a opinião emitida representa o ponto de vista daquele veículo de comunicação.

Linguagem

1. Releia o trecho a seguir.

> [...] Este poderia ser um dado auspicioso caso a opção não fosse o WhatsApp, que é tão ou mais descontrolado do que o Facebook no que tange à confiabilidade das notícias que circulam por lá.

a) Qual efeito de sentido o adjetivo **auspicioso** dá à informação?

b) Qual expressão contradiz o efeito de sentido apresentado pelo adjetivo destacado?

c) Podemos afirmar que o emprego da conjunção **caso** e do advérbio negativo **não** também visam criar um efeito de sentido para o leitor?

d) Se no lugar do substantivo **confiabilidade** tivesse sido empregado o substantivo **fidedignidade**, haveria o mesmo efeito de sentido?

e) Observe os diferentes sentidos do verbo circular. Qual deles pode substituir o verbo no texto?

orbitar   publicar   circundar

2. No oitavo parágrafo, o editorialista apresenta a percepção do jornal no que diz respeito à disseminação de *fake news* por meio do aplicativo de conversação instantânea, tido pelos brasileiros como "amigável". Copie o termo que confirma essa posição.

3. Releia o trecho a seguir, que constrói um argumento do editorial.

> [...] Se redes como o Facebook têm sido fortemente cobradas, inclusive por órgãos de governo, a reforçar os mecanismos de identificação de postagens falsas, o mesmo não ocorre com o WhatsApp, que segue um território livre para os sensacionalistas e teóricos da conspiração que buscam, no mínimo, a admiração de seus amigos ou familiares, ainda que isso ocorra à custa da disseminação de informações falsas ou descontextualizadas. [...]

a) Transcreva no caderno o trecho que está relacionado com "Se redes como o Facebook têm sido fortemente cobradas [...]".
- "os mecanismos de identificação de postagens falsas".
- "segue um território livre para os sensacionalistas e teóricos da conspiração".
- "o mesmo não ocorre com o WhatsApp".

b) Copie no caderno a alternativa que melhor expressa o sentido da relação entre os trechos mencionados no item anterior.
- Estabelecer uma relação complementar.
- Enfatizar as características do aplicativo de conversação instantânea.
- Estabelecer a oposição entre a rede social e o aplicativo de conversação instantânea.

4. Releia esta frase.

> **Ao contrário do** Facebook, o WhatsApp **ainda conta** com o anonimato que oferece menor risco a quem divulga notícias que se provam falsas.

- Em cada item a seguir, copie no caderno a alternativa que melhor explica a função das expressões destacadas no trecho.

a) A função da primeira expressão destacada, em relação ao restante da frase, é:
- uma afirmação positiva ao que é indicado posteriormente.
- uma complementação do que foi afirmado anteriormente.
- uma ideia oposta ao que será indicado posteriormente.

b) A função da segunda expressão destacada no trecho em relação à anterior é de:
- uma afirmação positiva ao que é indicado posteriormente.
- uma complementação do que foi indicado anteriormente.
- uma ideia oposta a respeito do que será indicado posteriormente.

> Nesse editorial, o autor do texto apresenta também **argumento de competência linguística**: a escolha de vocabulário preciso, entre outros recursos linguísticos, colaborou para a elaboração da argumentação do editorial que você acabou de estudar. Por si só, contudo, esse argumento não persuade o leitor; ele precisa estar acompanhado de outros recursos argumentativos.

174

ESTUDO DA LÍNGUA

Regência verbal e nominal

Neste capítulo, vamos estudar o emprego das regências dos verbos e dos nomes recomendado para as situações formais, em que a norma-padrão esteja sendo avaliada.

1. Leia a introdução de um editorial publicado no jornal *Folha de S.Paulo*.

www1.folha.uol.com.br/opiniao/2018/01/1950479-campanha-de-embuste.shtml

OPINIÃO

Campanha de embuste

15. jan. 2018 às 2h00

Há boas razões para crer que a disputa eleitoral deste ano, além de acirrada como poucas vezes se testemunhou na história recente do país, será decisiva para o debate global em torno da disseminação de notícias falsas pela internet.

Afinal, no Brasil se combinam vasta população, graves deficiências em educação e leitura, um mercado jornalístico frágil em diversas regiões e, não por acaso, amplo emprego das redes sociais como fonte de informação.

Estima-se que abriguemos o terceiro maior contingente de usuários do Facebook, atrás apenas de Índia e Estados Unidos – onde o pleito vencido por Donald Trump em 2016 se tornou marco a evidenciar o potencial maléfico das assim chamadas "fake news".

O republicano se beneficiou da propagação de mentiras como a de que teria o apoio do papa Francisco, entre muitas outras, mais verossímeis ou menos, criadas por entidades e interesses nebulosos. Lá como aqui, o combate a esse tipo de campanha embusteira não raro se assemelha à proverbial tarefa de enxugar gelo.

Disponível em: <www1.folha.uol.com.br/opiniao/2018/01/1950479-campanha-de-embuste.shtml>.
Acesso em: 7 set. 2018.

a) Qual é a questão central de que trata esse editorial?
b) Qual é a posição assumida pelo editorialista do jornal *Folha de S.Paulo* em relação à questão central do editorial?
c) Que argumento apoia seu ponto de vista?
d) No texto, qual é a função da referência à eleição de Donald Trump?
e) Relacione o sentido da expressão "enxugar gelo" ao combate das notícias falsas.

2. Em sua opinião, esse fragmento de editorial e o outro lido no capítulo, "O perigo do WhatsApp", são escritos na modalidade formal ou informal da língua?

3. Observe o seguinte enunciado, extraído do texto em estudo nesta seção.

> Lá como aqui, o combate **a esse tipo de campanha embusteira** não raro se assemelha **à proverbial tarefa de enxugar gelo**.

a) Se eliminarmos a primeira expressão destacada, o sentido do enunciado será mantido? Por quê?

b) É possível eliminar a segunda expressão destacada sem prejudicar o sentido do enunciado?

> Você pode observar que há termos nos enunciados que exigem a presença de outros. Essa relação de dependência entre os termos chama-se **regência**.
>
> A regência se estabelece entre dois termos (verbos ou nomes): o **regente** e o **subordinante** – o primeiro determina a presença do segundo.
>
> Há dois tipos de regência: quando o verbo é o termo regente ("**assemelha-se** à providencial tarefa de enxugar gelo"), ocorre a **regência verbal**; e quando é um nome ("**combate** a esse tipo de campanha embusteira"), a **regência nominal**.
>
> Embora os falantes da língua conheçam as regências dos verbos e nomes, há alguns casos particulares em que os falantes empregam a regência diferentemente da forma determinada pela norma-padrão da língua.
>
> Entretanto, segundo os linguistas, o uso determina mudanças na gramática da língua, e isso já está ocorrendo com a regência de alguns verbos e nomes no Brasil.
>
> Sempre que você tiver dúvida quanto à regência de um verbo ou nome, consulte um dicionário.

Regência verbal

Alguns verbos apresentam mais de uma regência. Veja.

Assistir

Nós **assistimos** à partida final do campeonato de futebol.
VTI — OI

O socorrista **assistiu** o rapaz acidentado.
VTI — OD

176

O verbo **assistir**, no sentido de "dar assistência, cuidar", é verbo **transitivo direto**, isto é, exige como complemento um objeto direto ("o rapaz acidentado").

Entretanto, com sentido de "ver, presenciar", é **transitivo indireto**, exigindo a preposição **a** ("à partida final do campeonato de futebol").

O verbo **assistir** faz parte do grupo de verbos cujas construções consideradas como desvio da norma-padrão também já são registradas, devido à força do uso, por alguns dicionários.

Leia a seguir o que traz o *Dicionário eletrônico Houaiss* no verbete referente ao verbo **assistir**.

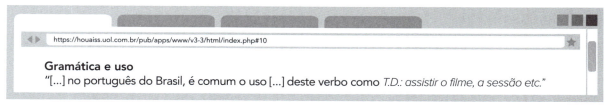

Disponível em: <https://houaiss.uol.com.br/pub/apps/www/v3-3/html/index.php#9>. Acesso em: 25 out. 2018.

Aspirar

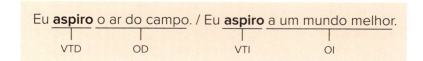

O verbo **aspirar**, em cada uma das frases, apresenta uma regência diferente. Quando é transitivo direto, tem sentido de "inspirar, sorver o ar". Já com o sentido de "desejar", é transitivo indireto e exige a preposição **a**.

Assim como **assistir**, **aspirar** também já apresenta nos dicionários as construções que fogem à norma-padrão.

Observe o verbete do *Dicionário eletrônico Houaiss*.

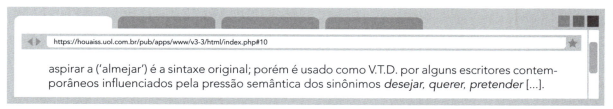

Disponível em: <https://houaiss.uol.com.br/pub/apps/www/v3-3/html/index.php#10>. Acesso em: 25 out. 2018.

Querer

O verbo **querer** com sentido de "gostar, estimar" é transitivo indireto, mas com sentido de "desejar" é transitivo direto.

Obedecer e desobedecer

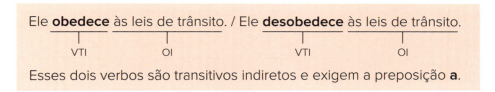

Esses dois verbos são transitivos indiretos e exigem a preposição **a**.

Esquecer e lembrar

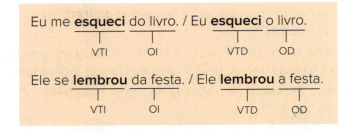

Quando exigem preposição, esses dois verbos são transitivos indiretos; caso contrário, são transitivos diretos.

Chegar e ir

Esses dois verbos transitivos indiretos exigem a preposição **a**, porém o uso já consagra a preposição **em**.

Observe o que informa o *Dicionário eletrônico Houaiss*.

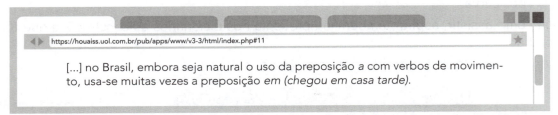

Disponível em: <https://houaiss.uol.com.br/pub/apps/www/v3-3/html/index.php#11>. Acesso em: 26 out. 2018.

Regência nominal

Na regência nominal, encontramos alguns nomes (substantivos, adjetivos e advérbios) que exigem diversas preposições na relação com o termo regido.

Eis aqui alguns casos:

Acessível a	Há poucos lugares acessíveis a portadores de necessidades especiais.
Adequado a	Essa roupa está adequada ao casamento.
Ansioso de, por, para	O garoto estava ansioso para ir à festa.
Apto para	Ele está apto para o serviço.
Capaz de	Somos capazes de melhorar.
Igual a	Somos iguais a você.
Responsável por	Ele é responsável pelo caixa da cantina.

ATIVIDADES

1. Leia a seguir a charge de Cerino para responder às questões.

Disponível em: <http://chargesdocerino.blogspot.com>. Acesso em: 26 out. 2018.

A charge, como você já estudou, é um texto misto (linguagem verbal e não verbal) cuja intenção é criticar, ironizar, geralmente um fato atual na sociedade ou no comportamento.

a) O que essa charge critica?

b) Podemos afirmar que o substantivo **verde** na fala do personagem é responsável, em parte, pela construção da ironia na charge?

c) Qual é a regência do verbo **gostar**?

d) Que preposição acompanha esse verbo?

e) O título da charge, "Consciência ambiental", colabora para o efeito irônico produzido por ela?

f) Redija duas frases:
- uma com a expressão "tomou consciência";
- e outra com o verbo **conscientizar-se**;
- Você pode flexionar esse verbo em qualquer tempo, modo e pessoa.

g) O que você notou quanto à regência do substantivo e do verbo nas frases criadas na atividade anterior?

179

2. Reescreva, no caderno, os títulos das matérias jornalísticas a seguir substituindo os símbolos pelas preposições adequadas à norma-padrão da língua.

a)

Satélite perdido da NASA faz seu primeiro contato ▲ a Terra em 17 anos

Disponível em: <https://gizmodo.uol.com.br/satelite-nasa-reboot>. Acesso em: 26 out. 2018.

b)

Nova colunista da 'Folhinha' quer assistir ▲ todos os filmes do mundo

Disponível em: <www1.folha.uol.com.br/folhinha/2015/01/1575560-nova-colunista-da-folhinha-quer-assistir-a-todos-os-filmes-do-mundo.shtml>. Acesso em: 26 out. 2018.

c)

Opinião: Falta de acesso ▲ saneamento traz impactos e oportunidades

Disponível em: <www1.folha.uol.com.br/seminariosfolha/2014/06/1465113-opiniao-falta-de-acesso-a-saneamento-traz-impactos-e-oportunidades.shtml>. Acesso em: 26 out. 2018.

3. Copie os enunciados a seguir com os pronomes relativos adequados. Fique atento ao emprego das preposições que devem anteceder os pronomes.

a) Não posso julgá-los, pois desconheço as regras ▲ eles desobedeceram.
b) Este é o médico ▲ paciente fui acompanhante.
c) Era uma pessoa ▲ confiávamos cegamente.
d) Essa é a nova secretária ▲ qualidades me referi ontem em nossa reunião.
e) Com certeza, em caso de necessidade, você é a pessoa ▲ recorrerei.

CAPÍTULO 2

Neste capítulo, você vai continuar com os estudos sobre o gênero editorial. Antes de iniciar a leitura do texto "O avanço da aids entre os jovens", do jornal *Folha de Londrina*, reflita sobre as questões abaixo. Em seguida, comente suas reflexões com o professor e os colegas.

1. O que você sabe sobre HIV e aids?
2. Quais informações você tem sobre essa doença infectocontagiosa?

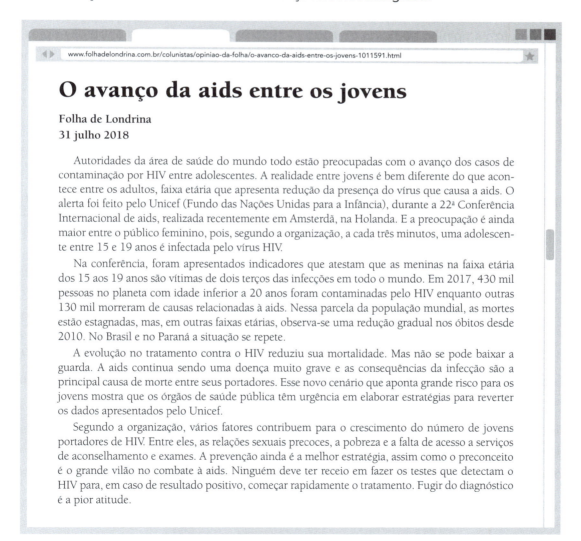

O avanço da aids entre os jovens

Folha de Londrina
31 julho 2018

Autoridades da área de saúde do mundo todo estão preocupadas com o avanço dos casos de contaminação por HIV entre adolescentes. A realidade entre jovens é bem diferente do que acontece entre os adultos, faixa etária que apresenta redução da presença do vírus que causa a aids. O alerta foi feito pelo Unicef (Fundo das Nações Unidas para a Infância), durante a 22ª Conferência Internacional de aids, realizada recentemente em Amsterdã, na Holanda. E a preocupação é ainda maior entre o público feminino, pois, segundo a organização, a cada três minutos, uma adolescente entre 15 e 19 anos é infectada pelo vírus HIV.

Na conferência, foram apresentados indicadores que atestam que as meninas na faixa etária dos 15 aos 19 anos são vítimas de dois terços das infecções em todo o mundo. Em 2017, 430 mil pessoas no planeta com idade inferior a 20 anos foram contaminadas pelo HIV enquanto outras 130 mil morreram de causas relacionadas à aids. Nessa parcela da população mundial, as mortes estão estagnadas, mas, em outras faixas etárias, observa-se uma redução gradual nos óbitos desde 2010. No Brasil e no Paraná a situação se repete.

A evolução no tratamento contra o HIV reduziu sua mortalidade. Mas não se pode baixar a guarda. A aids continua sendo uma doença muito grave e as consequências da infecção são a principal causa de morte entre seus portadores. Esse novo cenário que aponta grande risco para os jovens mostra que os órgãos de saúde pública têm urgência em elaborar estratégias para reverter os dados apresentados pelo Unicef.

Segundo a organização, vários fatores contribuem para o crescimento do número de jovens portadores de HIV. Entre eles, as relações sexuais precoces, a pobreza e a falta de acesso a serviços de aconselhamento e exames. A prevenção ainda é a melhor estratégia, assim como o preconceito é o grande vilão no combate à aids. Ninguém deve ter receio em fazer os testes que detectam o HIV para, em caso de resultado positivo, começar rapidamente o tratamento. Fugir do diagnóstico é a pior atitude.

Disponível em: <www.folhadelondrina.com.br/colunistas/opiniao-da-folha/o-avanco-da-aids-entre-os-jovens-1011591.html>. Acesso em: 26 out. 2018.

 ESTUDO DO TEXTO

Apreciação

1. A aids é, em geral, um assunto evitado ou tratado com preconceito. Em sua opinião, a falta de informações e de conhecimento contribuem para o preconceito? De que forma?

2. Quais seriam as providências que organizações como o Unicef e o Ministério da Saúde podem tomar para que diminuam os casos de contaminação por HIV entre adolescentes?

3. Você já buscou informações a respeito de prevenção e esclarecimentos sobre a doença? As fontes eram confiáveis?

Interpretação

1. Como estudado no capítulo anterior, o editorial é um gênero que apresenta o ponto de vista de um veículo de comunicação sobre um assunto em destaque. Copie no caderno a alternativa que melhor sintetiza a opinião do *Folha de Londrina* sobre o avanço da aids entre os adolescentes.

    a) Diante dos dados apresentados pelo Unicef, cabe aos órgãos de saúde pública se mobilizarem para reverter esse quadro.

    b) Diversos fatores contribuem para o crescimento do número de portadores de HIV.

    c) As adolescentes de até 20 anos são as mais contaminadas pela aids.

    d) Esse tema envolve a evolução no tratamento contra o HIV.

2. Releia o primeiro parágrafo e identifique a comparação apresentada.

3. Nos parágrafos 1 e 2, o editorialista apresenta argumentos de autoridade e de dados concretos.

   > **Argumentos de autoridade**: apresenta-se o ponto de vista de uma pessoa ou instituição com saber reconhecido na área tratada.
   >
   > **Argumentos de dados concretos**: dados estatísticos ou pesquisas científicas de fontes confiáveis.

   - Escreva no caderno o trecho que apresenta um argumento de autoridade e de dado concreto.

4. No segundo parágrafo, há a recuperação de um dos dados apresentados anteriormente. Qual é esse dado? Por que ele é retomado?

5. No final do segundo parágrafo, o texto indica que "No Brasil e no Paraná a situação se repete".

    a) Que situação se repete? Transcreva o trecho.

    b) Por que o veículo de comunicação teve a preocupação em destacar o estado do Paraná?

6. No quarto parágrafo, o editorialista apresenta fatores que, na opinião dele, contribuem para o crescimento do número de jovens portadores de HIV entre os adolescentes.

    a) Releia o trecho e, de maneira resumida, escreva um contra-argumento para um dos fatores citados, apresentando outro fator. Justifique-o.

b) Ao apresentar os fatores, o editorialista relacionou-os a argumentos. Copie o quadro a seguir no caderno e preencha-o indicando qual trecho apresenta o argumento em que é justificado o fator apresentado.

OPINIÃO	ARGUMENTO
Entre os fatores para o crescimento do número de jovens portadores de HIV estão as relações sexuais precoces.	
Entre os fatores para o crescimento do número de jovens portadores de HIV está a falta de acesso a serviços de aconselhamento e exames.	

7. No último parágrafo, o editorial é concluído com um alerta, com sugestão de comportamento para os adolescentes. Transcreva-o:

Linguagem

1. Releia o trecho a seguir e observe os adjetivos em destaque.

> [...] A aids continua sendo uma doença muito **grave** e as consequências da infecção são a principal causa de morte entre seus portadores. Esse **novo** cenário que aponta **grande** risco para os jovens mostra que os órgãos de saúde pública têm urgência em elaborar estratégias para reverter os dados apresentados pelo Unicef.

a) Indique a alternativa que melhor justifica a escolha dos adjetivos destacados.
- Tratar o assunto de forma amena e acessível.
- Atenuar a gravidade do assunto.
- Reafirmar a gravidade do assunto.

b) Escreva outros adjetivos, sinônimos do designado à doença, destacado no trecho acima, que indica a importância do assunto.

2. Releia estes trechos extraídos do editorial do *Folha de Londrina*.

Trecho 1

E a preocupação é ainda maior entre o público feminino, **pois**, segundo a organização, a cada três minutos, uma adolescente entre 15 e 19 anos é infectada pelo vírus HIV.

Trecho 2

Em 2017, 430 mil pessoas no planeta com idade inferior a 20 anos foram contaminadas pelo HIV **enquanto** outras 130 mil morreram de causas relacionadas à aids.

Trecho 3

A evolução no tratamento contra o HIV reduziu sua mortalidade. **Mas** não se pode baixar a guarda.

a) Nos três trechos estão destacados conectivos que relacionam orações ou frases, estabelecendo a conexão de sentido entre elas. Copie, no caderno, a alternativa que explica corretamente a relação de sentido estabelecida por tais elementos.

- Nos trechos 1 e 2, apresenta-se uma explicação sobre a ideia anterior, enquanto no trecho 3 faz-se oposição.
- Nos trechos 2 e 3, apresenta-se uma explicação sobre a ideia anterior, enquanto no trecho 1 faz-se oposição.
- No trecho 1, apresenta-se uma explicação sobre a ideia anterior, enquanto nos trechos 2 e 3 faz-se oposição.

b) Qual é a importância do emprego de conectivos com valor semântico de oposição em um texto argumentativo?

c) No trecho 1, encontra-se a expressão "segundo a organização". Com que elemento do parágrafo anterior ela estabelece conexão?

3. No segundo parágrafo, encontramos o seguinte trecho:

> Em 2017, 430 mil pessoas no planeta com idade inferior a 20 anos foram contaminadas pelo HIV enquanto outras 130 mil morreram de causas relacionadas à aids. Nessa parcela da população mundial, as mortes estão estagnadas, mas em outras faixas etárias, observa-se uma redução gradual nos óbitos desde 2010.

a) A expressão "Nessa parcela da população" faz referência a qual dado anteriormente citado?

b) Qual é o objetivo de utilizar a expressão?

4. Leia o trecho abaixo.

> A prevenção ainda é a melhor estratégia, assim como o preconceito é o grande vilão no combate à aids.

a) Identifique a conjunção subordinativa do trecho acima.

b) Indique a alternativa correta.

Trata-se de uma **conjunção subordinativa adverbial**:
- concessiva.
- conformativa.
- causal.
- comparativa.

c) Em sua opinião, de que modo o uso de conjunções subordinativas comparativas contribui para o ponto de vista do editorial?

O QUE APRENDEMOS COM O ESTUDO DE EDITORIAL

- O editorial é um texto jornalístico, de caráter opinativo, escrito de modo impessoal, pois representa o ponto de vista do veículo de comunicação.
- É geralmente escrito pelo redator-chefe ou por um grupo de jornalistas, mas não é assinado.
- Trata-se de um espaço para que jornais, revistas e outros veículos expressem sua opinião sobre um assunto, tema ou notícia em destaque, pela atualidade dos fatos ou pela polêmica do tema/assunto.
- É, em geral, formado por uma **introdução**, que apresenta o objetivo e a opinião institucional, um **desenvolvimento**, com estrutura dissertativo-argumentativa, e uma **conclusão**, muitas vezes reforçando e retomando o ponto de vista apresentado na introdução.
- A linguagem é clara, objetiva e adequada à norma-padrão.

PRODUÇÃO ESCRITA

Editorial

Para começar

Você estudou dois editoriais e pôde observar que se trata de um texto jornalístico, que, geralmente, é escrito por um grupo editorial, já que apresenta a opinião do veículo de comunicação sobre um tema ou fato polêmico e/ou em destaque na mídia.

Agora é sua vez de redigir um editorial. Imagine que você e seu grupo são os jornalistas do jornal da escola. Reúnam-se e escolham um dos temas sugeridos abaixo ou outro que julgarem mais adequado. Discutam sobre ele, pesquisem e organizem um editorial que será publicado na nova edição do jornal da escola.

- O consumo sustentável é prejudicial para os países em desenvolvimento?
- A educação financeira pode contribuir para melhorar os hábitos de consumo dos jovens?
- É importante conversar com os jovens sobre novas profissões e possibilidades de emprego?
- A violência é maior entre os jovens?
- É importante conhecer, valorizar e preservar os patrimônios históricos e culturais?

Planejar

1. Reúnam-se em grupo e leiam os materiais pesquisados. É importante conhecer o tema para poder argumentar sobre ele.
2. Extraiam da discussão um ponto de vista coletivo sobre o tema e definam os argumentos que podem sustentá-lo.
3. Listem alguns argumentos que defendam a opinião do grupo sobre o tema antes de começar a elaborar o texto.
4. Elaborem um primeiro parágrafo de introdução, apresentando o assunto e a opinião do grupo sobre o tema. Verifiquem se o parágrafo cumpre o proposto.

Desenvolver

1. Com base no parágrafo em que a opinião do grupo está declarada e de posse de todas as informações e dados coletados, é hora de elaborar o desenvolvimento do editorial.

2. Retomem as questões que foram discutidas com os colegas e os argumentos elaborados com base na pesquisa.

3. Releiam os textos estudados na unidade para ver como eles foram organizados.

4. Reflitam sobre como os argumentos escolhidos podem ser apresentados. Lembrem-se de usar diferentes argumentos, como depoimentos de especialistas, dados estatísticos, informações retiradas de fontes com credibilidade etc.

5. Evitem generalizações de ideias, frases com "ninguém", "todo mundo", "sempre" e "nunca". Ao apresentarem as ideias, iniciem as frases com expressões parecidas com "é importante", "é necessário", "é imprescindível", "é fundamental" etc.

6. Atentem para o uso da linguagem, que deve ser clara, objetiva e adequada à norma-padrão. Além de utilizar palavras que estabeleçam relação entre as partes do texto, conectem os parágrafos de forma coesa, propiciando coerência ao texto.

7. Concluam o texto e não se esqueçam do título.

Revisar e editar

1. Releiam o texto em grupo para verificar se há palavras, expressões, frases que precisam ser alteradas. Concluída a leitura, façam uma avaliação, verificando se:
   - o ponto de vista é apresentado de forma clara e coerente;
   - a opinião sobre o tema está bem definida;
   - os argumentos utilizados para justificar as ideias defendem a opinião;
   - a introdução foi elaborada com uma ideia e a conclusão com uma proposta;
   - as palavras de ligação utilizadas contribuem para dar sentido aos parágrafos;
   - foi feita correção ortográfica e a pontuação foi empregada adequadamente;
   - o editorial foi elaborado considerando as características do gênero.

2. Depois de ajustar o necessário, reescrevam o texto com letra legível e sem rasuras. Apresentem-no para a revisão do professor. Façam os últimos ajustes, conforme orientações, e concluam a edição a fim de apresentar o texto aos demais colegas da turma.

Compartilhar e avaliar

1. Agora que o editorial está editado, é hora de apresentá-lo à turma em uma roda de conversa. Sob a orientação do professor, você e os colegas do grupo devem ler um trecho do texto em voz alta e, em seguida, organizar uma discussão oral com base nos comentários dos demais colegas.

2. No momento em que os colegas estiverem apresentando seus respectivos textos, escute-os, respeitando o tempo de leitura. Preste atenção para poder comentar e participar da discussão após a leitura, formulando perguntas sobre o tema, a opinião e os argumentos apresentados. Procure relacionar sua opinião com os argumentos expostos, mostrando em que medida são semelhantes ou se opõem. Nesse caso, apresente um argumento que defenda seu ponto de vista.

   Em seguida, sob orientação do professor, afixem o editorial num local da escola onde outros alunos possam ter acesso a ele.

Pontuação entre as orações do período composto por subordinação – substantivas e adverbiais

Você já estudou que, no período simples, a vírgula é usada para separar termos: na enumeração de elementos, nos termos deslocados de sua posição normal, nas circunstâncias (adjuntos adverbiais), nos apostos e vocativos, nas datas e nomes de lugares e depois de **sim** e **não**.

Agora verá que, com relação aos períodos compostos por subordinação, ocorrem situações semelhantes.

1. Leia a tira a seguir.

Dik Browne. Hagar. *Folha de S.Paulo*, 15 fev. 2015. Disponível em: <www1.folha.uol.com.br/ilustrada/cartum/cartunsdiarios/#15/2/2015>. Acesso em: 24 out. 2018.

O quarto e o sexto balões da tira apresentam períodos compostos por orações subordinadas substantivas.

- Que função essas orações subordinadas desempenham em relação às respectivas orações principais?

> As orações subordinadas substantivas seguem a mesma orientação do período simples no que diz respeito ao emprego da vírgula: **não se separa por vírgula sujeito de predicado nem se separa o complemento verbal e/ou nominal das palavras complementadas por eles**.
>
> O emprego da pontuação nas orações substantivas fica restrito ao caso de aposto, que, em geral, vem separado do resto da frase por dois pontos ou entre vírgulas.

Observe um exemplo de oração subordinada substantiva apositiva:

Só lhe peço uma coisa: **siga sua vocação**!

187

2. Leia um trecho da crônica "Medo e vergonha", de Denise Fraga, em que ela revela a vergonha por que passou por ter se deixado contaminar por juízo preconcebido.

[...]
Estava caminhando pelo bairro **quando resolvi explorar umas ruas mais desertas**. De repente, vejo um menino encostado num muro. Parecia um menino de rua, tinha seus 15, 16 anos e, **quando me viu**, fixou o olhar e apertou o passo na minha direção. Não pestanejei. Saí correndo. Correndo mesmo, na mais alta *performance* de minhas pernas.
[...]

Denise Fraga. Medo e vergonha. *Folha de S.Paulo*, 8 jan. 2013. Disponível em: <www1.folha.uol.com.br/colunas/denisefraga/2013/01/1211244-medo-e-vergonha.shtml>. Acesso em: 26 out. 2018. Grifo nosso.

a) No parágrafo transcrito estão destacadas duas orações subordinadas adverbiais temporais. Em relação à pontuação, que diferença elas apresentam entre si?

b) Como você já estudou, adjuntos adverbiais são marcados por vírgula quando se encontram fora de sua posição habitual na oração. Em relação às demais orações do período, onde está a segunda oração subordinada adverbial destacada nesse parágrafo?

> As **orações subordinadas adverbiais** seguem a mesma regra dos adjuntos adverbiais: são marcadas por vírgula principalmente quando iniciam o período ou intercalam outra oração.

ATIVIDADES

1. Agora você é o revisor! Leia os textos a seguir e copie-os no caderno pontuando-os corretamente.

a) Introdução de artigo de divulgação científica.

Quando dormimos entramos no reino dos sonhos e nos desligamos do mundo real, certo? Uma experiência revelou que não é bem assim. Durante o sono o cérebro continua respondendo a estímulos externos – e pode até receber ordens. [...]

Superinteressante, ed. 341, p. 12, dez. 2014. (Adaptado).

b) Parágrafo introdutório de editorial publicado no jornal *Zero Hora*, de Porto Alegre.

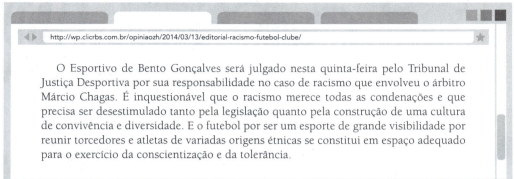

O Esportivo de Bento Gonçalves será julgado nesta quinta-feira pelo Tribunal de Justiça Desportiva por sua responsabilidade no caso de racismo que envolveu o árbitro Márcio Chagas. É inquestionável que o racismo merece todas as condenações e que precisa ser desestimulado tanto pela legislação quanto pela construção de uma cultura de convivência e diversidade. E o futebol por ser um esporte de grande visibilidade por reunir torcedores e atletas de variadas origens étnicas se constitui em espaço adequado para o exercício da conscientização e da tolerância.

Disponível em: <http://wp.clicrbs.com.br/opiniaozh/2014/03/13/editorial-racismo-futebol-clube/>.
Acesso em: 26 out. 2018.

DICAS

▶ ASSISTA

Filadélfia, EUA, 1994. Andrew Beckett é um promissor advogado que trabalha para um tradicional escritório da Filadélfia. Após descobrirem que ele tem o vírus HIV, Andrew é demitido da empresa e contrata os serviços de Joe Miller. Durante o julgamento, Joe é forçado a encarar seus próprios medos e preconceitos.

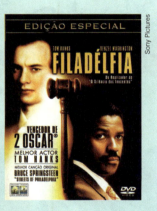

Preciosa, EUA, 2010. Direção: Lee Daniels, 110 min. Claireece "Preciosa" Jones é uma adolescente que vive um intenso desamor, violentada pelo pai e abusada pela mãe. Como se não bastasse, sofre preconceito por ser pobre e gorda. Engravida e tem um filho com síndrome de Down, apelidado de Mongo. Após constatar sua segunda gestação, precisa mudar para uma escola alternativa, onde busca um meio de fugir dos sofrimentos.

📖 LEIA

Depois daquela viagem, de Valéria Piassa Polizzi (Ática). A obra conta a história de uma adolescente bem-humorada, que vivia entre as farras com os amigos, a angústia do vestibular, as dúvidas afetivas e o despertar da sexualidade. Mas uma única experiência sexual sem preservativo muda sua vida: ela contrai aids aos 16 anos e precisa aprender a conviver com a doença. De forma bastante direta, a autora narra como essa mudança afetou suas emoções e a levou a buscar sua dignidade e felicidade acima de tudo.

Obra de Marcelo Ment e Thiago Molon. Rio de Janeiro (RJ), 2014.

UNIDADE 7

A poesia indignada

NESTA UNIDADE
VOCÊ VAI:

- ler e interpretar poemas com temática social;
- revisar algumas figuras de linguagem e estudar outras;
- criar uma *playlist* comentada com poemas e canções com tema social;
- produzir um poema com temática social;
- estudar os diferentes empregos de **por que**, **por quê**, **porque** e **porquê**.

1. Que manifestação artística está representada nestas páginas de abertura? Em sua cidade há esse tipo de arte?
2. Essa forma de expressão artística costuma ser feita em paredes e muros de ruas e avenidas. Quais são os temas geralmente abordados por esses artistas?
3. Você conhece outra forma de expressão artística que faça crítica social? Qual?

CAPÍTULO 7

Neste capítulo, você vai ler e interpretar um poema social escrito por um poeta do século XIX, retomar e ampliar o estudo das figuras de linguagem e ler um poema de Conceição Evaristo.

ANTES DE LER

1. Para Manuel Bandeira, um dos maiores poetas brasileiros, "a poesia está em tudo – tanto nos amores quanto nos chinelos, tanto nas coisas lógicas como nas disparatadas". E para você? Onde está a poesia? Ela também pode estar nas feridas sociais?

2. Você já leu ou ouviu poemas e músicas com temática de cunho social? O que abordavam? Esses poemas ou músicas lhe causaram algum impacto e o levaram a refletir sobre o tema?

3. Um grande poeta brasileiro do século XIX e autor do poema que você lerá a seguir ficou conhecido como "poeta dos escravos". Você sabe que poeta é esse?

4. Que fato da história do Brasil no século XIX poderia ter colaborado para que um poeta passasse a ser designado como "poeta dos escravos"?

5. O poema que você vai ler chama-se "A canção do africano". Considerando o título e as informações sobre seu autor, levante hipóteses sobre os sentimentos expressos no texto.

LEITURA

Leia o poema com bastante atenção, pois nele há manifestação de diferentes vozes: do eu lírico e dos africanos escravizados. Procure ouvir o poema durante a leitura. Fique atento ao ritmo, à musicalidade.

A canção do africano

Lá na úmida senzala,
Sentado na estreita sala,
Junto ao braseiro, no chão,
Entoa o escravo o seu canto,
E ao cantar correm-lhe em pranto
Saudades do seu torrão...

De um lado, uma negra escrava
Os olhos no filho crava,
Que tem no colo a embalar...
E à meia voz lá responde
Ao canto, e o filhinho esconde,
Talvez p'ra não o escutar!

"Minha terra é lá bem longe,
Das bandas de onde o Sol vem;
Esta terra é mais bonita,
Mas à outra eu quero bem!

"O sol faz lá tudo em fogo,
Faz em brasa toda a areia;
Ninguém sabe como é belo
Ver de tarde a papa-ceia!

"Aquelas terras tão grandes
Tão compridas como o mar,
Com suas poucas palmeiras
Dão vontade de pensar...

"Lá todos vivem felizes,
Todos dançam no terreiro;
A gente lá não se vende
Como aqui, só por dinheiro."

O escravo calou a fala,
Porque na úmida sala
O fogo estava a apagar;
E a escrava acabou seu canto,
P'ra não acordar com o pranto
O seu filhinho a sonhar!

O escravo então foi deitar-se,
Pois tinha de levantar-se
Bem antes do Sol nascer,
E se tardasse, coitado,
Teria de ser surrado,
Pois bastava escravo ser.

E a cativa desgraçada
Deita seu filho, calada,
E põe-se triste a beijá-lo,
Talvez temendo que o dono
Não viesse, em meio do sono,
De seus braços arrancá-lo!

Castro Alves. *Obra completa*. Rio de Janeiro: Aguilar, 1997. p. 220-221.

O poeta **Antônio Frederico de Castro Alves** nasceu na Bahia, em 1847, em uma cidade que era chamada de Curralinho, mas em 1900 recebeu o nome de Castro Alves em sua homenagem. É possível considerá-lo o primeiro poeta social brasileiro. Faleceu muito cedo, aos 24 anos, de tuberculose, mas viveu intensamente, dedicando-se à causa abolicionista.

Aos 19 anos, apaixonou-se pela atriz portuguesa Eugênia Câmara, que inspirou seus mais belos poemas de esperança, saudade e amor.

GLOSSÁRIO

Cativo: preso, mantido como escravo.
Cravar: fixar com profundidade.
Papa-ceia: o planeta Vênus que, ao cair da noite, se assemelha a uma estrela.
Pranto: choro.
Torrão: lugar de origem, pátria.

ESTUDO DO TEXTO

Apreciação

1. Há diferenças entre ler textos históricos sobre a escravidão e ler o poema de Castro Alves?

2. Que emoções ou sentimentos a leitura do poema lhe causou? Você identifica o que mais precisamente causou essa emoção ou esse sentimento?

3. O que mais lhe chamou a atenção em relação à linguagem do poema? Explique.

4. Você já conhecia outros poemas de Castro Alves? Em caso afirmativo, quais?

5. Castro Alves, ainda muito jovem, aos 16 anos, escreveu "A canção do africano" para defender uma causa: a liberdade para os negros escravizados. E você? Se fosse poeta hoje, que causa social (ou causas sociais) abordaria em seus poemas? Justifique.

Interpretação

1. Observe a composição do poema.
   a) Quantas são as estrofes?
   b) Quantos versos há em cada uma delas?
   c) A diferença entre o número de versos marca as diferentes vozes no poema. De quem é a voz nos sextetos? E nos quartetos?

2. Copie a alternativa correta no caderno (pode haver mais de uma). A voz do eu lírico, nos dois primeiros sextetos, permite ao leitor:
   a) penetrar no espaço degradante da senzala.
   b) presenciar a penúria e o sofrimento dos cativos.
   c) testemunhar a ira dos africanos escravizados.

3. Transcreva os versos que revelam a condição precária do lugar onde vivem os cativos.

4. Em "A canção do africano", Castro Alves inova ao dar voz aos africanos escravizados, pois, na época em que escreveu o poema, eles não podiam se expressar.
   a) Que sentimentos a voz do cativo exilado expressa?
   b) O canto do africano contém comparações entre duas terras. A que terras ele se refere?
   c) Que aspecto da natureza diferencia as duas terras?

5. Como o africano escravizado descreve sua terra natal quanto aos aspectos:
   a) geográficos (distância, clima, vegetação)?
   b) sociais?

6. Na 8ª estrofe, o eu lírico destaca outras humilhações sofridas pelos africanos escravizados.
   a) Transcreva-as.
   b) Em sua opinião, o que o eu lírico denuncia nos dois últimos versos dessa estrofe?

194

7. Em alguns trechos do poema, o eu lírico demonstra que a mãe tenta proteger o filho.
   - De que ou de quem a mãe o protege? Justifique sua resposta com base nos versos do poema.

8. Com base em suas respostas às questões 6 e 7, o que se pode concluir a respeito do sentimento que o poeta pretende provocar no leitor?

9. Finalizado o canto dos escravos, as duas últimas estrofes retomam a voz do eu lírico, que passa a narrar as ações de cada cativo.
   a) O que faz o homem escravo? Por quê?
   b) O que faz a mulher escrava? Por quê?

10. A qual dos dois cativos é imposto maior sofrimento? Justifique sua resposta apoiando-se no texto.

11. Copie no caderno a alternativa correta (pode haver mais de uma). Com relação à intenção do poeta, por meio do eu lírico, ele alcança seu objetivo denunciando:
    a) a servidão a que está submetido o cativo.
    b) o sentimento de tristeza que assola o cativo, obrigado a deixar sua terra natal.
    c) a impossibilidade de ele se defender dos maus-tratos que lhe são impostos.

Linguagem

1. A disposição das palavras no verso, os arranjos sintáticos, a sonoridade das palavras e o ritmo são recursos importantes para a construção dos significados de um poema.

   Observe que, na primeira estrofe, as orações estão na **ordem indireta**, ou seja, **predicado seguido do sujeito**.

   > Lá na úmida senzala,
   > Sentado na estreita sala,
   > Junto ao braseiro, no chão,
   > Entoa o escravo o seu canto,
   > E ao cantar correm-lhe em pranto
   > Saudades do seu torrão...

   a) Reescreva-as na ordem direta. Para isso, primeiro encontre os verbos flexionados e o sujeito a que eles se referem.
   b) Esse recurso da ordem indireta chama-se **inversão**. Qual é o efeito de sentido obtido pela inversão?

2. Separe os versos da primeira estrofe em sílabas poéticas e identifique as sílabas tônicas de cada verso.

   Lembre-se de que essa divisão obedece a um **critério sonoro**, diferente do critério gramatical. É preciso ouvir os versos e observar-lhes o ritmo.

   A contagem vai até a última sílaba tônica de cada verso da estrofe.

3. Das alternativas abaixo, identifique as corretas e copie-as no caderno. O compasso regular, a melodia lenta e melancólica da estrofe é obtida pela:

   a) opção por versos regulares de sete sílabas, a redondilha maior.

   b) alternância entre sílabas longas e breves, como em

   Lá / na / **ú** / mi / da / sen / **za** / la.

   c) presença de fonemas nasais longos, como em **ú**mida, se**n**zala, se**n**tado, ju**n**to, e**n**toa, ca**n**to, ca**n**tar, co**rrem**-lhe, **pran**to, chão, torrão.

   d) seleção de metáforas na estrofe.

4. No primeiro verso do poema, "**Lá** na úmida senzala,", o advérbio **lá** indica:

   a) o afastamento do espaço mais nobre da propriedade.

   b) a exclusão social do africano.

   c) o modo como vivem os escravos.

5. Releia esta estrofe:

   > "Minha terra é lá bem longe,
   > Das bandas de onde o Sol vem;
   > Esta terra é mais bonita,
   > Mas a outra eu quero bem!"

   a) A que os pronomes **minha**, **esta** e **outra** se referem?

   b) O que indicam os advérbios **lá** e **longe**?

 DIÁLOGO

Dia da Consciência Negra

Veja a capa do jornal *Gazeta de Notícias*, de 1888, anunciando a extinção da escravidão. Com toda a turma, participe de uma roda de conversa para discutir as questões a seguir.

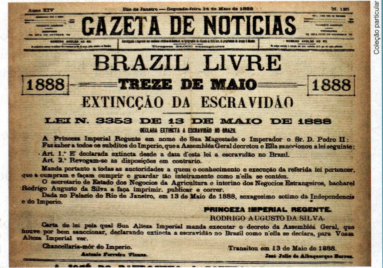

Publicação de artigo sobre a extinção da escravidão pelo jornal *Gazeta de Notícias*, 1888.

1. Em sua opinião, datas como o Dia da Consciência Negra, celebrado em 20 de novembro, são importantes para a conscientização da diversidade cultural?
2. Que outras datas são importantes para a reflexão sobre a diversidade cultural em nosso país?
3. A Abolição da Escravatura pôs fim às desigualdades raciais?

AQUI TEM MAIS

Poema "Vozes-mulheres"

Leia a seguir um poema da brasileira Conceição Evaristo, que, apesar das adversidades pelas quais passou, tornou-se uma importante escritora.

Vozes-mulheres

A voz da minha bisavó ecoou
criança
nos porões do navio.
Ecoou lamentos
de uma infância perdida.

A voz da minha avó
ecoou obediência
aos brancos-donos de tudo.

A voz de minha mãe
ecoou baixinho revolta
no fundo das cozinhas alheias
debaixo das trouxas
roupagens sujas dos brancos
pelo caminho empoeirado
rumo à favela.

A minha voz ainda
ecoa versos perplexos
com rimas de sangue
e
fome.

A voz de minha filha
recolhe todas as nossas vozes
recolhe em si
as vozes mudas caladas
engasgadas nas gargantas.
[...]

Conceição Evaristo. *Cadernos negros 13*.
São Paulo: Quilombhoje, 1990. p. 32-33.

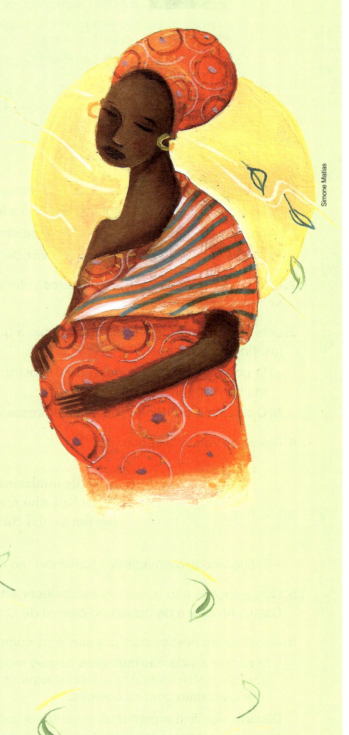

Simone Matias

197

Conceição Evaristo, importante escritora da atualidade, nasceu em 1946 em uma comunidade de Belo Horizonte, Minas Gerais. Sua mãe trabalhava lavando e passando roupas para fora. Aos 8 anos, Conceição também começou a trabalhar em serviços domésticos, mas não abandonou os estudos.

Em sua trajetória, sempre conseguia tempo para contar histórias das dificuldades do cotidiano, que escrevia em um diário para seus filhos.

Ela cresceu cercada de histórias orais e escritas contadas pela mãe aos nove filhos.

Publicou seu primeiro poema em 1990, formou-se mestra e doutora e é professora acadêmica. Além de poemas, sua obra também inclui romances e contos.

1. Converse com os colegas e com o professor sobre as questões a seguir.
   a) Qual foi seu primeiro sentimento após a leitura do poema?
   b) A que você acha que se deve esse sentimento?
   c) O que você acredita que ecoa da voz de seus ancestrais?

2. O título do poema é "Vozes-mulheres". Identifique no texto a que mulheres o eu lírico se refere.

3. Leia as duas alternativas a seguir, copie a que interpreta adequadamente o poema e justifique sua resposta.
   a) O poema denuncia o passado e mostra a crescente tomada de consciência das mulheres negras.
   b) O poema é **polifônico**, ou seja, expressa vozes de mulheres negras.

4. Releia os versos a seguir.

   > A voz de minha mãe
   > ecoou baixinho revolta
   > nos fundos das cozinhas alheias

   • Explique o uso do adjetivo "baixinho" no diminutivo.

5. Que relações são possíveis estabelecer entre a voz da mulher negra no poema de Castro Alves e a da bisavó no poema de Conceição Evaristo?

6. Agora reflita nesses dois poemas e os compare.
   • Será que a vida das mulheres negras mudou significativamente ao longo dos tempos? Organize mentalmente seus argumentos e, sob a orientação do professor, discuta o assunto com os colegas.

   Discutir significa argumentar e contra-argumentar; portanto, é preciso escutar a opinião dos colegas e falar um de cada vez, no seu turno.

CAPÍTULO 2

Neste capítulo, você lerá mais um poema de cunho social e conhecerá um projeto do artista plástico Vik Muniz. Para encerrar, criará uma *playlist* comentada com canções e poemas de cunho social para ser compartilhada na internet.

No capítulo anterior, na sociedade brasileira do século XIX, Castro Alves revoltou-se contra a escravidão dos negros africanos e se engajou na luta pela abolição.

Na sociedade das últimas décadas do século XX, Carlos Drummond de Andrade, no poema "Eu, etiqueta", rebela-se contra outra chaga social.

1. O que teria indignado o poeta Drummond?

Leia com atenção o poema, não só para obter a resposta à questão acima mas para descobrir mais uma face da arte da poesia nestes versos de temática filosófica e sociocultural.

Faça a leitura silenciosa e integral do poema, procurando observar o ritmo e a melodia. Depois, você e os colegas podem declamá-lo.

Eu, etiqueta

Em minha calça está grudado um nome
Que não é meu de batismo ou de cartório,
Um nome... estranho.
Meu blusão traz lembrete de bebida
que jamais pus na boca, nesta vida.
[...]
Minhas meias falam de produto
que nunca experimentei
mas são comunicados a meus pés.
Meu tênis é proclama colorido
de alguma coisa não provada
por provador de longa idade.
Meu lenço, meu relógio, meu chaveiro,
minha gravata e cinto e escova e pente,
meu copo, minha xícara,
minha toalha de banho e sabonete,
meu isso, meu aquilo
desde a cabeça ao bico dos sapatos,
são mensagens,
letras falantes,
gritos visuais,
ordens de uso, abuso, reincidência,
costume, hábito, premência,
indispensabilidade,
e fazem de mim homem-anúncio itinerante,
escravo da matéria anunciada.
Estou, estou na moda.
É doce estar na moda, ainda que a moda
seja negar minha identidade,
trocá-la por mil, açambarcando
todas as marcas registradas,
todos os logotipos do mercado.

199

Com que inocência demito-me de ser
eu que antes era e me sabia
tão diverso de outros, tão mim-mesmo,
ser pensante, sentinte e solidário
com outros seres diversos e conscientes
de sua humana, invencível condição.
Agora sou anúncio,
Ora vulgar e bizarro,
Em língua nacional ou em qualquer língua
(qualquer, principalmente).
E nisto me comprazo, tiro glória
de minha anulação.
Não sou – vê lá – anúncio contratado.
Eu é que mimosamente pago
para anunciar, para vender
em bares festas praias pérgulas piscinas,
e bem à vista exibo esta etiqueta
global no corpo que desiste
de ser veste e sandália de uma essência
tão viva, independente,
que moda ou suborno algum a compromete.
Onde terei jogado fora
meu gosto e capacidade de escolher,
minhas idiossincrasias tão pessoais,
tão minhas que no rosto se espelhavam
E cada gesto, cada olhar,
cada vinco da roupa
resumia uma estética?
Hoje sou costurado, sou tecido,
Sou gravado de forma universal,
saio da estamparia, não de casa,
da vitrina me tiram, recolocam,
objeto pulsante mas objeto
que se oferece como signo de outros
objetos estáticos, tarifados.

Por me ostentar assim, orgulhoso
de ser não eu, mas artigo industrial,
peço que meu nome retifiquem.
Já não me convém o título de homem.
Meu nome é coisa.
Eu sou a coisa, coisamente.

Carlos Drummond de Andrade. *Poesia e prosa*. 6. ed.
Rio de Janeiro: Nova Aguilar, 1988. p. 1018-1020.

> **GLOSSÁRIO**
>
> **Açambarcar:** pegar alguma coisa de maneira exclusiva; tomar (algo) para si.
> **Idiossincrasia:** comportamento característico de cada indivíduo.
> **Premência:** urgência, o que não pode esperar.
> **Proclama:** anúncio, pregão.
> **Reincidência:** ato de reincidir, repetição.
> **Signo:** sinal, indício, marca, símbolo.

ESTUDO DO TEXTO

Apreciação

1. Que problema sociocultural provocou a indignação do poeta?

2. Como o eu lírico, você já notou se em suas roupas ou calçados há um nome que não é o seu?

3. Você acha que a problemática apontada no poema "Eu, etiqueta" está circunscrita ao século XX? Justifique sua resposta.

4. Você já havia refletido sobre esse tema? Já se perguntou por que valorizamos tanto as etiquetas e temos tantas necessidades, que jamais se esgotam?

5. Você acha possível mudar o comportamento tematizado pelo poeta? Como?

Interpretação

1. Releia os três primeiros versos do poema.
    a) Que fato causa o estranhamento do eu lírico? Por que esse fato o impressiona?
    b) De quem pode ser o nome grudado na calça?
    c) Em vez de dizer que traz grudado na calça um nome, que não o identifica, o poeta emprega linguagem figurada. Transcreva-a e explique-a.

2. Copie a alternativa correta no caderno (pode haver mais de uma). O estranhamento e a reflexão contidos nos versos iniciais também são construídos:
    a) pelo ritmo pausado dos versos.
    b) pela pausa criada com as reticências, que indicam a elaboração do pensamento.
    c) pela igualdade da cadência dos versos.

3. Nos versos a seguir, o eu lírico passa a examinar as peças com que está vestido e a refletir sobre os produtos por ele consumidos. Releia-os.

> Meu blusão traz lembrete de bebida
> que jamais pus na boca, nesta vida.
> [...]
> Minhas meias falam de produto
> que nunca experimentei
> mas são comunicados a meus pés.
> Meu tênis é proclama colorido
> de alguma coisa não provada
> por provador de longa idade.

   a) Quais são essas peças?
   b) O que há em comum entre elas, de acordo com o eu lírico?

4. Releia estes versos.

> Meu lenço, meu relógio, meu chaveiro,
> minha gravata e cinto e escova e pente,
> meu copo, minha xícara,
> minha toalha de banho e sabonete,
> meu isso, meu aquilo
> desde a cabeça ao bico dos sapatos,
> são mensagens,
> letras falantes,
> gritos visuais,
> ordens de uso, abuso, reincidência,
> costume, hábito, premência,
> indispensabilidade,
> e fazem de mim homem-anúncio itinerante,
> escravo da matéria anunciada.

a) Comparando o ritmo desses versos com o dos anteriores, percebe-se uma mudança. Qual?

b) Qual é o sentido obtido pela mudança de ritmo?

c) A que conclusão chega o eu lírico sobre os nomes dos produtos grudados em seu vestuário?

d) Quais são as palavras dos versos que expressam a força dessas mensagens apelativas?

e) Em que consiste essa força?

f) Como se percebe o eu lírico ao se conscientizar de que é manipulado?

5. Nos versos abaixo o eu lírico aprofunda suas reflexões.

> Estou, estou na moda.
> É doce estar na moda, ainda que a moda
> seja negar minha identidade,
> trocá-la por mil, açambarcando
> todas as marcas registradas,
> todos os logotipos do mercado.

a) O que ou a quem o poeta analisa?

b) Qual é o momento analisado? O que o expressa?

c) Observe que o verso que traz a primeira constatação do eu lírico emprega o verbo **estar**, que indica o **estado transitório do sujeito**: "Estou, estou na moda". Copie a alternativa correta no caderno. A opção pelo verbo **estar** indica que, ao se submeter à moda:
- a identidade do eu lírico torna-se transitória, como a moda.
- o eu lírico deixa de se questionar sobre sua identidade.
- o eu lírico não se dá conta da transitoriedade da moda.

d) Os versos finais desse fragmento contêm figuras de som, a aliteração e a assonância.
- Quais são os fonemas que se repetem?
- Esses fonemas são sons fortes ou fracos? Fechados ou abertos? Ritmados ou não?
- Que efeitos de sentido essas figuras constroem?

202

6. Observe agora estes versos, que sucedem os versos lidos na atividade anterior.

> Com que inocência demito-me de ser
> eu que antes era e me sabia
> tão diverso de outros, tão mim-mesmo,
> ser pensante, sentinte e solidário
> com outros seres diversos e conscientes
> de sua humana, invencível condição.
> Agora sou anúncio,

a) Nesses versos, o eu lírico compara dois momentos de sua trajetória. Quais são eles? O que os indica?

b) O que marca a divisão entre esses dois momentos?

c) O último verso do trecho diferencia-se dos anteriores pela extensão e pelo ritmo. Por quê?

7. Releia os versos abaixo observando a ironia.

> Não sou – vê lá – anúncio contratado.
> Eu é que mimosamente pago
> para anunciar, para vender
> em bares festas praias pérgulas piscinas,
> e bem à vista exibo esta etiqueta
>
> global no corpo que desiste
> de ser veste e sandália de uma essência
> tão viva, independente,
> que moda ou suborno algum a comprometa.

a) Que versos expressam a ironia?

b) A ironia contém, na verdade, uma crítica. O que se critica?

8. Os 14 versos do fragmento abaixo, de intensa dramaticidade, expressam a indignação do eu lírico diante da cultura consumista. Observe que há dois momentos dramáticos. O primeiro está expresso nos sete versos iniciais, e o segundo, nos sete últimos.

> Onde terei jogado fora
> meu gosto e capacidade de escolher,
> minhas idiossincrasias tão pessoais,
> tão minhas que no rosto se espelhavam
> E cada gesto, cada olhar,
> cada vinco da roupa
> resumia uma estética?
>
> Hoje sou costurado, sou tecido,
> Sou gravado de forma universal,
> saio da estamparia, não de casa,
> da vitrina me tiram, recolocam,
> objeto pulsante mas objeto
> que se oferece como signo de outros
> objetos estáticos, tarifados.

a) Em que consiste a dramaticidade dos sete primeiros versos?

b) Em que consiste a dramaticidade dos outros sete versos?

9. Considerando ainda os versos reproduzidos na atividade 8, observe que a força rítmica desses versos não é a mesma.

a) Qual é o ritmo dos sete versos iniciais?

b) Qual é o ritmo dos sete versos seguintes?

c) De que forma o ritmo colabora para expressar a dramaticidade?

10. Terminada a reflexão, o eu lírico encontra finalmente sua identidade pelo nome que o identifica.

> Por me ostentar assim, orgulhoso
> de ser não eu, mas artigo industrial,
> peço que meu nome retifiquem.
>
> Já não me convém o título de homem.
> Meu nome é coisa.
> Eu sou a coisa, coisamente.

- Qual é o nome que traduz o eu lírico e por que ele pede a retificação desse nome?

11. O eu lírico se identifica, primeiramente, como **homem-anúncio itinerante**, em seguida como **anúncio** e, no final, como **coisa**. O que se pode perceber nessas autodenominações do eu lírico?

Linguagem

1. Copie a alternativa correta no caderno. No título do poema "Eu, etiqueta", a vírgula revela ao leitor a:
   a) explicação de quem é o eu lírico.
   b) causa da perda da identidade do eu lírico.
   c) aparência do eu lírico.

2. A palavra **etiqueta**, no título, é a:
   a) metonímia da sociedade de consumo.
   b) metáfora da sociedade de consumo.
   c) comparação entre o indivíduo e a sociedade de consumo.

> **Comparação**: aproximação explícita de termos de significado comum por meio de conectivo.
>
> **Metáfora**: aproximação de dois ou mais elementos com base em característica comum.
>
> **Metonímia**: substituição de um termo por outro com o qual haja relação de proximidade, inclusão ou contiguidade.

3. A anáfora, repetição de uma mesma palavra, está presente nestes versos:

> Meu lenço, meu relógio, meu chaveiro,
> minha gravata e cinto e escova e pente,
> meu copo, minha xícara,
> minha toalha de banho e sabonete,
> meu isso, meu aquilo

   a) Quais são as palavras que se repetem e a que classe morfológica pertencem?
   b) Explique o efeito de sentido obtido pelas anáforas.

4. Ainda nos versos citados na atividade 3, que efeito de sentido os **substantivos concretos** causam?

5. Observe os versos deste fragmento:

> Sou gravado de forma universal,
> saio da estamparia, não de casa,
> da vitrina me tiram, recolocam,
> objeto pulsante mas objeto
> que se oferece como signo de outros
> objetos estáticos, tarifados.

   a) Que recurso linguístico é usado para indicar a passividade do eu lírico, sua manipulação?
   b) Que palavras do fragmento constroem a ideia de massificação em uma sociedade consumista?

6. O último verso do poema contém um neologismo: "Eu sou a coisa, coisamente".
   a) Qual é o neologismo? Como o poeta o criou?
   b) Como se pode entender o sentido (ou os sentidos) desse neologismo no poema?

ENTRELAÇANDO LINGUAGENS

A obra a seguir foi criada pelo artista plástico Vik Muniz, em um documentário que produziu no lixão do Jardim Gramacho, Rio de Janeiro.

Vik Muniz. *Mãe e filhos*, 2008. Cópia cromogênica digital, 2,31 m × 1,80 m.

1. Vamos descrever a imagem.
   a) O que você vê em primeiro plano?
   b) O que expressam os olhares desses três personagens?
      - Medo.
      - Conformismo.
      - Esperança.
      - Raiva.
   c) A imagem das três pessoas em primeiro plano assemelha-se a que outras imagens bastante retratadas em outras obras de arte?

2. Leia um fragmento de uma resenha sobre o filme de Vik Muniz, *Lixo extraordinário*, para o qual essa obra foi produzida.

   > O documentário acompanha durante dois anos o desdobramento do trabalho do artista plástico Vik Muniz no maior aterro sanitário do mundo, no Jardim Gramacho, município de Duque de Caxias, Rio de Janeiro. A proposta inicial do artista era produzir retratos dos catadores que trabalham no aterro, mas acaba ganhando outra dimensão devido à maneira profunda e sensível com que Vik Muniz se relaciona com seus retratados.

   Cultura é currículo. Disponível em: <https://culturaecurriculo.fde.sp.gov.br/administracao/Anexos/Documentos/320120601170208LIXO%20EXTRAORDINÁRIO.pdf>. Acesso em: 26 out. 2018.

   a) Observe um detalhe ampliado da obra:

   b) Como é composta a imagem? Que materiais o artista utilizou?
   c) Agora observe, na próxima página, outro detalhe da obra.

   d) Qual é a postura da mulher retratada em relação às crianças?
   e) Em segundo plano, o que você observa na imagem?
   f) Com base no fragmento acima, você pode afirmar que o tema da obra é uma crítica social? Justifique sua resposta apoiando-se nas respostas anteriores.

3. Pesquise obras de artistas que fazem críticas sociais para apresentá-las em conversa com os colegas.
   a) Pesquise, entre os artistas de que você gosta, alguma obra que traga em si uma crítica social. Não precisa ser um quadro, pode ser uma fotografia, uma música, um poema, ou mesmo a cena de alguma série de televisão.
   b) No dia combinado, apresente a obra aos colegas.
   c) Após a apreciação dos colegas, conversem sobre a crítica feita na obra apresentada por você e comparem-na à obra de Vik Muniz.
   d) Busquem identificar como a crítica é construída:
      - por meio de imagens;
      - por meio de rimas;
      - por meio do olhar do narrador;
      - por meio da fala de um personagem etc.
   e) Comparem a linguagem utilizada e conversem sobre as de que mais gostaram.

ORALIDADE

Playlist

Você e os colegas vão montar uma *playlist* comentada com poemas e canções de cunho social. Essa *playlist* será disponibilizada em uma plataforma de compartilhamento de músicas na internet.

Para começar

Selecione poemas e canções que tenham como tema principal problemas sociais e políticos do país. Cada aluno deve escolher no mínimo um poema ou uma canção.

Organizar

1. Apresente a obra ao ouvinte. Para isso, escreva um texto com as respostas das seguintes perguntas: Qual é o título da obra? Quem é seu autor ou compositor? Por que foi escolhida? Por que é importante conhecê-la? Que aspecto social é abordado?
2. Observe se o texto está coerente e se a linguagem está clara e adequada ao público-alvo.
3. Definam se vocês vão utilizar poemas e canções na interpretação de outras pessoas ou se vão declamá-los/cantá-las.

Ensaiar

1. Os textos de apresentação devem ser falados, como se o locutor estivesse conversando com o ouvinte.
2. Se optarem por declamar os poemas escolhidos, é preciso definir quem vai lê-los e ensaiar.
   - Poemas declamados exigem do declamador atenção ao ritmo, às repetições e à interpretação.
   - Se necessário, altere o tom de voz: mais alto, mais baixo, rindo, lamentando etc.
3. Se as canções forem interpretadas por vocês, também é preciso definir os intérpretes e ensaiá-las.

Compartilhar

1. O professor vai agendar uma data para que todos apresentem a leitura dos poemas e a interpretação das canções. Escute os comentários dos colegas e faça as mudanças necessárias.
2. Combinem com o professor uma data para a gravação do áudio dos poemas e das canções escolhidas. Gravem também os textos de apresentação.
3. Definam quais alunos vão editar a *playlist* da turma e postar os áudios na internet. Selecionem com o professor a plataforma em que será compartilhada.
4. Combinem com a diretoria para divulgar o *link* da *playlist* de canções e poemas no *site* da escola.

Avaliar

Com os colegas e o professor, avaliem seu processo de trabalho na produção da *playlist*. Qual foi seu maior desafio nesse trabalho?

Usos de por que, por quê, porque e porquê

1. Leia a tira a seguir.

Alexandre Beck. *Armandinho*. Disponível em: <https://mundotexto.files.wordpress.com/2013/09/porque.png>. Acesso em: 26 out. 2018.

a) Observe a linguagem verbal e não verbal da tira e levante hipóteses: O que pode ter gerado a conversa entre Armandinho e seu pai?

b) Substitua a fala de Armandinho no primeiro quadrinho por uma destas expressões: **por que razão**, **por que motivo**.

Na tira, o humor se constrói com os diversos usos do porquê. Vamos tentar responder à dúvida de Armandinho?

1. **Por que** emprega-se em duas situações.
   - Quando essa expressão é formada por duas palavras: a preposição **por** e o pronome interrogativo **que**. Podemos substituí-la por "por que razão", "por que motivo". Exemplo: Por que você não foi ontem?
   - Ou quando essa expressão é formada pela preposição **por** e o pronome relativo **que**. Nesse caso, podemos substituir **que** pelo pronome relativo **qual**, o que resulta em expressões como: "pela qual", "por quais" etc.

   Exemplo: O livro por que (pelo qual) estou apaixonada está quase no final.

2. **Por quê** emprega-se quando o pronome interrogativo **quê** ocorre no final da frase, seguido de ponto final, de interrogação, reticências. Exemplo: a segunda fala de Armandinho, na tirinha: "Mas por quê?".

3. **Porque** emprega-se quando essa palavra for uma conjunção explicativa ou causal. Exemplo: a fala do pai de Armandinho:

   [Emprega-se separado] "**porque não é junto**".

   A oração **destacada** justifica a oração anterior, que está subentendida na conversa entre pai e filho.

4. **Porquê** emprega-se quando essa palavra é um substantivo, isto é, vem antecedida de um determinante: artigo, pronome etc.

   Exemplo: no último quadrinho, o pai de Armandinho responde ao filho: "O porquê eu não sei".

Note que o substantivo está antecedido do artigo **o**. Nesse caso, **o porquê** é sinônimo de **o motivo**, **a razão**.

ATIVIDADES

1. Justifique o emprego do **porquê** nos títulos dos livros a seguir.

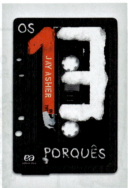

2. Substitua o símbolo ▲ nos títulos de matéria jornalística a seguir pelo uso adequado do **porquê**.

a)

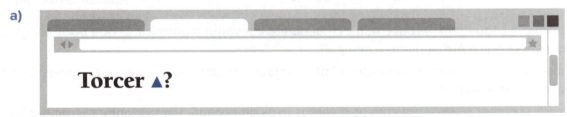

Torcer ▲?

b)

Dia da Consciência Negra: Entenda o ▲ do dia 20 de novembro

c)

▲ tantas crianças passam horas na internet vendo outras pessoas jogando Minecraft?

3. Leia as frases interrogativas indiretas a seguir e reescreva-as no caderno de forma que se tornem diretas. Veja o exemplo.

> Não sei por que você não foi à festa.
> Por que você não foi à festa?

a) Ninguém sabe por que Marina está triste.

b) Todos queriam entender por que o dólar subiu tanto.

c) Há uma dúvida sobre por que isso ocorreu dessa maneira.

d) Diga-me por que você não tem feito suas lições.

4. Escolha a forma adequada entre parênteses para completar os enunciados a seguir.

a) ▲ você faltou ontem? Fale, por favor, preciso saber ▲.

(porque, porquê, por que, por quê)

b) Quero saber o ▲ de você ter desistido. Conte-me, ▲?

(porque, porquê, por que, por quê)

c) Deixe-me entender ▲ você quer partir.

(porque, porquê, por que, por quê)

d) Não sei ▲ você saiu mais cedo. Foi ▲ estava doente?

(porque, porquê, por que, por quê)

DICAS

▶ ASSISTA

Incêndios, Canadá, 2010. Direção: Denis Villeneuve, 123 min. Dois irmãos, gêmeos, após a morte da mãe, procuram um advogado para tratar do testamento deixado por ela. Esse documento será o princípio de uma jornada que resultará em uma viagem à Palestina em busca do passado. Os irmãos deixam o Canadá, partem para o Oriente Médio e descobrem difíceis verdades a respeito da própria mãe.

📖 LEIA

Quarto de despejo – diário de uma favelada, de Carolina Maria de Jesus (Ática). Carolina Maria era uma catadora de papel e vivia com seus três filhos na comunidade do Canindé. Seu dia a dia era bastante difícil, triste, e ela decidiu registrar tudo em um diário que deu origem a essa obra com linguagem simples, mas forte. Na época da primeira publicação, o livro fez grande sucesso e continua sendo uma referência de reflexão social bastante atual.

📍 VISITE

Museu Senzala Negro Liberto. A cidade onde se localiza o museu tornou-se conhecida por ter libertado os escravos cinco anos antes de a princesa Isabel assinar a Lei Áurea. Ele fica em um sítio chamado Livramento. Pinturas e objetos (algemas, gargalheiras, instrumentos de tortura) presentes no local revelam mais sobre o processo de escravidão. A casa-grande abriga os documentos históricos e, abaixo dela, está a senzala, que também pode ser visitada. Localizado na cidade de Redenção, no Ceará, a 50 quilômetros de Fortaleza.

↑ Passeata contra a guitarra elétrica, 17 de julho de 1967, São Paulo (SP). A manifestação foi liderada por Elis Regina e contou com outros importantes artistas, como Jair Rodrigues, Zé Keti, Geraldo Vandré, Edu Lobo e Gilberto Gil. Com o *slogan* "Defender o que é nosso", a "Passeata da MPB" tinha por objetivo proteger nossa música.

UNIDADE 8

Manifesto: uma declaração pública

NESTA UNIDADE
VOCÊ VAI:
- ler e estudar manifestos;
- compreender o uso da crase;
- construir argumentos;
- compreender as regras quanto à colocação pronominal nos usos formais da língua;
- produzir um manifesto.

1. O que motivou os músicos a organizarem esse movimento contra a influência estrangeira?
2. Além da passeata, de que outra forma o grupo contra a guitarra elétrica poderia se manifestar?
3. Reflita e responda: se você fosse participar hoje de um movimento semelhante ao dos músicos da fotografia, qual seria o tema dele?

213

CAPÍTULO 1

Neste capítulo, você vai ler um manifesto elaborado pela Academia Brasileira de Ciências (ABC), a Sociedade Brasileira para o Progresso da Ciência (SBPC) e outras 49 sociedades científicas. Todas se posicionaram em favor da reconstrução do Museu Nacional, que teve a maior parte de seu acervo destruída em um incêndio. Vai compreender também as situações do uso da crase.

ANTES DE LER

1. Você ouviu falar sobre o incêndio que destruiu a maior parte do acervo do Museu Nacional, em 2 de setembro de 2018? Sabe por que essa instituição, localizada na cidade do Rio de Janeiro, é considerada de grande importância para o meio científico?

↑ Fachada do Museu Nacional em dezembro de 2017.

↑ Vista aérea do Museu Nacional no dia 3 de setembro de 2018.

2. Por que a perda de um museu como esse pode ser tão prejudicial para um país?

Agora leia um manifesto em defesa da liberação de verbas para a reconstrução do Museu Nacional, divulgado em 4 de setembro de 2018.

http://portal.sbpcnet.org.br/noticias/a-vida-e-a-morte-da-ciencia-e-da-memoria-nacionais/

A vida e a morte da ciência e da memória nacionais

Diante do espetáculo dramático das chamas engolindo o Museu Nacional e, com ele, uma parte importante da ciência e da memória nacionais, a Academia Brasileira de Ciências, a Sociedade Brasileira para o Progresso da Ciência, bem como as sociedades científicas abaixo mencionadas, manifestam tristeza e indignação e conclamam a sociedade brasileira a participar ativamente da defesa do patrimônio cultural e científico da nação brasileira.

Como se já não bastasse a ameaça para o futuro da nação associada aos severos cortes orçamentários, que têm afetado o desenvolvimento científico e tecnológico do país, agora esvai-se a memória do passado, matéria-prima essencial para a construção da identidade nacional.

A morte do Museu Nacional tem um significado simbólico que vai além dessa imensa perda para a cultura brasileira. Pois outros ativos também estão perecendo: com muita preocupação acompanhamos a desindustrialização do país, a precariedade da educação científica no Ensino Médio, o sucateamento de laboratórios de pesquisa de universidades e de outras instituições de ciência e tecnologia e o êxodo de jovens pesquisadores, fruto de uma política econômica que ignora o papel essencial da ciência, da educação, da cultura e da inovação no desenvolvimento de um país. Que trata recursos para C&T como gastos, e não como investimentos com alto poder de retorno, que contribuem para aumentar o PIB e o protagonismo dos países no mundo contemporâneo.

Neste momento de luto, no qual nossas entidades se solidarizam com os colegas pesquisadores, servidores e estudantes do Museu Nacional, impõe-se um esforço concentrado para reconstruir o Museu Nacional. O objetivo não será certamente a impossível reconstrução das coleções perdidas ou dos irrecuperáveis tesouros históricos e científicos que têm alimentado a pesquisa nessa instituição. Será, sim, a reconstrução de uma ideia que o fogo não devora, de um Museu que sirva de referência para as futuras gerações, repetindo a fórmula que esteve presente na sua história, de um acervo histórico e científico apoiado na pesquisa científica, reunindo, assim, indissoluvelmente, a memória e a investigação, o passado e o futuro.

http://portal.sbpcnet.org.br/noticias/a-vida-e-a-morte-da-ciencia-e-da-memoria-nacionais/

É preciso, com urgência, liberar recursos emergenciais para o Museu Nacional, garantir a segurança do imóvel atual, estabelecer locais de trabalho adequados para os pesquisadores, e possibilitar a ampliação do espaço do museu, adjudicando o terreno próximo já reivindicado pela direção do Museu, deslocando assim do Palácio as atividades administrativas, de pesquisa, de guarda de coleções e de ensino de pós-graduação. Isso, aliado a dotações orçamentárias adequadas para o futuro, permitiria a continuidade da instituição, com suas atividades de ensino e pesquisa, a realização de exposições públicas, com os serviços vinculados de museologia, divulgação científica e de assistência ao ensino.

As chamas que devoraram o Museu Nacional enviaram uma mensagem de alerta para a sociedade brasileira. Para salvar o patrimônio histórico, cultural e científico do país são necessárias medidas concretas e o estabelecimento efetivo de políticas públicas, como aquelas propostas no Livro Azul da IV Conferência Nacional de Ciência, Tecnologia e Inovação. É fundamental que sejam tomadas ações adequadas e urgentes para salvar a ciência, a tecnologia e a inovação no País. Urge impedir que essas chamas se alastrem e consumam o futuro do Brasil.

Academia Brasileira de Ciências (ABC)

Sociedade Brasileira para o Progresso da Ciência (SBPC)

Associação Brasileira de Centros e Museus de Ciência (ABCMC)

Associação Brasileira de Ciência Ecológica e Conservação (ABECO)

Associação Brasileira de Cristalografia (ABCr)

Associação Brasileira de Estatística (ABE)

Associação Brasileira de Estudos de Defesa (ABED)

Associação Brasileira de Etnomusicologia (ABET)

Associação Brasileira de Física Médica (ABFM)

Associação Brasileira de Linguística (ABRALIN)

Associação Brasileira de Pesquisa em Educação em Ciências (ABRAPEC)

Associação Brasileira de Pesquisadores em Jornalismo (SBPJor)

Associação Brasileira de Psicologia Escolar e Educacional (ABRAPEE)

Associação Brasileira de Psicologia Social (ABRAPSO)

Associação Brasileira de Química (ABQ)

Associação Brasileira de Saúde Coletiva (ABRASCO)

Associação Nacional de Pesquisa e Pós-Graduação em Arquitetura e Urbanismo (ANPARQ)

Associação Nacional de Pesquisa e Pós-Graduação em Psicologia (ANPEPP)

Associação Nacional de Pós-Graduação e Pesquisa em Educação (ANPED)

Associação Nacional de Pós-Graduação e Pesquisa em Planejamento Urbano e Regional (ANPUR)

Associação Brasileira de Antropologia (ABA)

Associação Nacional dos Programas de Pós-Graduação em Comunicação (COMPÓS)

Federação Brasileira das Associações Científicas e Acadêmicas de Comunicação (SOCICOM)

Federação das Sociedades de Biologia Experimental (FesBE)

Sociedade Astronômica Brasileira (SAB)

Sociedade Botânica do Brasil (SBB)

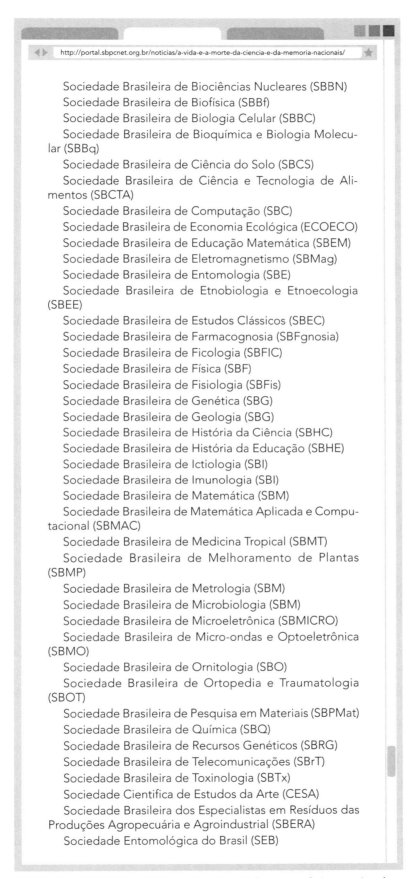

Sociedade Brasileira de Biociências Nucleares (SBBN)
Sociedade Brasileira de Biofísica (SBBf)
Sociedade Brasileira de Biologia Celular (SBBC)
Sociedade Brasileira de Bioquímica e Biologia Molecular (SBBq)
Sociedade Brasileira de Ciência do Solo (SBCS)
Sociedade Brasileira de Ciência e Tecnologia de Alimentos (SBCTA)
Sociedade Brasileira de Computação (SBC)
Sociedade Brasileira de Economia Ecológica (ECOECO)
Sociedade Brasileira de Educação Matemática (SBEM)
Sociedade Brasileira de Eletromagnetismo (SBMag)
Sociedade Brasileira de Entomologia (SBE)
Sociedade Brasileira de Etnobiologia e Etnoecologia (SBEE)
Sociedade Brasileira de Estudos Clássicos (SBEC)
Sociedade Brasileira de Farmacognosia (SBFgnosia)
Sociedade Brasileira de Ficologia (SBFIC)
Sociedade Brasileira de Física (SBF)
Sociedade Brasileira de Fisiologia (SBFis)
Sociedade Brasileira de Genética (SBG)
Sociedade Brasileira de Geologia (SBG)
Sociedade Brasileira de História da Ciência (SBHC)
Sociedade Brasileira de História da Educação (SBHE)
Sociedade Brasileira de Ictiologia (SBI)
Sociedade Brasileira de Imunologia (SBI)
Sociedade Brasileira de Matemática (SBM)
Sociedade Brasileira de Matemática Aplicada e Computacional (SBMAC)
Sociedade Brasileira de Medicina Tropical (SBMT)
Sociedade Brasileira de Melhoramento de Plantas (SBMP)
Sociedade Brasileira de Metrologia (SBM)
Sociedade Brasileira de Microbiologia (SBM)
Sociedade Brasileira de Microeletrônica (SBMICRO)
Sociedade Brasileira de Micro-ondas e Optoeletrônica (SBMO)
Sociedade Brasileira de Ornitologia (SBO)
Sociedade Brasileira de Ortopedia e Traumatologia (SBOT)
Sociedade Brasileira de Pesquisa em Materiais (SBPMat)
Sociedade Brasileira de Química (SBQ)
Sociedade Brasileira de Recursos Genéticos (SBRG)
Sociedade Brasileira de Telecomunicações (SBrT)
Sociedade Brasileira de Toxinologia (SBTx)
Sociedade Cientifica de Estudos da Arte (CESA)
Sociedade Brasileira dos Especialistas em Resíduos das Produções Agropecuária e Agroindustrial (SBERA)
Sociedade Entomológica do Brasil (SEB)

SBPC, 4 set. 2018. Disponível em: <http://portal.sbpcnet.org.br/noticias/a-vida-e-a-morte-da-ciencia-e-da-memoria-nacionais/>. Acesso em: 25 out. 2018.

# ESTUDO DO TEXTO

Apreciação

1. Que fato motivou o manifesto?

2. Várias instituições apoiaram o manifesto. Você conhece alguma delas?

3. A quem o manifesto que você acabou de ler é dirigido? Transcreva no caderno um trecho que comprove sua afirmação.

Interpretação

1. Como nos demais gêneros textuais predominantemente argumentativos – artigo de opinião e editorial, por exemplo –, o manifesto retoma alguns fatos contextualizando o problema apresentado na introdução.
   a) No primeiro parágrafo, identifique o trecho que exerce a função de retomada do assunto e as figuras de linguagem que há nele.
   b) Além de retomar o assunto e contextualizar o leitor, o primeiro parágrafo também apresenta o objetivo do manifesto. Qual é?

2. Releia os trechos a seguir.

> Como se já não bastasse a ameaça para o futuro da nação associada aos severos cortes orçamentários, que têm afetado o desenvolvimento científico e tecnológico do país, agora esvai-se a memória do passado, matéria-prima essencial para a construção da identidade nacional.

> A morte do Museu Nacional tem um significado simbólico que vai além dessa imensa perda para a cultura brasileira.

   a) É possível afirmar que o manifesto faz uma crítica à forma de atuação do governo com relação à política de verbas destinadas ao desenvolvimento cultural e científico? Explique.
   b) Por que a destruição do museu tem um "significado simbólico"? O que essa expressão representa?

3. Releia este trecho:

> [...] O objetivo não será certamente a impossível reconstrução das coleções perdidas ou dos irrecuperáveis tesouros históricos e científicos que têm alimentado a pesquisa nessa instituição. Será, sim, a reconstrução de **uma ideia que o fogo não devora**, de um Museu que sirva de referência para as futuras gerações, repetindo a fórmula que esteve presente na sua história, de um acervo histórico e científico apoiado na pesquisa científica, reunindo, assim, indissoluvelmente, a memória e a investigação, o passado e o futuro.

   • A que ideia se referem os autores no trecho destacado?

4. Em geral, um manifesto se encerra com uma **convocação** ou um **apelo** para adesão, ou declaração de adesão a uma causa, ou ainda com uma reafirmação de apoio à causa defendida nele.

- Releia o último parágrafo do manifesto. Analise a conclusão e registre no caderno a forma escolhida pelos autores para encerrar o texto.

5. Que efeito de sentido o conjunto de assinaturas que acompanha o manifesto provoca?

6. O manifesto é um gênero textual argumentativo por meio do qual um grupo de pessoas expõe seu ponto de vista sobre determinado tema de interesse público. Veja os tipos de argumentos que podem compor um texto argumentativo.

> **Argumentos de autoridade**: recorre-se a uma opinião respeitada pela comunidade, a um texto confiável, ou ainda a uma lei.
> **Argumentos de consenso**: apresentam-se opiniões com as quais todos concordam, portanto, não precisam de comprovação.
> **Argumentos de dados concretos**: apresentam-se dados estatísticos ou exemplos.

- Qual é o tipo de argumento predominante no texto? Justifique.

Linguagem

1. Releia o trecho a seguir.

> [...] o **êxodo** de jovens pesquisadores, fruto de uma política econômica que ignora o papel essencial da ciência, da educação, da cultura e da inovação no desenvolvimento de um país. [...]

- A palavra **êxodo** significa "emigração de um povo" ou "saída de pessoas em massa". Por que a palavra foi empregada nesse contexto?

2. Releia um trecho do quarto parágrafo do manifesto.

> Neste momento de luto, no qual nossas entidades se solidarizam com os colegas pesquisadores, servidores e estudantes do Museu Nacional, impõe-se um esforço concentrado para reconstruir o Museu Nacional. O objetivo não será certamente a impossível reconstrução das coleções perdidas ou dos irrecuperáveis tesouros históricos e científicos que têm alimentado a pesquisa nessa instituição. [...]

a) Que metáfora está presente no primeiro período? Explique-a.

b) Alguns adjetivos expressam uma ideia negativa sobre as consequências do incêndio. Por que os autores afirmam que a reconstrução é **impossível** e os tesouros do museu são **irrecuperáveis**?

3. O gênero textual manifesto não apresenta aspectos formais muito rígidos. É formado geralmente por um **título**, que sintetiza o assunto a ser abordado; pelo corpo do texto, que traz esclarecimentos, justificativas e o ponto de vista do autor; e a assinatura do autor e dos apoiadores.

a) No título, as palavras **vida** e **morte**, além de estabelecerem uma antítese, constituem mais uma metáfora. Por que é possível chegar a essa conclusão? A que elas se referem?

b) Em sua opinião, se a metáfora fosse substituída por uma expressão de sentido denotativo, o título perderia ou ganharia força?

AQUI TEM MAIS

A preservação do patrimônio natural e cultural

Em 2010, um incêndio no Instituto Butantã devastou um dos maiores acervos vivos de cobras tropicais do mundo. Em 2013, outro incêndio levou à destruição de um auditório do Memorial da América Latina, na cidade de São Paulo, deixando 11 bombeiros feridos. Em 2015, mais uma perda nacional: o Museu da Língua Portuguesa, também em São Paulo, foi completamente tomado pelas chamas, e um funcionário morreu. Em 2018, o Museu Nacional sofreu perda quase total de seu acervo.

→ Réplica de um *Maxakalisaurus topai* no interior do Museu Nacional, em fotografia de 2006.

→ Uma das salas do Museu da Língua Portuguesa em fotografia de 2015.

- Em sua opinião, como poderiam ser evitadas catástrofes como essas? Para refletir sobre essas questões, faça as atividades a seguir.

1. Com os colegas e o professor, pesquise informações a respeito da importância de cada uma dessas instituições, das causas que levaram aos desastres e dos investimentos que estão sendo feitos nas reconstruções.

2. Após a pesquisa, elabore uma síntese dos dados que você pesquisou para apresentar à turma e, com base na lista, discuta a importância de investir no patrimônio científico e cultural e em sua preservação. Procure elaborar propostas de soluções para as situações problemáticas. Argumente de modo claro e coerente.

O emprego da crase

1. Leia o título de um artigo de divulgação científica publicado em um jornal *on-line*.

↑ Placa instrucional no Parque do Ibirapuera. São Paulo (SP).

Folha de S.Paulo, 22 mar. 2015. Disponível em: <www1.folha.uol.com.br/bichos/2015/03/1606630-dar-migalhas-de-pao-a-patos-pode-prejudicar-ecossistemas-dizem-especialistas.shtml>. Acesso em: nov. 2018.

a) Reescreva o título no caderno acrescentando ao termo "patos" a locução adjetiva "do parque". Faça as alterações decorrentes.

b) Agora troque "patos" por "pombas do parque". Faça as alterações decorrentes.

Você já estudou que alguns termos da oração estabelecem relação de dependência — o termo regente e o subordinado.

No título do artigo, o verbo **dar** (termo regente) exige a preposição **a** ao se relacionar com **patos** (termo subordinado). Quando incluímos a locução adjetiva **do parque**, o substantivo **patos** passou a ter um determinante: **o**. Assim, a preposição exigida pelo verbo **dar** se juntou ao artigo **o**, formando **ao**.

Agora observe o que ocorreu quando substituímos **patos** por **pombas** e acrescentamos a locução **do parque**:

Dar migalhas de pão a + as pombas do parque pode prejudicar o ecossistema.

preposição **a** + artigo **as** = **às**

> Quando duas vogais idênticas se fundem, dizemos que ocorreu **crase**. Graficamente, essa fusão é marcada pelo **acento grave** (`).

Alguns casos especiais do uso da crase

Há casos em que as relações entre o termo regente e o regido ocorrem com algumas especificidades. Veja os exemplos a seguir.

Nomes indicativos de lugares

Observe as frases.

> Fui à África do Sul.
> Fui a Vitória da Conquista no feriado.

Note que o verbo **ir** exige a preposição **a**, mas o nome **África do Sul** admite o artigo **a** e o nome **Vitória da Conquista** não admite esse artigo.

Para verificar se o nome indicativo de lugar admite ou não o artigo, faça um teste com um termo cuja regência requeira a preposição **de**. Por exemplo:

> Vim da África do Sul. (preposição **de** + artigo **a**)
> Vim de Vitória da Conquista. (preposição **de**)

Uma regra prática é observar que, na maioria dos casos, quando os termos regidos são **nomes de cidades**, eles não admitem o artigo, portanto, **não há crase**. No entanto, quando modificados por algum elemento **restritivo** ou **qualificativo**, os nomes de cidade podem receber o artigo feminino **a** e, nesse caso, ocorrerá a crase. Veja os exemplos a seguir.

Fomos **a** Blumenau.
Fomos **à** bela Blumenau.

Nos nomes de países, a crase ocorre apenas quando admitem o artigo feminino **a** (a Rússia, a Venezuela, a Índia etc.). Há nomes de países que não admitem o artigo, como Portugal, Israel, Angola, Moçambique etc.

> Bem-vindos **à** Índia.
> Enviamos saudações **à** China.

Locuções adverbiais e conjuntivas femininas

Essas locuções são regidas por crase. Veja os exemplos.

> Fomos **à** praia. (locução adverbial)
> **À** medida que nos aproximamos do alto da serra, sentimos mais frio. (locução conjuntiva)

ATIVIDADES

1. Leia um trecho do livro *1822*, sobre a morte da imperatriz Leopoldina, esposa de D. Pedro I. Os acentos graves foram retirados propositadamente deste excerto.

> [...] No dia 29 [de novembro de 1826], doente e deprimida, Leopoldina presidiu a reunião do conselho de ministros. Foi seu último compromisso público. Nas horas seguintes começou a ter febre alta e crises convulsivas. [...] Morreu as 10h15 do dia 11 de dezembro, um mês antes de completar 30 anos.
>
> A notícia da morte espalhou comoção pela cidade. O povo saiu as ruas em prantos. Escravos se lamentavam aos gritos: "Nossa mãe morreu. O que será de nós?"
>
> [...] Ao saber da morte de Leopoldina, D. Pedro retornou as pressas ao Rio de Janeiro e se trancou em luto por oito dias. [...]

Laurentino Gomes. *1822: como um homem sábio, uma princesa triste e um escocês louco por dinheiro ajudaram D. Pedro a criar o Brasil, um país que tinha tudo para dar errado*. Rio de Janeiro: Nova Fronteira, 2011. p. 100-101. (Edição juvenil ilustrada).

- Identifique as orações em que ocorre crase e é necessário o acento grave. Depois, copie-as no caderno fazendo a correção.

2. No caderno, reescreva as orações a seguir empregando a crase corretamente. Faça os ajustes necessários.

   a) A escola fica ▲ direita de quem sobe ▲ rua, ▲ duas quadras daqui.

   b) Cabe ▲ professora decidir o que fazer com relação ▲ faltas do aluno.

   c) Não compareceu ▲ nenhuma reunião e se recusa ▲ obedecer ▲ regras estabelecidas.

   d) Durante o discurso, a candidata ▲ presidência do grêmio começou ▲ rir.

   e) A viagem ▲ Santa Catarina foi cancelada devido ▲ condições do tempo.

3. Escolha a opção que completa corretamente as lacunas a seguir.
   - Não vou ▲ sua casa hoje.
   - Fiquei ali até ▲ 11 horas.
   - Contei ▲ Sandro o ocorrido.
   - É importante ▲ participação de todos.
   - São notórias as mudanças físicas ▲ medida que as crianças vão se tornando adolescentes.
   - Irei ▲ exposição neste fim de semana.

   a) à, às, à, a, a, à
   b) a, as, à, à, a, a
   c) a, as, a, a, à, à
   d) a, as, à, a, à, a
   e) à, às, a, à, à, à
   f) à, as, à, a, à, à

CAPÍTULO 2

Neste capítulo, você vai ler um manifesto produzido pela ONG Akatu. Em seguida, refletirá sobre as regras de colocação dos pronomes átonos e finalmente, em grupo, vai elaborar um manifesto sobre uma questão social que aflija sua comunidade.

1. Você já assinou ou viu algum manifesto na internet? Do que ele tratava?
2. Um tema muito debatido atualmente é o da publicidade infantil. O que você pensa a respeito? É a favor ou contra o fim da publicidade voltada ao público infantil?

O manifesto que você vai ler a seguir foi postado no *site* da ONG Akatu. Ela busca promover o consumo consciente com o objetivo de manter a sustentabilidade do planeta.

www.akatu.org.br/noticia/manifesto-contra-publicidade-infantil-convoca-o-publico/

Manifesto contra publicidade infantil convoca o público

Carta, apoiada pelo Instituto Akatu, reconhece a vulnerabilidade da criança

O manifesto contra a publicidade dirigida ao público infantil, que já havia recebido a adesão de dezenas de instituições – entre elas o Instituto Akatu –, está agora aberto a assinaturas de pessoas físicas. Se você quiser participar, basta entrar no *site* do movimento e cadastrar seus dados como apoiador.

Akatu, 1º dez. 2010. Disponível em: <www.akatu.org.br/noticia/manifesto-contra-publicidade-infantil-convoca-o-publico/>. Acesso em: 6 nov. 2018.

Veja a seguir o texto do manifesto:

Manifesto pelo fim da publicidade e da comunicação mercadológica dirigida ao público infantil

Em defesa dos direitos da infância, da Justiça e da construção de um futuro mais solidário e sustentável para a sociedade brasileira, pessoas, organizações e entidades abaixo assinadas reafirmam a importância da proteção da criança frente aos apelos mercadológicos e pedem o fim das mensagens publicitárias dirigidas ao público infantil.

A criança é hipervulnerável. Ainda está em processo de desenvolvimento biofísico e psíquico. Por isso, não possui a totalidade das habilidades necessárias para o desempenho de uma adequada interpretação crítica dos inúmeros apelos mercadológicos que lhe são especialmente dirigidos.

Consideramos que a publicidade de produtos e serviços dirigidos à criança deveria ser voltada aos seus pais ou responsáveis, estes sim, com condições muito mais favoráveis de análise e discernimento. Acreditamos que a utilização da criança como meio para a venda de qualquer produto ou serviço constitui prática antiética e abusiva, principalmente quando se sabe que 27 milhões de crianças brasileiras vivem em condição de miséria e dificilmente têm atendidos os desejos despertados pelo *marketing*.

A publicidade voltada à criança contribui para a disseminação de valores materialistas e para o aumento de problemas sociais como a obesidade infantil, erotização precoce, estresse familiar, violência pela apropriação indevida de produtos caros e alcoolismo precoce.

Acreditamos que o fim da publicidade dirigida ao público infantil será um marco importante na história de um país que quer honrar suas crianças.

Por tudo isso, pedimos, respeitosamente, àqueles que representam os Poderes da Nação que se comprometam com a infância brasileira e efetivamente promovam o fim da publicidade e da comunicação mercadológica voltada ao público menor de 12 anos de idade.

Akatu, 1º dez. 2010. Disponível em: <www.akatu.org.br/noticia/manifesto-contra-publicidade-infantil-convoca-o-publico/>. Acesso em: 6 nov. 2018.

GLOSSÁRIO
Discernimento: capacidade de avaliar as coisas com bom senso.
Hipervunerável: sujeito a ser muito prejudicado.

Apreciação

1. Após a leitura dos argumentos presentes no texto, você manteve a mesma opinião quanto à publicidade voltada ao público infantil? Justifique.

2. A quem é dirigido esse manifesto?

3. Qual é a intenção dos produtores desse manifesto?

Interpretação

1. No primeiro parágrafo do manifesto lê-se:

   > Em defesa dos direitos da infância, da Justiça e da construção de um futuro mais solidário e sustentável para a sociedade brasileira, **pessoas, organizações e entidades abaixo assinadas** reafirmam a importância da proteção da criança frente aos apelos mercadológicos e pedem o fim das mensagens publicitárias dirigidas ao público infantil.

   - Explique a importância do trecho destacado para a força argumentativa do manifesto.

2. Observe o trecho a seguir.

   > Por **tudo isso**, pedimos [...]

   a) A que se refere a expressão destacada?
   b) Por que podemos afirmar que essa expressão encaminha o leitor para a conclusão do texto?

3. No caderno, indique se, nos trechos a seguir, o autor usou argumento do tipo causa e consequência ou argumento de consenso.

   a)
   > A criança é hipervulnerável. Ainda está em processo de desenvolvimento biofísico e psíquico. Por isso, não possui a totalidade das habilidades necessárias para o desempenho de uma adequada interpretação crítica dos inúmeros apelos mercadológicos que lhe são especialmente dirigidos.

   b)
   > Acreditamos que a utilização da criança como meio para a venda de qualquer produto ou serviço constitui prática antiética e abusiva, principalmente quando se sabe que 27 milhões de crianças brasileiras vivem em condição de miséria e dificilmente têm atendidos os desejos despertados pelo *marketing*.

4. Que apelo faz a ONG Akatu aos representantes do poder público?

5. Apesar de não haver uma lei que regulamente a publicidade voltada às crianças – há um projeto de lei que proíbe esse tipo de publicidade que aguarda votação –, isso não significa que ainda não exista nenhum tipo de regulamentação. O Conselho Nacional dos Direitos das Crianças e dos Adolescentes (Conanda), em 2014, publicou uma resolução em que a instituição revela considerar abusiva qualquer publicidade voltada para crianças. Além disso, o Código Brasileiro de Autorregulamentação Publicitária determina uma série de limites e estabelece condições nas quais um anunciante pode se comunicar com uma criança.

   Com seus colegas e seu professor, pesquise mais informações a respeito:
   - do projeto de lei que visa proibir a publicidade voltada ao público infantil;
   - dos argumentos utilizados pelo Conanda para defender a proibição da publicidade voltada para crianças;
   - dos limites já estabelecidos pelo Código Brasileiro de Autorregulamentação Publicitária.

6. Releia este trecho do manifesto.

> A publicidade voltada à criança contribui para a disseminação de valores materialistas e para o aumento de problemas sociais como a obesidade infantil, erotização precoce, estresse familiar, violência pela apropriação indevida de produtos caros e alcoolismo precoce.

- Com base na pesquisa feita na atividade anterior e no argumento presente no trecho acima, reflita: Você concorda, conforme denunciam os autores desse manifesto, que a publicidade dirigida ao público infantil produz todos os efeitos mencionados? Comente seu ponto de vista com os colegas, atentando à organização do professor.

Linguagem

1. Releia o trecho.

> A criança é hipervulnerável.

> O prefixo **hiper-**, segundo o dicionário *Houaiss*, representa um nível quantificador acima.

Copie no caderno a alternativa que melhor explica o efeito de sentido provocado no texto pelo emprego desse prefixo acrescentado ao adjetivo **vulnerável**.

a) Ao adicionar esse prefixo ao adjetivo **vulnerável**, o autor do manifesto intensifica a fragilidade da criança diante dos apelos comerciais.

b) O prefixo **hiper-** é uma estratégia argumentativa do autor do manifesto.

c) O emprego do prefixo **hiper-** dá um tom menos formal à linguagem do texto.

2. No manifesto, há o predomínio de **verbos no presente do indicativo**.

Copie no caderno a alternativa que melhor justifica esse predomínio.

a) Os verbos empregados no texto representam fatos que se prolongam até o momento em que o manifesto é apresentado aos interlocutores.

b) Os verbos empregados no texto representam fatos que ocorrem habitualmente.

c) Os verbos empregados no texto representam fatos atemporais, têm valor de permanência.

O QUE APRENDEMOS COM O ESTUDO DE MANIFESTO

- O manifesto e a carta aberta são gêneros argumentativos cujo objetivo é expor o ponto de vista, geralmente de um grupo, sobre um problema de interesse público com vista a uma solução imediata para ele.
- Ambos os gêneros podem circular em jornais, revistas, *sites*, *blogs* e em outros suportes, para que, assim, o manifesto ou a carta atinja um grande número de pessoas interessadas na causa divulgada.
- A intenção é despertar no interlocutor o interesse pela causa.
- Ambos os gêneros textuais apresentam construção composicional semelhante: título, exposição do problema a ser solucionado, apelo à adesão do interlocutor e argumentos que justificam o manifesto ou a carta.
- A linguagem empregada é formal, orientada pela norma-padrão.

DIÁLOGO

Manifestações

As manifestações populares, assim como os manifestos escritos, são uma forma legítima de chamar a atenção para um assunto de interesse público.

Em muitos momentos históricos, as manifestações foram uma demonstração de descontentamento e protesto em relação a questões sociais, políticas e econômicas que afetavam diretamente a vida das pessoas. Elas ocorrem quando um grupo de pessoas se une em apoio a uma causa. As mais diversas motivações podem levar pessoas a se reunir para demonstrar publicamente seu ponto de vista.

No Brasil, grandes manifestações marcaram a história do país. Elas foram um instrumento político de repúdio à corrupção e de reivindicação de direitos, como valor mais justo para o transporte público, serviço de saúde de qualidade e acesso à educação. Conheça algumas dessas manifestações.

2013

Pessoas de todo o país, sobretudo nos grandes centros urbanos, de diferentes faixas etárias e classes sociais, mobilizaram-se e foram diversas vezes às ruas. A motivação inicial foi contestar os aumentos no valor da tarifa dos transportes públicos em várias capitais do país, mas outras **reivindicações** foram sendo incorporadas à medida que o número de adesões ao movimento ia se multiplicando. As manifestações foram marcadas por episódios de violência policial e ganharam grande espaço na mídia. O governo brasileiro tomou algumas medidas na tentativa de atender às reivindicações. Em São Paulo, no âmbito estadual e municipal, por exemplo, foi revogado o aumento das tarifas do transporte público.

2016

Na Avenida Paulista, cartão-postal da cidade de São Paulo, dezenas de ciclistas participaram de uma manifestação para pedir mais segurança. O protesto foi motivado pelo assassinato de uma ciclista enquanto pedalava na Rodovia Fernão Dias.

2017

No Porto de Santos, defensores dos animais protestaram contra as condições cruéis a que foram submetidos cerca de 27 mil bois embarcados para a Turquia. Essa viagem leva, em média, 15 dias. O embarque de cargas vivas não era realizado havia 20 anos.

↑ Manifestação contra o aumento da tarifa do transporte público. São Paulo, 2013.

1. Faça uma pesquisa sobre as recentes mobilizações populares que levaram as pessoas a se manifestar por diferentes razões. Além da reunião de pessoas nas ruas, procure atos em que foram utilizadas formas criativas de manifestação.

Colocação pronominal

1. Releia, a seguir, um trecho do manifesto e, depois, faça o que se pede.

> A criança é hipervulnerável. Ainda está em processo de desenvolvimento biofísico e psíquico. Por isso, não possui a totalidade das habilidades necessárias para o desempenho de uma adequada interpretação crítica dos inúmeros apelos mercadológicos que lhe são especialmente dirigidos.

  a) Identifique o pronome oblíquo no trecho.
  b) A qual elemento do texto esse pronome se refere?
  c) Qual é a posição desse pronome em relação ao verbo?
  d) Você saberia explicar por que esse pronome oblíquo está nessa posição?

> O estudo da posição do pronome oblíquo átono em relação ao verbo nos enunciados denomina-se **colocação pronominal**.

Os pronomes pessoais oblíquos – **me**, **te**, **se**, **o/os**, **a/as**, **nos**, **vos** e **lhe/lhes** – obedecem a alguns princípios de colocação que devem ser observados nas variedades de acordo com a norma-padrão. São três as posições do pronome oblíquo átono em relação ao verbo no enunciado: próclise, ênclise e mesóclise.

Próclise

O **pronome vem antes do verbo**, pois há palavras atrativas que determinam essa posição. Veja os exemplos.

PALAVRAS COM SENTIDO NEGATIVO	PRONOMES RELATIVOS
O rapaz não se interessou pelo jogo. Ela nunca se incomodou com os comentários.	Este é o lugar para o qual me dirijo na chegada. Identificaram as pessoas que se separaram do grupo.
ADVÉRBIOS OU LOCUÇÕES	**CONJUNÇÕES SUBORDINATIVAS**
Ontem ele me ligou, hoje me presenteou. Desde cedo ele te procura.	Enquanto lhe contava a história, não percebia o tempo passar. Ainda que me prometesse algo muito importante, resolvi seguir sozinho.
PRONOMES INTERROGATIVOS E INDEFINIDOS	**ORAÇÕES OPTATIVAS (EXPRIMEM DESEJO)**
Todos o aplaudiram! Quem lhe perguntou a respeito das vendas?	Deus o proteja dos perigos! Bons olhos o vejam.

No português brasileiro, a próclise é uma tendência da construção da fala espontânea. Assim, nos textos que se pretende reproduzir a linguagem oral, usa-se a próclise.

Ênclise

É a posição, segundo a norma-padrão da língua, de colocação do pronome na oração **após o verbo**. Uma regra a ser observada, em situações formais de uso da língua, é a de não se iniciar orações com pronomes oblíquos. Exemplos:

> Encontrou-**me** no lugar marcado e fomos juntos ao cinema.
> Vendeu-**lhe** os diamantes a um preço justo.

Mesóclise

Se o verbo estiver no **futuro do presente ou do pretérito e se não houver condição para a próclise**, ocorre esse tipo de colocação pronominal. Observe os exemplos:

> Encontrá-**lo**-ei no cinema hoje.
> Encontrá-**lo**-ia, no cinema, se eu não tivesse me atrasado.

Entretanto, às vezes, essas regras gramaticais, por ainda sofrerem influência do português lusitano, trazem-nos algumas dificuldades ao produzirmos enunciados em situações formais.

2. Observe, na tirinha de Bill Watterson, escrita em português lusitano, a posição dos pronomes oblíquos átonos, no primeiro e terceiro quadrinhos.

Bill Watterson. *Calvin e Haroldo*.

a) Pelo contexto da tirinha é possível descobrir o significado de algumas palavras utilizadas.
   - Qual é a expressão no português falado no Brasil que pode substituir "pequeno-almoço"?
   - E "sumo de laranja"?
b) Por que você acha que Calvin não deve falar sobre as torradas e o sumo de laranja antes que a mãe esteja melhor?
c) Observe os verbos que Calvin utiliza para falar com a mãe.
   - Em que pessoa estão conjugados?
d) Que pronome normalmente é empregado no Brasil para se dirigir ao interlocutor?
e) No terceiro quadrinho, a que se refere o pronome **os**?
f) Reescreva as falas dessa tirinha reproduzindo a linguagem oral característica da fala brasileira espontânea.

ATIVIDADES

1. Segundo seus conhecimentos gramaticais, quando a mesóclise deve ser utilizada?

2. Na linguagem oral, a mesóclise é empregada com que frequência?

3. Qual é o efeito de sentido proporcionado pelo uso da mesóclise na linguagem corrente? Copie as alternativas corretas no caderno.
   a) A mesóclise, na linguagem oral informal, dá ao discurso um tom exageradamente erudito e, portanto, esnobe.
   b) A mesóclise é frequente em textos mais antigos e religiosos.
   c) A mesóclise, na linguagem oral informal, pode ser utilizada para criar efeito de humor no enunciado.

4. Leia as capas dos livros a seguir e as sinopses que as acompanham.

Esse livro da escritora blumenauense Nana Toledo integra a coleção **Diga não ao Bullying**. Ana, a protagonista da história, observa que ela e suas amigas recebem apelidos depreciativos por causa de alguma característica física delas. Decidida a mudar tal situação, ela passa a chamar a atenção sobre a importância de chamar as pessoas pelos nomes próprios, aqueles que, segundo ela, foram escolhidos pelos pais e fazem parte da história de cada um.

Nesse livro, André Laurentino reuniu as crônicas publicadas por quase dez anos no jornal *O Estado de S. Paulo*. São histórias bem-humoradas, delicadas, inspiradas no cotidiano da cidade grande: uma corrida de táxi, a consulta ao dentista etc.

a) Qual dos títulos chama mais sua atenção? Comente sua impressão com os colegas.

b) O pronome oblíquo **me**, nas capas, aparece em posição diferente em relação ao verbo.
- Em que posição está esse pronome no título da primeira obra?
- E no segundo título, qual a posição do pronome?

c) Em qual dos títulos a posição do pronome obedece à norma-padrão? Por quê?

d) Após a leitura das sinopses, como você explicaria a posição do pronome oblíquo no primeiro título?

5. Leia a tira de Luis Fernando Verissimo e faça o que se pede.

O Estado de S. Paulo, 27 jan. 2013. Caderno 2, p. D12.

a) O que provoca o efeito de humor na tira?

b) Observe o emprego do pronome pessoal oblíquo átono **se**. Em relação ao verbo, em que posições ele se encontra?

c) Explique por que o pronome se encontra em posição diferente em relação aos dois verbos do enunciado.

d) A tira representa uma situação de intimidade; assim, em sua opinião, em que outra posição esse pronome poderia ter sido usado?

Manifesto

Para começar

1. Você e sua turma, reunidos em pequenos grupos por afinidade de tema, vão refletir sobre um problema que aflige sua comunidade e que precisa de ações coletivas na busca de soluções: segurança, mobilidade, problemas ambientais (coleta de lixo, poluição sonora e/ou ambiental, preservação de rio ou mata), acesso a bens culturais, trânsito etc. para escrever um manifesto.

   Você já sabe como deve participar desses momentos:
   - levante a mão e aguarde sua vez. Só então apresente com clareza seu argumento;
   - escute com atenção os argumentos e comentários dos colegas e faça as observações que achar pertinentes – sempre de forma respeitosa;
   - lembre-se sempre de que, ao comentar o argumento do colega, você deve fundamentar seu posicionamento também com argumentos sólidos.

2. Em seguida, sob orientação do professor, cada grupo deve apresentar os problemas da comunidade que mais o incomoda, justificando a escolha.
3. Depois das apresentações, escolham um problema para ser enfrentado.

Organizar

1ª etapa

Você e seu grupo pesquisarão em jornais, revistas e/ou na internet notícias que tratem do tema escolhido. Leiam as matérias e troquem ideias sobre elas. Levantem argumentos para embasar o manifesto.

2ª etapa

Vocês escreverão em conjunto um manifesto favorável ou contrário a determinado problema de sua comunidade.

Primeiramente, decidam quem será o interlocutor do manifesto, ou seja, a pessoa a quem vocês vão se dirigir. Pode ser o prefeito da cidade onde você mora (ou o subprefeito de seu bairro), ou ainda um secretário da administração pública, responsável pela questão apontada no manifesto. Em seguida, pensem qual será o suporte mais adequado para a publicação desse manifesto, por exemplo: o jornal do bairro, uma revista da associação dos moradores do bairro, panfletos, diferentes plataformas da internet etc.

Planejar

1. Apresentem-se.

2. Formulem o posicionamento do grupo diante do problema identificado, deixando claro qual foi o fato que motivou a produção do manifesto.

3. Construam três ou mais argumentos para apoiarem o posicionamento assumido.

4. Lembrem-se de que há vários tipos de argumento que podem ser empregados na apresentação de seu ponto de vista: citação, prova concreta, conhecimentos tácitos etc. Lembrem-se também de que a escolha do argumento pode ser feita de acordo com o interlocutor do documento.

5. No parágrafo final, elaborem um apelo à adesão da coletividade.

6. Incluam o nome de todos os participantes.

7. Para elaborar o texto – de preferência em um programa de edição – e veiculá-lo publicamente, sigam esta estrutura.

MANIFESTO – ESTRUTURA			
Título	nome do gênero textual	apresentação do assunto	curto, sintético
Introdução	apresentação do assunto	contextualização da proposta	motivação para o manifesto
Desenvolvimento	exposição e ampliação do assunto	discussão sobre o problema	análise do problema
Conclusão	solução do problema	palavra de ordem	curto (um só parágrafo)

8. O texto deve ser feito em primeira pessoa.

9. A intenção comunicativa é manifestar posição sobre assunto.

10. É esperado o uso de estratégias que visem sensibilizar o leitor e levá-lo a assumir a posição defendida e, eventualmente, a atuar em seu favor.

11. Criem um título que expresse claramente a intenção do manifesto e que seja atraente para o leitor.

Revisar

Depois de elaborar o texto, ainda em conjunto, releiam-no. Avaliem se a questão motivadora e a intenção comunicativa do manifesto estão claras, assim como os argumentos apresentados.

Ao lê-lo, observem as seguintes questões e confiram se estes aspectos estão contemplados:

1. Ele incentiva a adesão de mais pessoas à causa?
2. Os argumentos que embasam o posicionamento expresso estão claros?
3. Esses argumentos são convincentes?
4. Há emprego de conectivos na introdução dos argumentos?
5. A linguagem empregada é formal e adequada ao suporte utilizado?
6. O título atrai a atenção dos leitores?
7. O título expressa a importância da causa que motivou o manifesto?
8. O suporte escolhido possibilita a grande circulação e, consequentemente, uma boa visibilidade do manifesto?

Compartilhar

1. Com o texto pronto, lembrem-se dos suportes que vocês julgaram ser interessantes para o manifesto (jornal do bairro, revista da associação de moradores do bairro, panfleto, plataformas da internet, documento digitado etc.).
2. Tentem expor o trabalho ou encaminhá-lo para locais onde ele pode alcançar maior visibilidade. Uma das principais funções de um manifesto é tornar públicas as ideias daqueles que o escreveram.

   A ampla divulgação do manifesto é fundamental para que ele cumpra sua função comunicativa. A participação de um grande número de pessoas é o que dá sentido a um manifesto. A adesão de manifestantes é, portanto, parte essencial desse processo.
3. Vocês também podem se valer de redes sociais e espaços para leitores de jornais e portais de notícias para divulgação do manifesto e conquista de adesões.

↑ Cartazes podem chamar a atenção para o seu manifesto.

CONSTRUIR UM MUNDO MELHOR

Equidade e igualdade

Observe a imagem abaixo.

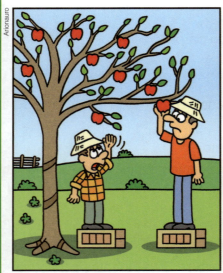

Embora em alguns dicionários possam ser encontradas como palavras sinônimas, **equidade** e **igualdade** têm significados diferentes. O primeiro termo se refere à apreciação e ao julgamento justo, enquanto o segundo diz respeito à oferta equivalente em situações idênticas, ainda que as pessoas tenham condições distintas.

Como é possível notar, no primeiro quadro, houve a mesma "oferta" a todos os indivíduos, mas isso não levou a um resultado justo. No segundo quadro, contudo, a equidade levou a uma ação desigual, mas, ao mesmo tempo, a um resultado justo para os envolvidos.

O que fazer

Quando você observa as ruas e as calçadas perto de sua casa ou de sua escola, o que você vê? E nos supermercados, nos *shoppings* e em estabelecimentos comerciais? Em todos esses espaços, você consegue imaginar um idoso debilitado, um deficiente físico ou visual se locomovendo com facilidade?

Que tal elaborar uma carta aberta que aborde um ponto de vista a respeito das **dificuldades de mobilidade urbana, especialmente para as pessoas com deficiência**? A produção textual pode levar o leitor a refletir sobre como pequenas mudanças e o investimento governamental podem ser transformadores e determinantes para a melhora na qualidade de vida de milhares de pessoas.

Com quem fazer

1. Reúna-se com seus colegas na sala de aula, conversem sobre as percepções individuais a respeito dos espaços físicos da escola, de casa e de seu entorno. Há rampas, elevadores, pisos táteis? Qual é o estado das calçadas?

2. Observados os principais pontos a serem aprimorados, quais seriam as propostas de intervenção? Que ações a comunidade poderia executar e/ou cobrar de gestores escolares, empresários e governantes para melhorar a situação dos cidadãos deficientes?

3. Como o texto discutirá propostas de intervenção, é importante ouvir os cidadãos que enfrentam essas dificuldades. Há pessoas com deficiência física na escola? O grupo pode elaborar perguntas para questionar essas pessoas (funcionários ou estudantes da escola) sobre quais intervenções seriam mais relevantes para melhorar sua qualidade de vida.

4. Depois da elaboração e da revisão do texto, o grupo pode fazer uma exposição em murais da escola e nos arredores, publicá-lo no *site* da escola ou criar um *blog* para isso. Lembre-se de que o *blog* é uma opção bastante interessante, uma vez que possibilitará a publicação de outros textos sobre diferentes temas. Também é possível divulgá-lo por meio de redes sociais e do jornal da escola.

> **Como se escreve uma carta aberta?**
>
> A carta aberta é um veículo de comunicação destinado a várias pessoas. Seu objetivo pode ser o protesto, a instrução, a transmissão de informação, a reinvindicação e a argumentação sobre determinado assunto.
>
> Geralmente apresenta uma demanda da comunidade ou a defesa de uma causa. Por isso, é um importante instrumento de participação política dos cidadãos, pois apresenta temas de interesse coletivo.
>
> Sua estrutura deve incluir: um título em que frequentemente se apresenta o destinatário da carta; uma introdução, na qual são apresentadas as principais ideias que serão abordadas; um desenvolvimento, no qual são estabelecidos os argumentos que defendem um ponto de vista; uma conclusão em que se pode sugerir uma possível resolução do problema posto em causa.
>
> Não se esqueça da despedida e da assinatura.

Como fazer

- **Parte 1**

1. O grupo deve investigar os principais problemas encontrados na comunidade quanto à mobilidade urbana de pessoas com deficiência física e visual.

2. Após a investigação, a turma deve organizar as informações adquiridas.

3. Quanto mais informações para embasar a carta, mais envolvente ela poderá se tornar! A comunidade tem de se sentir representada no texto lido. Esse é o momento de conversar com pessoas que enfrentam cotidianamente os problemas de mobilidade.

- **Parte 2**

1. Agora é o momento de planejar o texto. Definam a estratégia para a apresentação do tema, os argumentos que serão utilizados para convencer o leitor sobre a proposta de intervenção que será apresentada na conclusão.

2. Um aluno deve se tornar o responsável pela definição da plataforma por meio da qual o texto será divulgado; por exemplo, por meio da criação do *blog* ou no *site* da escola.

3. Escolham o *site* para a criação do *blog* e divulgação da carta ou elejam um representante e conversem com a direção e a coordenação da escola para definir o melhor meio de publicação.

A fim de contribuir para a construção da argumentação, pesquisem e leiam as matérias a seguir.

Disponível em: <www.revistaw3.com.br/ararangua/2018/08/31/criancas-fiscalizam-calcadas-de-ararangua.html>.
Acesso em: nov. 2018.

Disponível em: <https://g1.globo.com/sp/itapetininga-regiao/noticia/2018/08/15/falta-de-acessibilidade-para-deficientes-fisicos-gera-reclamacoes-em-tatui.ghtml>. Acesso em: nov. 2018.

Disponível em: <www.otaboanense.com.br/intervencoes-no-jardim-bom-tempo-melhoram-fluidez-do-trafego-e-acessibilidade/>. Acesso em: nov. 2018.

- **Parte 3**

1. Já que o texto, após muita discussão, gerou uma proposta de intervenção na conclusão, reflitam: O que é possível realizar, na prática, para que a solução saia do papel?

2. Em uma das matérias pesquisadas, houve o relato sobre a criação de um perfil em uma rede social por meio da qual crianças de apenas 11 anos buscam conscientizar a população a respeito da mobilidade de pessoas com deficiência. A publicação da carta pode ser apenas o primeiro passo. Que outros passos podem ser dados na direção da melhoria da mobilidade de pessoas com deficiência em sua comunidade?

3. Além da divulgação da carta, é interessante apresentar as reinvindicações aos órgãos competentes de sua cidade, tais como secretarias e/ou prefeitura e subprefeitura. Com ajuda do professor, organizem-se para realizar a entrega às instituições cabíveis e protocolar o documento.

Apresentar

Depois de redigida a carta aberta, antes de divulgá-la, é preciso revisar o texto.

Verifiquem a ortografia, as regras de concordância e regência verbal, a coerência na exposição das informações e o emprego correto dos conectivos. Disponibilizem o *link* em uma página de rede social ou em cartazes na escola.

Avaliar

Acompanhem a repercussão da carta, verificando se foram postados comentários a seu respeito. Se necessário, revisem-na novamente e respondam aos apontamentos e dúvidas dos leitores.

Além disso, após a entrega do documento aos órgãos responsáveis, acompanhem – com a ajuda do professor – o andamento das reinvindicações.

Referências

ANTUNES, Irandé. *Aula de português*: encontros e interação. São Paulo: Parábola, 2004.

_____. *Lutar com as palavras*: coesão e coerência. São Paulo: Parábola, 2005.

BAGNO, Marcos. *Gramática pedagógica do português brasileiro*. São Paulo: Parábola, 2011.

_____. *Nada na língua é por acaso*: por uma pedagogia da variação linguística. São Paulo: Parábola, 2007.

_____. *Preconceito linguístico*: o que é, como se faz. São Paulo: Loyola, 2004.

BAKHTIN, Mikhail. *Estética da criação verbal*. São Paulo: Martins Fontes, 2000.

BECHARA, Evanildo. *Moderna gramática portuguesa*. 37. ed. Rio de Janeiro: Nova Fronteira, 2009.

BRANDÃO, Helena Nagamine (Org.). *Gêneros do discurso na escola*: mito, conto, cordel, discurso político, divulgação científica. São Paulo: Cortez, 2003.

CARVALHO, Nelly de. *Publicidade*: a linguagem de sedução. 3. ed. São Paulo: Ática, 2009.

CASTILHO, Ataliba T. de. *Nova gramática do português brasileiro*. São Paulo: Contexto, 2010.

CITELLI, Adilson (Org.). *Outras linguagens na escola*. 3. ed. São Paulo: Cortez, 2001.

DIONÍSIO, Angela Paiva; BEZERRA, Maria Auxiliadora; MACHADO, Ana Rachel (Orgs.). *Gêneros textuais e ensino*. Rio de Janeiro: Lucerna, 2007.

DOLZ, Joaquim; SCHNEUWLY, Bernard. *Gêneros orais e escritos na escola*. Trad. e org. de Roxane Rojo e Glaís Cordeiro. Campinas: Mercado das Letras, 2004.

ILARI, Rodolfo. *Introdução ao estudo do léxico*: brincando com as palavras. São Paulo: Contexto, 2002.

KOCH, Ingedore G. Villaça. *Argumentação e linguagem*. 13. ed. São Paulo: Cortez, 2011.

_____; ELIAS, V. *Ler e escrever*: estratégias de produção textual. São Paulo: Contexto, 2009.

_____. *Ler e compreender*: os sentidos do texto. São Paulo: Contexto, 2006.

MARCUSCHI, Luiz Antônio. *Da fala para a escrita*: atividades de retextualização. 4. ed. São Paulo: Cortez, 2003.

_____. Gêneros textuais: definição e funcionalidade. In. DIONÍSIO, A. et al. *Gêneros textuais de ensino*. Rio de Janeiro: Lucerna, 2002.

_____. *Produção textual, análise de gêneros e compreensão*. São Paulo: Parábola, 2008.

_____; XAVIER, Antônio Carlos (Orgs.). *Hipertexto e gêneros digitais*: novas formas de construção do sentido. Rio de Janeiro: Lucerna, 2004.

NEVES, Maria Helena de Moura. *Gramática de usos do português*. São Paulo: Fundação Editora Unesp, 2000.

ROJO, Roxane. H. R. *Escol@ conectada*: os multiletramentos e as TICs. São Paulo: Parábola, 2013.

_____; MOURA, E. (Orgs.). *Multiletramentos na escola*. São Paulo: Parábola, 2012.

TRAVAGLIA, Luiz Carlos. *Gramática e interação*: uma proposta para o ensino de gramática. 13. ed. São Paulo: Cortez, 2009.

ZAMBONI, Lilian Márcia Simões. *Cientistas, jornalistas e a divulgação científica*: subjetividade e heterogeneidade no discurso da divulgação científica. Campinas: Autores Associados, 2001.